Jacob S. Kounin

Techniken der Klassenführung

Jacob S. Kounin

Techniken
der Klassenführung

Gemeinschaftsverlag

Hans Huber, Bern · Ernst Klett, Stuttgart

Abhandlungen zur Pädagogischen Psychologie
Neue Folge, Herausgegeben von
F. Süllwold und F. Weinert

Band 6

Die Übersetzung besorgten Maja und Claudius Gellert, Heidelberg und Cambridge

1. Auflage 1976
Über alle Rechte der deutschen Ausgabe verfügt der
Verlag Hans Huber, Bern
Fotomechanische Wiedergabe nur mit Genehmigung des Verlages
© 1970 by Holt, Rinehart and Winston, Inc.
Umschlagentwurf: Max Caflisch
Satz und Druck: E. Heinz, 7000 Stuttgart-Zuffenhausen
ISBN 3-12-925200-2

Inhalt

Vorwort der Herausgeber

Viele Lehrer klagen darüber, daß die Pädagogische Psychologie in ihren Themenstellungen, Theorieentwicklungen und technologischen Handlungsanweisungen die praktischen Probleme des Schulalltags nicht genügend berücksichtigt. Manche denken dabei in erster Linie an die mangelnde Lernmotivation von Schülern, an die fragwürdige Effektivität des Lehrerverhaltens in Konfliktsituationen und besonders an Disziplinschwierigkeiten. Den meisten Pädagogen nützt es wenig, wenn sie als Hilfe der Wissenschaft niedrige bis mittelhohe korrelative Beziehungen zwischen den verschiedensten Lehrermerkmalen und Schülerverhaltensweisen erfahren. Sie können wenig mit der pauschalen Propagierung nicht-direktiver Erziehungsstile anfangen, und auch vorgeblich altbewährte Patentrezepte helfen ihnen nicht bei der Bewältigung der vielfältigen Aufgaben und Schwierigkeiten, die sie im Klassenzimmer vorfinden.

In dieser theoretisch wie praktisch höchst unbefriedigenden Situation verdient die vorliegende Studie von KOUNIN besondere Aufmerksamkeit. Nach unserer Meinung können nämlich Wissenschaftler daraus lernen, daß es in der pädagogisch-psychologischen Forschung oft darauf ankommt, typische Problemstellungen und eingeschliffene Lösungsstrategien zugunsten der Entwicklung neuer Sichtweisen, veränderter Beobachtungsmethoden und verbesserter Auswertungskategorien aufzugeben. Der Praktiker aber erfährt, daß sich erfolgreiche Lehrer nicht durch spezifische Reaktionsformen auf unterrichtliche Störungen auszeichnen, sondern durch sehr viel allgemeinere, besonders effektive Methoden der Klassenführung.

Ausgangspunkt der Untersuchungen KOUNINS war eine Gelegenheitsbeobachtung: Ein Dozent rügte einen zeitunglesenden Studenten und stellte fest, daß sich seine Intervention nicht nur auf diesen, sondern auch auf das Verhalten der anderen Vorlesungsteilnehmer auswirkte. Die Analyse dieses „Welleneffekts" ist Gegenstand des vorliegenden Buches.

Dabei geht KOUNIN zunächst sehr konventionell vor und kommt zu dem erwarteten Ergebnis, daß die Veränderungen des Verhaltens beim störenden Schüler und bei dessen beobachtenden Mitschülern auch von der Art der Zurechtweisung abhängen, daß diese Beziehung aber beeinflußt wird durch die Art der pädagogischen Institution (Schultyp, Ferienlager), durch Merkmale der Schüler (Lernmotivation, Einstellung gegenüber dem Lehrer) und durch die gewählte Forschungsmethode (Beobachtung, Interview oder Experiment). Ein durchaus typisches Ergebnis also! Da das Zwischenresultat aber in praktischer Hinsicht eher unbefriedigend war und auch die Forschungsmittel zur Neige gingen, entschloß sich KOUNIN zu einer völligen Veränderung seines Ansatzes: Mit Hilfe einer großen Anzahl von Fernsehaufzeichnungen natürlicher Unterrichtssituationen analysierte er nicht mehr die (mehrdeutigen) Auswirkungen spezieller Disziplinierungstechniken der Lehrer, sondern deren Klassenführung im allgemeinen. Das Ergebnis überrascht; denn es ergeben sich im Vergleich zu den bisher bekannten einschlägigen Studien sehr viel eindeutigere Beziehungen zwischen fünf relativ komplexen Aspekten des Lehrerverhaltens und dem Schülerverhalten:

(1) Allgegenwärtigkeit und Überlappung (Fähigkeit des Lehrers, den Schülern mitzuteilen, daß er über ihr Verhalten informiert ist, und sein Geschick, bei zwei gleichzeitig auftretenden Problemen beiden simultan seine Aufmerksamkeit zuzuwenden);
(2) Reibungslosigkeit und Schwung (Fähigkeit des Lehrers, den Unterrichtsablauf besonders bei Änderungen und an Übergangsstellen kontinuierlich zu steuern);
(3) Gruppenmobilisierung (Konzentration auf die Gruppe als Ganzes, auch wenn sich der Lehrer mit einzelnen Schülern intensiver beschäftigt);
(4) Intellektuelle Herausforderung durch Inhalt und Art des Unterrichts;
(5) Abwechslung und Herausforderung bei der Stillarbeit.

Diese Techniken der Klassenführung erwiesen sich in der Untersuchung von KOUNIN durchgängig als äußerst effektiv. Der Verfasser schreibt dazu:

„Klassenführung als Aufgabe verlangt die Anwendung einer komplizierten Technologie zur Entwicklung überdrußvermeidender Lernprogramme; zur Vorprogrammierung von Lernfortschritt; intellektueller Herausforderung und Abwechslung beim Lernen; zur Auslösung und Sicherung eines reibungslosen, schwungvollen Unterrichtsablaufs: zur simultanen Kontrolle von mehreren gleichzeitigen Vorgängen; zur rückkoppelnden Beobachtung verschiedener Ergebnisse und zur Adressierung von Handlungen an die richtigen Objekte . . . .“

Erfahrene Pädagogen werden fragen, ob durch solche Techniken der Klassenführung nicht die Spontaneität der Schüler, ihre Mitarbeit, die Entwicklung ihrer Selbständigkeit und damit das Erreichen besonders wertvoller pädagogischer Ziele beeinträchtigt werden. Diesem ernsten Einwand begegnet KOUNIN mit dem Hinweis, daß die Techniken der Klassenführung nicht Selbstzweck seien, sondern eine technologische Voraussetzung, um dem Lehrer jene Handlungsspielräume zu verschaffen, die Voraussetzung für einen entspannten, erfolgreichen Unterricht und damit auch für eine pädagogisch wünschenswerte Entwicklung der einzelnen Schüler darstellten. Auch die Untersuchung KOUNINs bietet also dem Lehrer keine Patentrezepte, sondern geeignete Informationen zur besseren Selbstbeobachtung und Selbststeuerung in den wechselnden Situationen des schulischen Alltags.

F. Süllwold, F. E. Weinert

Vorwort

Die Untersuchungen, über welche dieses Buch berichten will, wurden ausgelöst durch ein unbeabsichtigt aufgetretenes Führungsproblem im Unterrichtsraum eines Colleges. Der Autor hatte einen Studenten wegen Zeitungslesens während der Vorlesung gemaßregelt. Er bemerkte im folgenden deutlich, daß sich das Verhalten der anderen Studenten verändert hatte. Aber warum wurden Studenten, die doch gar nicht Objekt der Maßregelung gewesen waren, gleichwohl von ihr betroffen? Und wenn dies der Fall war: Riefen dann Unterschiede in der Art der Maßregelung unterschiedliche Wirkungen bei nichtgemeinten Studenten hervor? Solche und ähnliche Fragen führten zu einer Untersuchungsreihe über das Problem der Disziplin in Gruppensituationen.

Zweck dieser Untersuchungen war es, Erkenntnisse über Techniken der Gruppenführung zu gewinnen, die im Klassenzimmer anwendbar sein sollten. Kann man, von der Handlungsweise des Lehrers ausgehend, das Verhalten der Schüler im voraus bestimmen?

Eine Klasse umfaßt mehr als ein Kind. Kinder in einer Klasse — lose Gruppierungen, Teilgruppen oder Gruppen — entfalten die verschiedensten Aktivitäten: Einige davon sind mit dem Lernen des Unterrichtsstoffes verbunden; andere bezwecken eine Entlastung vom Unterricht: Spiele, Ruhezeiten, Pausen; wieder andere gehören zur nichtunterrichtlichen Routine: Erfüllung von Gemeinschaftsaufgaben, Milchgeldeinsammeln, Feierlichkeiten. Manchmal dringen auch Vorfälle von außerhalb in das Klassenzimmer: Vorbeiheulende Feuerwehrzüge, größere Geschwister, die einen Bescheid der Eltern betreffs bestimmter Behandlung des kleineren Bruders oder der Schwester vorbeibringen, eine interne Mitteilung des Rektors, ein erwachsener Besucher (etwa ein mehr oder weniger willkommener Forscher). Hinzu kommen klasseninterne Vorfälle, an denen der Lehrer ebenfalls keinen bewußten Anteil hat: schlechtes Betragen der Schüler, ein Kind, das geräuschvoll die Nase hochzieht, Kratzen von Federhaltern, ein Kind mit Kopfschmerzen, ein fehlendes Buch, ein abgebrochener Bleistift, ein vergessenes Heft, ein Streit. Und dann gibt es störende Vorfälle, die eigentlich gar keine sind: Kinder, die nicht zuhören, die nicht lernen, die sich nicht an Weisungen halten.

Diese Heterogenität von Personen, Ereignissen, Größenordnungen und Handlungsstrukturen wird über größere Zeiträume hinweg genauso wie in jedem beliebigen Ausschnitt von Zeit und Raum sichtbar. Zu jedem Zeitpunkt werden verschiedene Kinder in einem Klassenzimmer verschiedene Dinge tun, werden in verschiedenen Teilen des Zimmers mit verschiedenen Gegenständen und Requisiten beschäftigt sein. Eine Teilgruppe liest vielleicht mit dem Lehrer zusammen, während andere sich mit Stillarbeit befassen. Und die Stillarbeiter können auch wiederum verschiedene Dinge tun, Nichtstun eingeschlossen.

Die geplanten wie uneingeplanten Gegebenheiten eines Klassenzimmers verlangen vom Lehrer Fertigkeiten, die über die eigentliche Unterrichtsplanung und den Umgang mit einzelnen Kindern hinausgehen. Es sind Fertigkeiten der *Gruppenführung* — der Planungen und Verfahrensweisen von Lehrern in Klassenzimmern, durch welche mehr als ein Kind angesprochen, mehr als ein Kind beeinflußt werden soll.

Eine Analyse realer Vorgänge im Klassenzimmer zeigt, daß es in der Tat konkrete Techniken der Klassenführung gibt, die den Umfang von Arbeitsbereitschaft und schlechtem Betragen in Lernsituationen bestimmen können. Derartige Fertigkeiten übersteigen jene, die für den Umgang mit einzelnen Kindern erforderlich werden. Es sind Techniken der Gruppenführung, die für Jungen wie Mädchen, für emotional gestörte Kinder in regulären Klassen wie für nichtgestörte Kinder, für mündliche wie stille Unterrichtsarbeit gleichermaßen gelten.

Diese Techniken der Klassenführung stellen keine Erfindungen des Autors dar; es handelt sich vielmehr um Entdeckungen oder Lernprodukte, die aus der Sichtung und Analyse von Video-Aufzeichnungen realer Unterrichtssituationen resultierten sowie aus Gegenüberstellungen von dem, was Lehrer in erfolgreichen, mit dem, was Lehrer in weniger erfolgreichen Klassen unternahmen. Als erfolgreich wurden Klassen definiert, in denen rege Mitarbeit herrschte und schlechtes Betragen vergleichsweise selten vorkam.

Der Autor hielt es allerdings für notwendig, zur näheren Bestimmung von Kategorien der Führungstechnik einige Begriffe einzuführen. Der Leser wird einer Terminologie begegnen wie: „Allgegenwärtigkeit" (soviel wie: „Augenauch-im-Hinterkopf-Haben"); „Überlappung" (ein Sich-um-zwei-Bereiche-gleichzeitig-Kümmern); „Reibungslosigkeit" und „Sprunghaftigkeit" (thematische Unentschlossenheit, Inkonsequenz, unvermittelte Einbrüche, Reizabhängigkeit); „Schwung" und „Verzögerungen" (Überproblematisierungen, Wortschwälle, Gruppenfragmentierungen); Wahrung eines „Gruppen-Fokus" (durch Gruppenmobilisierung und -leistungskontrolle mittels Rechenschaftsprinzip); „programmierte Überdrußvermeidung" (Vorprogrammierung von Lernaktivitäten mit Abwechslung und intellektueller Herausforderung).

Der Leser mag Klischees vermissen wie „alles hängt vom Kinde und den Umständen ab"; Belehrungen wie „man stelle ein gutes Verhältnis her", „mache die Sache interessant", „sei enthusiastisch"; die vornehmliche Beschäftigung mit persönlichen Eigenschaften wie „Freundlichkeit", „Geduld", „Kinderliebe" und „Verständnis". Solche wünschenswerten Charakteristika allein würden zur Leitung einer Klasse schwerlich taugen.

Auch mag der Leser irgendeine ausdrückliche Bezugnahme auf Erziehungsziele oder pädagogische Philosophie vermissen. Aber selbst das beste Programm verlangt gute Führungstechniken, um das Kind anzuregen und in Anregung zu halten. Man würde niemals sein Reiseziel erreichen, wenn man das Auto gar nicht erst in Gang bringen und damit fahren oder, falls notwendig, anhalten könnte. Und Erziehungsziele werden nicht erreicht, wenn der Lehrer es nicht fertigbringt, die Schüler für ihre Arbeit zu begeistern oder sie von der Störung anderer abzuhalten.

In diesem Buch werden die obengenannten Kategorien der Führungstechnik entwickelt, die besondere Evidenz geschildert, die benötigt wird, um die Größe ihrer Bedeutung für die Klassenführung nachzuweisen, und eine summarische Darstellung der Untersuchungen gegeben, die zu der umfangreicheren Filmstudie geführt haben.

Der erste Teil des Buches bringt eine Zusammenfassung von fünf Jahren Forschung über das Problem der Disziplinierung, hier definiert als die Art und Weise, wie Lehrer sich bei schlechtem Betragen der Schüler verhalten. Da sich die Forschungen um die Gruppenführung zentrierten, studierten wir, wie die Methode eines Lehrers, mit einem sich schlecht betragenden Schüler zu verfahren, die *anderen* Schüler beeinflußt, die selbst nicht Objekt, sondern nur Beiwohner des Vorfalles sind. Wir bezeichnen diese Beeinflussung als den *Wellen-Effekt* in der Disziplin.

Experimente wurden veranstaltet mit College-Studenten, High-School- und Elementarschülern, bei denen wir Disziplinartechniken qualitativ variierten. Alle Experimente machten deutlich, daß unterschiedliche Methoden des Umgangs mit einem sich schlecht aufführenden Schüler auch unterschiedliche Wirkungen bei den beiwohnenden Schülern hinterlassen.

Wir sammelten des weiteren systematische Aufzeichnungen zu Hunderten von Disziplinarfällen in Vorschulen und Feriencamps. Wir fanden einen meßbaren Wellen-Effekt in Vorschulen, insbesondere am ersten Schultag. Ja, verschiedenartige Methoden der Behandlung schlechten Betragens lösten sogar verschiedenartige Wellen-Effekte aus. In den Jugendlagern gab es, von einer Ausnahme abgesehen, keine erkennbaren Wellen-Effekte.

Um uns diesen augenscheinlichen Widerspruch zwischen den Befunden in Vorschulen und Camps wenigstens teilweise erklären zu können, suchten wir in Erfahrung zu bringen, was Kinder selbst über schlechtes Betragen dachten. Wir fanden heraus, daß die Vorstellungen der Kinder von schlechtem Betragen durch das Milieu beeinflußt waren, über das sie jeweils sprachen. Ihre Vorstellungen unterschieden sich in Abhängigkeit davon, ob sie Elternhaus, Camp oder Schule zum Gegenstand hatten. Darüber hinaus zeigten die Kinder unterschiedliche Auffassungen von der Disziplinierungsrolle der Eltern, der Lagerbetreuer, der Lehrer. Aus diesen Befunden läßt sich zumindest folgern, daß Erkenntnisse über disziplinarische Maßnahmen im häuslichen Bereich oder an Erholungsstätten keineswegs direkt auf Disziplinarmaßnahmen in der Schule angewendet werden können.

Unser Verständnis von Disziplin und Wellen-Effekt erfuhr eine weitere Verwicklung durch die Ergebnisse aus Fragebögen und Interviews von High-School-Schülern. Sie zeigten uns nämlich, daß die Art und Weise, in welcher Lehrer schlechtem Betragen begegnen, für die Reaktionen der beiwohnenden

Schüler ganz unerheblich ist. Es war nicht möglich, irgendeinen Wellen-Effekt von einem bestimmten disziplinarischen Vorfall als solchem abzuleiten. Wenn man hingegen von der Höhe der Schülermotivationen zur Erlernung des jeweiligen Lehrstoffes ausging, dann war allerdings eine Voraussage bestimmter Wellen-Effekte möglich. Auch die Stärke von Zuneigung oder Abneigung dem Lehrer gegenüber prägte die Reaktionen der Schüler auf disziplinarische Vorfälle. Es zeigte sich überdies, daß aus der Lernmotivation andere Wellen-Effekte resultierten als aus der Zuneigung zum Lehrer.

Dann wurden Experimente mit High-School-Schülern durchgeführt, welche die Befunde aus den Interviews und Fragebögen bestätigen sollten. Die Ergebnisse der Experimente widersprachen denen der Interviews. Im Verlauf der Experimente erzielten verschiedenartige Disziplinierungstechniken auch verschiedenartige Wellen-Effekte, während differierende Lernmotivationen dies nicht zuwege brachten.

Damit erschöpfte sich unser Forschungsetat. Da saßen wir nun auf vielen ungelösten Fragen zu den Techniken der Disziplinierung und dem Wellen-Effekt, zudem auf allem Anschein nach sich widersprechenden Befunden: den Ergebnissen aus dem Camp auf der einen, denen aus dem Schulzimmer auf der anderen Seite. Diese Nichtübereinstimmung ließe sich vielleicht aus der Tatsache erklären, daß die Vorstellungen der Kinder hinsichtlich schlechten Betragens sowie der Rollenverteilung unter Erwachsenen im Umgang mit schlechtem Betragen im Camp (und zu Hause) ganz andere sind als in der Schule. Aber dann gab es ja auch noch die widersprüchlichen Ergebnisse zwischen den Interview- und den experimentellen Studien. Möglicherweise ließen diese sich Abweichungen zuschreiben, wie sie sich zwischen Resultaten ergeben, die man einmal von Versuchspersonen in Experimenten mit kontrolliertem und in sich geschlossenem methodischen Verfahren, das andere Mal von Schülern in Klassenzimmern mit einer naturalistischen und offenen Untersuchungsmethode erhält. Die Verbindlichkeiten für Schüler im Experiment mögen ganz anderer Natur sein als die für Schüler im Klassenraum. Möglich ist auch, daß bei ersten Kontakten und aufgrund erster Eindrücke sich andere Dinge ereignen als in kontinuierlich gewachsenen Situationen.

Der zweite Teil des Buches widmet sich einem anderen Forschungsprojekt, das durch ein neuerliches Stipendium Unterstützung fand. Diese zweite Untersuchung gründete sich auf Video-Aufnahmen aus 80 Elementarschulzimmern. Die Mitschnitte ermöglichten uns das Studium sowohl von Disziplinartechniken als auch von anderen Aspekten der Klassenführung. Der Leser wird entdecken, wie vor ihm der Autor, daß es verschiedene Dimensionen der Gruppenführung gibt, die in ihrem Vermögen, das Schülerverhalten im Unterricht zu beeinflussen, weit gewichtiger sind als die Disziplinierungstechniken. Mehr noch: Jene Dimensionen der Gruppenführung beziehen sich sowohl auf die Weckung von Arbeitsbereitschaft als auch darauf, schlechtes Betragen in den Griff zu bekommen.

Die aus den Filmstudien hervorgegangenen Klassenführungsdimensionen bildeten Techniken zur Bewältigung bestimmter Führungsprobleme, etwa: Programmierung von Abwechslung beim Lernen mit intellektueller Herausforderung; Steuerung des Unterrichtsablaufs; Demonstration von Kenntnissen hinsichtlich des aktuellen Schülerverhaltens; gleichzeitiges Sich-Kümmern um mehr als einen Sachverhalt; Aufrechterhaltung des Gruppen-Fokus. Soweit dem Autor bekannt, sind die Korrelationen zwischen den Methoden der Lehrer, mit solchen Problemen fertig zu werden, und dem Verhalten der Schüler höher als alle, die in früheren Studien zwischen *irgendwelchen* Lehrereigenschaften oder -verhaltensweisen und *irgendwelchen* Folgen für das Schülerverhalten gefunden wurden.

Der Leser, der allein an diesen Dimensionen der Klassenführung interessiert ist und nicht an Forschungsmethoden als solchen, kann gleich mit dem zweiten Teil beginnen. Ein Verstehen des zweiten Teiles ist nicht an die Lektüre des ersten gekoppelt.

Rückblickend muß der Autor zugeben, daß er sich von einem unbedeutenden Sachverhalt hatte anlocken lassen, wenn er zu ergründen versuchte, wie Disziplinierungsmaßnahmen das Verhalten im Unterricht beeinflussen. Er muß sich auch zu einem frevlerischen Gedankengang bekennen, wenn er zeigt, wie das Auslaufen von Stipendiengeldern seinem Verständnis von der Klassenführung zugute kam, indem es ihn zu anderen Fragestellungen und zur Suche nach einer neuen Methode der Antwortgewinnung zwang. Positive experimentelle Befunde können für den Forscher tatsächlich recht verführerisch werden. Sie können ihn zu weiteren, ähnlichen Fragestellungen verleiten, zur betriebsamen Weiterfahrt auf derselben verheißungsvollen Landstraße, mit derselben Reisemethode. Und doch kann es sich dabei um eine Sackgasse handeln, wenn sie ihn davon abhält, seinen Forschungsschwerpunkt zu verlagern oder seine Befunde an der Wirklichkeit zu überprüfen. Und vielleicht ist es gar nicht einmal deshalb eine Sackgasse, weil die Variablen in den experimentellen Befunden nicht zutreffen; es könnte einfach — in diesem Falle — so sein, daß andere Variablen eben noch viel zutreffender sind.

So ist also der Leser eingeladen, den Autor auf seiner ganzen Reiseroute zu begleiten, durch irreführende Ergebnisse und alles übrige hindurch. Er wird schließlich zu der Einsicht kommen, daß es — um Josh Billings zu zitieren — „besser (ist), wenig zu wissen, als vieles, was nicht so ist".

Danksagungen

Die Personen, die mir bei der Bereitstellung von Daten für diese Untersuchungen behilflich waren, sind zu zahlreich, um eine namentliche Nennung aller zu gestatten. Hunderte von Lehrern und Verwaltungsangestellten halfen mir mit der Erlaubnis, Beobachtungen in Klassenzimmern anzustellen, Schüler zu interviewen und Schüler für Experimente zusammenzubekommen. Ich möchte Herrn Dr. Robert S. Lankton besonderen Dank aussprechen für seine aktive Mithilfe in allen Phasen der Datensammlung sowie auch den Lehrern, die mir erlaubten, sie und ihre Klassen mit dem Video-Recorder aufzunehmen, sogar ohne eine Entschädigung für die Tagesdosis an Beruhigungsmitteln anzunehmen. Ich kann nur hoffen, es möge zukünftigen Lehrern mit den Ergebnissen dieser Untersuchungen geholfen und damit eine Quelle von Entschädigungen erschlossen werden.

Die Planung, Durchführung und Auswertung der verschiedenen Studienergebnisse gehen auf die gemeinsamen Anstrengungen vieler Personen zurück. Paul V. Gump, A. Evangeline Norton, Wallace E. Friesen, James J. Ryan III. und Sylvia Obradovic waren Projektleiter für verschiedene Forschungsabschnitte. Ich fühle mich insbesondere Herrn Paul V. Gump zu Dank verpflichtet für seine umfangreichen Beiträge.

Folgende Personen sollen freundliche Erwähnung finden für die Durchführung der anstrengenden Kodierungsarbeiten: Frances Adams, Rose Ferber, Anita Hecker, Fayette Loria, Fern Mackour und Kathryn Weimar. Edna Friedman verdient besondere Erwähnung nicht nur wegen ihrer technischen Brillanz, sondern weil es ihr gelungen ist, für Ordnung zu sorgen dort, wo es oftmals drunter und drüber ging.

Die Untersuchungen wurden ermöglicht durch die Stipendien M-1066 und MH-04221 der National Institutes of Mental Health, United States Public Health Service. J. S. K.

Detroit, Michigan
Februar 1970

14

I.

Studien über den Wellen-Effekt
bei Disziplinierungsmaßnahmen

1. Die College-, Vorschul- und Camp-Studien

Der Zwischenfall

Die vorliegende Untersuchungsreihe wurde ausgelöst durch einen unbeabsichtigt aufgetretenen Vorfall in meiner Klasse. Ich hielt gerade einen Vortrag über Mentalhygiene, der dem Verständnis der Psychodynamik menschlichen Verhaltens gewidmet war und die Absicht verfolgte, eine „verständnisvolle", diagnostische Haltung Menschen gegenüber zu schaffen. Während ich vortrug, ließ ich meine Augen im Raum umherwandern und bemerkte in der hinteren Reihe einen Studenten, der in eine Zeitung vertieft war und sie in voller Größe ausgebreitet vor sich hielt. Im Widerspruch zu dem, was ich in meinem Vortrag vertreten hatte, rügte ich ihn ärgerlich, ganz ohne Diagnose oder Verständnis (d. h. ich unterließ es, ihn psychologischen Tests zu unterziehen, ihn zu einer Beratung einzuladen, seine Eltern zu interviewen oder seinen Umgang zu ergründen).

Die Maßregelung hatte Erfolg. Er hörte auf, Zeitung zu lesen; zumindest hielt er sie nicht mehr voll ausgebreitet in die Luft. Es schien indessen, als sei die größere beobachtbare Wirkung hiervon auf die *anderen* Mitglieder der Klasse ausgegangen. Seitenblicke zu anderen unterblieben, Flüstern verstummte, Augen wandten sich vom Fenster oder dem Lehrer ab und den Notizblöcken auf den Tischen zu. Lastendes Schweigen breitete sich aus, als ob die Studenten den Unterrichtsraum aus ihrem Bewußtsein verdrängt und sich in die Sicherheit ihrer Notizblöcke geflüchtet hätten. Ich glaube, daß, hätte ich geniest, sie dieses Geräusch in ihren Heften vermerkt hätten.

Die Maßregelung war in meinem Plan für die Vorlesungen an diesem Tage nicht vorgesehen, und die Reaktion der Studenten erfolgte ganz unerwartet. *Sie* lasen ja keine Zeitung während der Vorlesung, und *sie* waren nicht Ziel der Maßregelung. Warum waren sie anscheinend so betroffen von einer Maßnahme des Lehrers, die gar nicht gegen sie gerichtet war?

Der beschriebene Zwischenfall führte zu einer Reihe von Untersuchungen, die Dr. Paul Gump, Dr. James Ryan und ich (10) durchführten. Wir begannen mit einigen Untersuchungen über das, was wir später den Wellen-Effekt nannten: darüber, wie die Methode eines Lehrers, mit schlechtem Betragen eines Schülers umzugehen, *andere* Kinder beeinflußt, die Beiwohner des Vorfalles, jedoch selbst nicht angesprochen sind.

Der Begriff der *Zurechtweisung* (desist) soll im folgenden zur Bezeichnung von Handlungen verwendet werden, die der Lehrer zur Unterbindung schlechten Betragens vornimmt. Der Terminus *Wellen-Effekt* soll sich auf die Wirkung beziehen, die eine Zurechtweisung bei anderen in der Klasse hinterläßt.

Haben Zurechtweisungen einen Wellen-Effekt? Wenn ja: Was für Wellen-Effekte resultieren aus einem Zurechtweisungsfall? Beeinflussen Zurechtweisungen die Einstellung zum Lehrer (hinsichtlich seiner Strenge, Fairneß, „Mittelwahl")? Beeinflussen sie Einstellungen zu dem sich fehlerhaft verhaltenden Studenten oder zu seinem Fehlverhalten? Wirkt eine Zurechtweisung „beispielhaft", schränkt sie also schlechtes Betragen anderer ein? Veranlaßt eine Zurechtweisung andere Studenten zu besserem Betragen oder zu mehr Aufmerksamkeit für die gerade anstehende Arbeit? Verstärkt eine Zurechtweisung die Neigung zu schlechtem Betragen bei anderen? (Denkbar ist, daß ein Lehrer, der sagt: „Jim, verschwinde vom Fenster und hör auf, die hübschen Bikinimädchen anzustarren!" andere Schüler dazu anregt, ihre Plätze zu verlassen und aus dem Fenster zu schauen oder Mädchenbilder in ihre Mathematikunterlagen zu zeichnen.)

Zu dem Problem, die verschiedenen Wellen-Effekte zu bestimmen, kommt das der Klassifizierung von Zurechtweisungsarten. Innerhalb welcher Dimensionen variieren Zurechtweisungen: Klarheit, Punitivität, Verärgerung, Festigkeit, Personenbezogenheit, Arbeitsbezogenheit, Intensität, Humor? Haben unterschiedliche Qualitäten von Zurechtweisungen unterschiedliche Wellen-Effekte? Hat z. B. Punitivität Auswirkungen auf die Haltung zum Lehrer, nicht aber auf die Neigung, der anstehenden Arbeit mehr Aufmerksamkeit zu schenken? Beeinflußt Festigkeit die Aufmerksamkeit für die Aufgabe, nicht aber die Haltung zum Lehrer? Es leuchtet ein, daß das Problem des Wellen-Effektes von Zurechtweisungen geeignet war, zahlreiche Fragen aufzuwerfen.

Das College-Experiment

Die erste Studie über den Wellen-Effekt bestand aus einem Experiment mit College-Studenten. (Diese sind „Gefangene des Experiments", die behördliche Freigabe und elterliche Zustimmung nicht erforderlich machen.) Das Experiment wurde mit vier Studentenklassen eines erziehungswissenschaftlichen Colleges durchgeführt. Zwei Klassen wurden von einem jungen Pädagogik-Dozenten unterrichtet, zwei von einem älteren Professor der pädagogischen Psychologie. Der Dozent sprach eine Zurechtweisung mit destruktivem Charakter in einer seiner Klassen aus, eine mit konstruktivem Charakter in der anderen. Der Professor tat dasselbe in seinen zwei Klassen. Es waren also zwei Experimente, eines nahezu eine Kopie des anderen.

Wir hielten uns an folgendes Drehbuch:
1. Am zweiten Unterrichtstag verteilte ein Forscher, der sich für einen graduierten, Daten für eine Dissertation sammelnden Studenten ausgab, einen Fragebogen an jede Klasse. Diese anonymen Fragebögen waren dazu bestimmt, die studentischen Einstellungen zu ihren Dozenten zu messen (hin-

gestellt wurde dies als Teil einer sozialpsychologischen Untersuchung über „erste Eindrücke", die Menschen hinterlassen); weiterhin sollten gemessen werden: der Schweregrad gewisser Formen schlechten Betragens im Unterricht (einschließlich „Zuspätkommen") und Ursachen rassischer Vorurteile (was eine Theorie einschloß, die in einer späteren Vorlesung vom Dozenten vertreten werden sollte).

2. Die zwei Dozenten der vier Klassen begannen den dritten Unterrichtstag mit einer Vorlesung, die „ihre eigene Überzeugung" wiedergab, nämlich daß der einzige maßgebliche Grund für die Entstehung rassischer Vorurteile in der Unterdrückung von Feindseligkeiten gegen oft strafende Eltern zu sehen sei, welche sich dann stellvertretend gegen Minoritätengruppen richte.

3. Ein männlicher studentischer Helfer, zuvor über das Experiment unterrichtet, kam zu spät, und zwar erst gegen Ende der Vorlesung über rassische und ethnische Gruppen-Vorurteile.

4. Die Dozenten richteten in einer Klasse eine destruktive und in der anderen eine konstruktive Zurechtweisung an den Zuspätkommer. In beiden Zurechtweisungen wurde geltend gemacht, daß Zuspätkommen die Ausführungen des Dozenten störe und daher unterbleiben solle. Der konstruktiven Zurechtweisung folgte das Angebot an den Zuspätkommer, ihm bei der Beschaffung des versäumten Vorlesungsmaterials behilflich zu sein. In der destruktiven Zurechtweisung wurde dagegen lediglich kühl vermerkt, daß „dies leider Konsequenzen haben wird für mein Urteil über Sie und Ihre Leistungen".

5. Wenige Minuten nach diesem Vorfall und nachdem die Dozenten ihre Vorlesungen beendet hatten, betrat der „graduierte Student" den Unterrichtsraum und bat um die Erlaubnis, die Fragebögen noch einmal austeilen zu dürfen zwecks „Sicherstellung der Zuverlässigkeit seiner Messungen". Die Dozenten erlaubten dies, und die Studenten kamen der Bitte um Ausfüllung der Fragebögen nach.

6. Nach dem Einsammeln des zweiten Fragebogens erklärte der „graduierte Student", die Zurechtweisung sei abgesprochen gewesen. Er verteilte einen dritten Fragebogen, mit dem festgestellt werden sollte, wie realistisch der Zurechtweisungsvorfall zum Zeitpunkt seines Eintretens auf die Studenten gewirkt und wie sie ihn aufgenommen hatten.

Ehe man nun zu bestimmten Aussagen über die jeweiligen Wirkungen von konstruktiven und destruktiven Zurechtweisungen kommen kann, muß man fragen, ob die experimentelle Manipulation denn überhaupt „ins Schwarze getroffen" hat. Gab es Unterschiede in der Art, wie die Studenten diese Zurechtweisungen auffaßten? Eine Überprüfung der dritten Fragebögen ergab in der Tat, daß die Studenten diese zwei verschiedenen experimentellen Behandlungsweisen entsprechend unterschiedlich beurteilten. Sie werteten die Hilfswilligkeit des Dozenten mit der konstruktiven Zurechtweisung weit positiver als die des Dozenten mit der destruktiven. Diese Unterschiede lagen gut über dem Signifikanzniveau von 0,001, sowohl in den Klassen des Dozenten als auch in denen des Professors.

Der Wellen-Effekt ließe sich nun durch Feststellungen darüber ermitteln, ob — über nur zufällige hinausgehende — Veränderungen auftreten zwischen den Einstellungen, die vor der Zurechtweisung, und jenen, die nach der Zurechtweisung zum Ausdruck kamen. Richtung und Größe dieser Veränderungen sind in Tabelle 1[1] dargestellt.

Man darf zu dem Schluß kommen, daß Veränderungen in gewissen Einstellungen auftreten, die mehr als bloße Zufallsveränderungen darstellen. Zwei allgemeine Aussagen erscheinen gerechtfertigt: a) daß Studenten, die selbst nicht Objekt einer Zurechtweisung sind, gleichwohl von ihr betroffen *werden;* und b) daß ein Unterschied besteht zwischen den Wirkungen einer konstruktiven und einer destruktiven Zurechtweisung.

Die nächste Frage dreht sich um die Art der Einstellungen, die von Zurechtweisungen beeinflußt werden. Studentische Haltungen hinsichtlich der Bedeutung von Zuspätkommen wurden von dem Vorfall nicht berührt; und zwar gab es bei diesen Werthaltungen keine Unterschiede zwischen den Studenten, die Zeuge einer konstruktiven, und jenen, die Zeuge einer destruktiven Zurechtweisung gewesen waren.

Alle Studenten tendierten dazu, die Position des Dozenten zu übernehmen, daß unterdrückte Feindseligkeit gegen oft strafende Eltern eine der hauptsächlichen Ursachen für rassische Vorurteile bildete. Auch hier ergab sich keinerlei Unterschied zwischen den Studenten, die einer konstruktiven, und denen, die einer destruktiven Zurechtweisung beigewohnt hatten.

Die sich aus den zwei verschiedenen Zurechtweisungsarten ergebenden Veränderungen differierten signifikant auf Gebieten, die mit der Beurteilung des Dozenten in Zusammenhang standen, sowie in den Angaben über die Stärke der empfundenen Spannungen und des Unbehagens innerhalb der Klasse.

Studenten, die Zeugen der destruktiven Zurechtweisung wurden, hatten das Gefühl, die Klasse sei weniger entspannt gewesen, als das nach der Empfindung der Beiwohner einer konstruktiven Zurechtweisung der Fall war.

Die destruktiven Zurechtweisungen ergaben für den Dozenten wie für den Professor signifikant schlechtere Beurteilungen im Hinblick auf ihre Hilfsbereitschaft, Liebenswürdigkeit, nichtautoritäre Einstellung und Fairneß.

Es hat demnach den Anschein, als machten sich Unterschiede in den Wirkungen gewisser Zurechtweisungsqualitäten bei einigen Sachverhalten stärker bemerkbar als bei anderen; als seien Ansehen und Rolle dessen, der die Zurechtweisung vornimmt, von einiger Bedeutung; und als hätten sich einige Normen für das Verhalten im Unterricht (Bedeutung des Zuspätkommens) in Colleges

---

[1] p bezeichnet den Grad, bis zu welchem eine Differenz dem Zufall zugeschrieben werden kann. Ein p von 0,05 bedeutet so viel wie: Die erhaltene Differenz kann bei 100 Versuchen fünfmal als reines Zufallsprodukt auftreten; bei einem p von 0,001 kann demnach die erhaltene Differenz bei 1000 Versuchen einmal Zufallsprodukt sein. In der psychologischen Forschungspraxis wird ein p-level von 0,05 und darunter gemeinhin als statistisch signifikant angesehen.

Tabelle 1

Mittelwerte der studentischen Beurteilung von Dozenten vor und nach der
Beobachtung einer konstruktiven und einer destruktiven Zurechtweisung

experimentelle Gruppe		vorgegebene Bewertungskategorie	p-Level der Differenz zwischen destruktiver und konstruktiver Zurechtweisung
		Kompetenz	
Dozent	destruktiv konstruktiv		0,01
Professor	destruktiv konstruktiv		0,60
		Liebenswürdigkeit	
Dozent	destruktiv konstruktiv		0,03
Professor	destruktiv konstruktiv		0,06
		Vertrauenswürdigkeit	
Dozent	destruktiv konstruktiv		0,03
Professor	destruktiv konstruktiv		0,42
		nichtautoritäre Einstellung	
Dozent	destruktiv konstruktiv		0,001
Professor	destruktiv konstruktiv		0,01
		Fairneß	
Dozent	destruktiv konstruktiv		0,01
Professor	destruktiv konstruktiv		0,01

Punkte der Bewertungs- skala	(24) unbedingt richtig	(18) wahrsch. richtig	(12) nicht sicher, weiß nicht	(6) wahrsch. falsch	(0) unbedingt falsch

so stark durchgesetzt, daß sie auch durch die Haltung des Dozenten in dieser
Angelegenheit keine Veränderungen erfahren. Der Erfolg von direkt mit dem
Lehrinhalt (Ursachen von Vorurteilen) verknüpften Beeinflussungsversuchen
seitens der Dozenten scheint durch ein einzelnes Beispiel ihrer Zurechtweisungsmethode nicht merklich beeinträchtigt zu werden.

Bevor wir jedoch zu endgültigen Schlüssen kommen, wollen wir uns die Resultate des post-experimentellen Fragebogens ansehen, der Aufschluß darüber erbringen sollte, wie die Studenten das Experiment aufgenommen hatten.

Nach ihren Angaben hatten 97 Prozent nicht bemerkt, daß der Vorfall abgesprochen war; gleichwohl stellten sie aber fest, sie seien überrascht gewesen, daß ein College-Dozent sich die Zeit nahm, einen Studenten wegen seines Zuspätkommens zu maßregeln, auch wenn sie selbst Zuspätkommen als gravierendes Fehlverhalten werteten. Zudem gab die Mehrzahl der Studenten in *allen* Klassen an, Zurechtweisungen *überhaupt* seien *nicht* typisch für den Dozenten. Klassen, welche die destruktive Zurechtweisung miterlebten, beschrieben sie als noch weniger typisch für den Dozenten als Klassen, die der konstruktiven Zurechtweisung beiwohnten.

Die Tatsache, daß mit Überraschung reagiert oder atypisches Verhalten wahrgenommen wurde, sollte nicht ignoriert werden. Kommentare auf dem post-experimentellen Fragebogen lauteten etwa: „Ich hatte das Gefühl, er müsse an dem Tag Streit mit seiner Frau gehabt haben", oder: „Wahrscheinlich ist er heute in eine Verkehrsstockung hineingeraten." (Vorfälle dieser Art werden offensichtlich noch eher erwartet als Dozenten, die Zuspätkommer rügen.)

Was nun wie ein klassisches Experiment aussieht, mit kontrollierten Variablen (Messungen vor- und nachher, Unterschiede in der Behandlung, ähnliche Versuchspersonen und Aktivitäten, gleicher Lehrer, der zwei verschiedene Zurechtweisungen vornimmt), war möglicherweise nicht ganz so exakt, wie wir zunächst angenommen hatten. Welche Rückwirkungen haben Überraschungserlebnis und Wahrnehmung von atypischem Verhalten auf die Ergebnisse? Untersuchen wir wirklich den Wellen-Effekt von Zurechtweisungsmethoden? Oder hatten wir es mit Auswirkungen von Überraschung zu tun und von mutmaßlichen Verkehrsstockungen oder Auseinandersetzungen mit Ehefrauen?

Diese scheinbar zufälligen Nebenprodukte des Experiments könnten, von der Untersuchungsstrategie her gesehen, bedeutsamer sein als die experimentellen Variablen. Die Befunde lassen es ratsam erscheinen, Variablen des Lehrerverhaltens zu verwenden, die innerhalb studentischer Erwartungen anzutreffen sind und eine gewisse ökologische Gültigkeit besitzen.

Die nächste Studie führte uns in richtige Klassenzimmer mit wirklichen Lehrern.

Die Vorschul-Studie

Unser nächster Schritt galt der Erforschung natürlicher Situationen, um die von Lehrern tatsächlich gebrauchten Zurechtweisungsarten sowie die darauf gerichteten Schülerreaktionen zu ermitteln. Für die erste Feldstudie wurden Vorschulen zum Zeitpunkt des Unterrichtsbeginns ausgewählt, und zwar aus verschiedenen Gründen:

1. In Vorschulen findet man immer Kinder, die sich schlecht betragen, und Lehrer, die sie dafür tadeln. Zurechtweisungen sind also ökologisch gegeben und geschehen nicht unerwartet.
2. Kinder in dieser Gruppe haben im allgemeinen wenig direkte Erfahrung mit Lehrern gehabt und erlauben daher ein Studium der Implikationen von Zurechtweisungen, die relativ unbeeinflußt sind von früheren Beziehungen zu Lehrern.
3. Gruppenbildungen, welche die Schülerreaktionen unerkanntermaßen beeinflussen könnten, sind so gut wie nicht vorhanden.

Einundfünfzig Universitätsstudenten wurden dafür ausgebildet, Beispiele von Zurechtweisungsfällen in Vorschulen zu protokollieren. Diese deskriptiven Verhaltensprotokolle konzentrierten sich auf das sich schlecht betragende Kind, die Methode des Lehrers, mit der er dessen Betragen korrigierte, sowie auf das sichtbare Verhalten eines Kindes, das Zeuge dieser Zurechtweisung war. Die Ausbildung, die in fünf Sitzungen, über zehn Tage verteilt, stattfand, schloß Vorlesungen, Diskussionen, Beobachtungen und Protokolle von Rollenspielen ein; ferner wurden vervielfältigte Erläuterungs- und Selbstbefragungsblätter verteilt sowie Übungsprotokolle in realen Unterrichtssituationen abgefaßt.

Sechsundzwanzig Vorschulen, die zwanzig Schulen angegliedert waren, wurden für die Beobachtungen ausgewählt. Sie repräsentierten die gesamte Skala der sozio-ökonomischen und ethnischen Umgebung von Detroit. Alle Beobachtungen fanden während der ersten vier Vorschultage statt.

Aufgabe des Beobachters war es, sich unauffällig im Klassenzimmer zu postieren und Gelegenheiten abzupassen, bei denen der Lehrer ein sich schlecht betragendes Kind zurechtwies. Der Beobachter gab zu Protokoll: a) was das betreffende Kind und die anwesenden Schüler *unmittelbar* vor dem Einschreiten des Lehrers taten; b) den vollen Inhalt und die Art der Zurechtweisung sowie die sofortige Reaktion des Zurechtgewiesenen; und c) einen Bericht über das in den anschließenden zwei Minuten gezeigte Verhalten des Kindes, das sich in nächster Umgebung des Zurechtgewiesenen befand und das die Zurechtweisung miterlebte, jedoch nicht Objekt der Zurechtweisung war.

Die Beobachter paßten während des Vorfalles sehr genau auf und notierten nur das, was ihnen zur sofort anschließenden Rekapitulation behilflich sein sollte. Gleich nach dem Vorfall brachen sie die Beobachtung ab und widmeten sich der detaillierten, möglichst vollständigen Beschreibung des Ereignisses, das sie soeben beobachtet hatten. Nach Fertigstellung der Niederschrift machten sie sich bereit für den nächsten Zurechtweisungsfall.

Insgesamt 406 Vorfälle fanden Eingang in die Datenanalyse. (Die Protokolle von dreien der 51 Beobachter blieben unberücksichtigt, da sie für unsere Zwecke nicht geeignet waren; sie waren unvollständig oder enthielten eher Interpretationen als Beschreibungen. Wir wollten nicht, daß der Beobachter notierte, das Kind hätte „Feindseligkeit gezeigt"; wir hatten sie vielmehr angewiesen, etwa zu schreiben: „Johnny drehte sich um und versetzte Jim einen Faustschlag gegen die Schulter.")

Es wurden dann Kategorien entwickelt zur Messung der Qualitäten einer Zurechtweisung, der Orientierung des beiwohnenden Kindes unmittelbar vor dem Vorfall sowie der Auswirkungen, die der Vorfall auf das beiwohnende Kind hatte.

Der Einfluß von Zurechtweisungsqualitäten auf den Wellen-Effekt

Eine Untersuchung der Zurechtweisungen ergab, daß sie sich nach drei wesentlichen Dimensionen bewerten ließen: Klarheit, Festigkeit und Härte.

Klarheit bezieht sich auf die Menge der Information, die der Lehrer in seiner Zurechtweisung gibt. Ein einfaches „Laß das", mag es noch so nachdrücklich geäußert werden, besitzt wenig Klarheit. Nichts wird darüber mitgeteilt, wer der Betroffene ist, was er falsch gemacht hat, womit er es berichtigen und warum er es denn unterlassen sollte. Klarheit wird erreicht durch Benennung des Zurechtgewiesenen und/oder seines Fehlverhaltens („Billy, du sollst beim Aufstellen nicht drängeln!"); durch Aufzeigen eines Weges zur Einstellung von Fehlverhalten („Dreh dich um und schau mit uns zur Tafel!"); durch Angabe eines Grundes oder Gruppenstandards („In der Vorschule fragen wir, wenn wir etwas haben möchten. Wir grapschen nicht einfach danach.").

Festigkeit bezieht sich auf das Ausmaß, in welchem der Lehrer seiner Zurechtweisung eine „Ich-meine-es-ernst"- und eine „Sofort!"-Qualität beilegt. Wenn ein Lehrer einer Gruppe gerade die Verkehrsampeln erklärt, einem sich schlecht betragenden Kind beiläufig „Laß das" zuruft und sofort die Erläuterung der Ampeln wiederaufnimmt, dann besitzt die Zurechtweisung wenig Festigkeit. Festigkeit wird erreicht, wenn der Lehrer „nachdrängt" und den Zurechtgewiesenen ansieht, bis er sein Tun einstellt; wenn er bei der Zurechtweisung auf das Kind zugeht; wenn er mit Nachdruck spricht; wenn er das Kind dabei berührt oder zum richtigen Betragen „hinführt" und dergleichen mehr.

Härte bezieht sich auf Zurechtweisungen, in denen der Lehrer Zorn und Gereiztheit zum Ausdruck bringt. Sie enthalten böse Blicke oder Bemerkungen, angedrohte oder tatsächliche Strafen oder physischen Druck, der den von Festigkeit übersteigt. (Von den Beobachtern wurden allerdings keine Beispiele harter physischer Behandlung — Durchrütteln oder Schlagen — berichtet.)

Außerdem müssen wir die verschiedenen Arten von Wellen-Effekten klassifizieren, einschließlich der Klasse „keine Effekte". Wie verhält sich das beiwohnende Kind während und nach einer Zurechtweisung, die einem anderen Kind gilt?

Wir ermittelten folgende Arten sichtbarer Wellen-Effekte: *keine Reaktion* — das beiwohnende Kind zeigte keinerlei Verhalten, das für den Beobachter in Verbindung mit der Zurechtweisung stand; wenn das Kind gerade gezeichnet hatte, so fuhr es einfach damit fort; *Verhaltensbruch* — das Kind zeigte Angst oder Besorgnis, Verwirrung, gesteigerte Unruhe, nachlassenden Eifer bei der

ihm zugewiesenen laufenden Beschäftigung; *erhöhte Konformität* – das Kind
verhielt sich fügsamer als vor der Zurechtweisung; es stellte eigenes schlechtes
Betragen ein, schenkte dem Unterricht stärkere Aufmerksamkeit, stand oder
saß sogar „aufrechter"; *erhöhte Nonkonformität* – in diesem Falle entwickelte
das beiwohnende Kind im Anschluß an die Zurechtweisung eigenes schlechtes
Betragen. (Ein Beispiel: Die Lehrerin erklärte den Kindern gerade die Verkehrsampeln. John, der einen guten halben Meter hinter dem Zuhörerkreis
saß, hatte eine Hand um Marys Taille gelegt und streichelte mit der anderen
ihr Haar. Die Lehrerin schaute sie an und sagte: „John, komm in unseren
Kreis, setz dich hierher und hör zu, wenn ich euch von Verkehrsampeln er-
zähle!" John ließ Mary los und ordnete sich in den Kreis ein. Barry, der John
und Mary beobachtet hatte, verließ den Kreis, setzte sich zu Mary und legte
nun seinerseits einen Arm um ihre Taille. Unsere Überschrift für diesen Zwischenfall: „Libido ist nicht zu bremsen"); *Ambivalenz* – damit bezeichneten
wir Fälle, in denen ein Kind nach der Zurechtweisung zum Teil erhöhte Konformität und zum Teil erhöhte Nonkonformität zeigte.

Nach der Klassifizierung von Eigenschaften der Zurechtweisungen und Typen
von Wellen-Effekten können wir uns nun ansehen, ob Wellen-Effekte vorliegen und ob verschiedene Wellen-Effekte ausgelöst werden von Zurechtweisungen, die hinsichtlich ihres Ausmaßes an Klarheit, Festigkeit und Härte differieren.

Die *Klarheit* einer Zurechtweisung beeinflußte in der Tat den Wellen-Effekt.
Die wesentlichste Wirkung einer klaren Zurechtweisung bestand darin, daß
sie mehr Konformität bzw. weniger Nonkonformität hervorrief (siehe Anhang 1.1). Kinder, die miterlebten, wie der Lehrer ein Kind in klarer Weise
zurechtwies, tendierten nach dem Vorfall zu mehr Konformität und weniger
schlechtem Betragen als Kinder, die einer unklaren Zurechtweisung beiwohnten.
Die *Festigkeit* einer Zurechtweisung beeinflußte ebenfalls den Wellen-Effekt.
Kinder, die sahen, wie der Lehrer zu einer festen Zurechtweisung griff, tendierten zu besserem bzw. zu weniger schlechtem Betragen als Kinder, die einer
nachlässigen Zurechtweisung beiwohnten. Klarheit hinterließ allerdings eine
tiefergehende Gesamtwirkung als Festigkeit. Zum Beispiel war das Verhältnis
von Konformität zu „keine Reaktion" günstiger für klare Zurechtweisungen
als für Zurechtweisungen mit Festigkeit.

Die Wellen-Effekte, die sich bei *Härte* ergaben, unterschieden sich von den
durch Klarheit und Festigkeit ausgelösten. Härte erzeugte *keine* Veränderungen hinsichtlich der vorhandenen Konformität bzw. Nonkonformität. Kinder,
die mitansahen, wie der Lehrer ein anderes Kind zornig oder punitiv zurechtwies, verhielten sich weder konformer noch betrugen sie sich schlechter als
Kinder, die den Lehrer ohne Zorn oder Punitivität zurechtweisen sahen.

Harte Zurechtweisungsmethoden beeinflußten allerdings den Prozentsatz von
„Keine-Reaktion"- gegenüber „Verhaltensbruch"-Effekten. Härte war (verglichen mit fehlender Härte) dazu angetan, weniger Nichtreagieren und einen

höheren Anteil an Verhaltensbrüchen zu erwirken. Härte kann demnach nicht einfach als Intensivierung von Festigkeit angesehen werden, da sie andersgeartete Wirkungen nach sich zieht.

Der Einfluß der Orientierung des beiwohnenden Kindes auf den Wellen-Effekt

Beeinflußt die Orientierung des beiwohnenden Kindes die Eigenart des Wellen-Effektes? Reagiert ein Kind bei einer Zurechtweisung anders, wenn es mit seiner Arbeit beschäftigt ist, als wenn es selbst ein wenig vom geforderten Betragen abweicht?

Die der Zurechtweisung unmittelbar vorausgehenden Orientierungen der beiwohnenden Kinder klassifizierten wir als *frei von Fehlverhalten* (Beschäftigung mit vorschriftsmäßiger Arbeit) oder als *verbunden mit Fehlverhalten* (eigenes schlechtes Betragen oder Zuschauen bei Fehlverhalten). Dann verglichen wir den Wellen-Effekt bei den Kindern, die Verbindungen zu Fehlverhalten aufwiesen, mit dem Wellen-Effekt bei denen, die sich zum Zeitpunkt der Zurechtweisung frei von Fehlverhalten zeigten. (Die Ergebnisse dieser Analyse sind in Anhang 1.2 dargestellt.)

Die Orientierung der beiwohnenden Kinder beeinflußte tatsächlich die Art ihrer Reaktion auf einen Zurechtweisungsfall. Mit Fehlverhalten verbundene Kinder reagierten mit mehr Konformität, mehr Nonkonformität und mehr Ambivalenz als fehlverhaltensfreie Kinder ($p < 0{,}001$). Konformität, Nonkonformität oder Ambivalenz besitzen eine *richtungweisende* Eigenschaft: Es sind Wellen-Effekte, die ihrer Tendenz nach Einfügung, schlechtes Betragen oder beides herbeiführen. Wellen-Effekte, die keine Richtung angeben (Anzeichen von negativen Emotionen oder Verhaltensbrüchen) wurden von der Orientierung der beiwohnenden Kinder nicht betroffen. Ob die Kinder bei der Zurechtweisung keine Reaktion erkennen ließen oder bestimmte Verhaltensbrüche zeigten, hing nicht davon ab, ob sie mit vorschriftsmäßiger Arbeit beschäftigt waren oder Verbindungen zu Fehlverhalten aufwiesen.

Da die Orientierung der beiwohnenden Kinder so signifikant mit dem Wellen-Effekt zusammenhingen, schien es möglich, daß auch die Effekte von Klarheit und Festigkeit in Abhängigkeit von den kindlichen Orientierungen vor der Zurechtweisung auftraten. Dies war in der Tat der Fall.

Klarheit stand in signifikantem Zusammenhang mit erhöhter Konformität bzw. verringertem Fehlverhalten, und zwar *sowohl* bei fehlverhaltensfreien *als auch* bei an Fehlverhalten orientierten Kindern. Dagegen war Festigkeit nur bei fehlverhaltensorientierten Kindern mit erhöhter Konformität und vermindertem Fehlverhalten verknüpft. Mit anderen Worten: Eine klare Zurechtweisung wirkte heilsam auf alle kindlichen Zuschauer, eine feste Zurechtweisung dagen nur auf jene, die selbst gerade zu Fehlverhalten geneigt hatten.

Der Einfluß der Aufenthaltsdauer in der Vorschule

Die Wellen-Effekte wurden für jeden der vier Tage in separaten Tabellen aufgezeichnet. Eine Analyse der Reaktionsarten und -häufigkeiten bei Zurechtweisungsfällen erbrachte für die vier verschiedenen Tage signifikante Unterschiede; die bedeutsamsten lagen dabei zwischen den Wellen-Effekten des ersten und denen der folgenden drei Tage. Vom zweiten bis vierten Tag gab es weniger Reaktionen als am ersten (p < 0,001). Die Mehrheit (55 Prozent) der Kinder, die am ersten Vorschultag Zeuge einer Zurechtweisung wurden, zeigte irgendeine äußere Reaktion auf den Zwischenfall; nur eine Minderheit (34 Prozent) reagierte sichtbar an den folgenden drei Tagen.

Auch hinsichtlich der *Art* vorhandener sichtbarer Reaktionen ergaben sich Unterschiede zwischen dem ersten und den folgenden drei Tagen. Am ersten Tag zeigten *mehr* Kinder Konformität und Verhaltensbrüche, ein *geringerer* Anteil zeigte Nonkonformität (p < 0,001): Am ersten Vorschultag neigt ein Kind, das zusieht, wie ein Lehrer ein anderes für schlechtes Betragen tadelt, in geringerem Maße zu schlechtem Betragen und in höherem zu Konformität oder Betroffenheit als an den darauffolgenden Tagen.

Zusammenfassende Bemerkungen zur Vorschul-Studie

Es gibt nachweislich einen Wellen-Effekt in realen, von wirklichen Lehrern geleiteten Vorschulen mit Kindern, die sich eher als Kinder in Vorschulen denn als Versuchspersonen in einem Experiment begreifen. Art und Ausmaß des Wellen-Effektes werden von mindestens drei Variablen beeinflußt: der Zeit, die das Kind in der Schule verbracht hat, der Verhaltensorientierung des Kindes, das einer Zurechtweisung beiwohnt, und den Besonderheiten der Zurechtweisungsmethode.

Kinder, die Zeugen einer Zurechtweisung werden, reagieren darauf am ersten Vorschultag offener als an den folgenden Tagen. Zudem neigen sie am ersten Tag weniger dazu, sich ihrerseits schlecht aufzuführen, passen sich stärker an, zeigen mit größerer Wahrscheinlichkeit gewisse Verhaltensbrüche und Anzeichen negativer Gefühlsregungen, nachdem sie beobachtet haben, wie der Lehrer ein anderes Kind wegen schlechten Betragens zurechtweist.

Die verhaltensmäßige Orientierung des beiwohnenden Kindes, die der Zurechtweisung eines anderen Kindes unmittelbar voranging, stellte eine andere signifikante Variable bei der Beeinflussung seiner Reaktion auf den Zwischenfall dar. An Fehlverhalten orientierte Kinder (die entweder schlechtes Betragen mit Interesse verfolgten oder sich selbst schlecht aufführten) zeigten mehr Konformität, Nonkonformität und eine Mischung aus beidem als das bei fehlverhaltensfreien Kindern der Fall war. Auch auf Festigkeit reagierten beide Gruppen unterschiedlich.

Als Qualitäten von Zurechtweisungsmethoden, die für das Verhalten der beiwohnenden Kinder relevant wurden, ermittelten wir Klarheit, Festigkeit und Härte. Zurechtweisungen mit erkennbarer Klarheit erzeugten mehr Konformität bzw. weniger Nonkonformität als Zurechtweisungen, denen Klarheit abging. Dies galt für Kinder, die ihrerseits Fehlverhalten zeigten, sowie für Kinder, die frei von Fehlverhalten waren. Zurechtweisungsmethoden mit Festigkeit führten ebenfalls zu stärkerer Konformität mit geringerer Nonkonformität als Methoden ohne Festigkeit. Allerdings stellte sich, im Unterschied zur Klarheit, diese Wirkung nur bei den Kindern ein, die sich zum Zeitpunkt der Zurechtweisung selbst an Fehlverhalten beteiligt hatten. Härte erzeugte weder Konformität noch Nonkonformität. Harte Methoden hatten, verglichen mit Methoden ohne Härte, häufigere Verhaltensbrüche und mehr sichtbare Anzeichen emotionaler Verstörung zur Folge. Harte Zurechtweisungen bewegen kindliche Zuhörer keineswegs zu besserem Benehmen — sie verwirren sie nur.

Die Camp-Studie

Im Sommer standen uns keine Schulklassen zur Verfügung, die wir hätten beobachten können. Gerüstet mit gestiegenen Erfolgserwartungen, die sich darauf gründeten, daß wir Beziehungen zwischen Zurechtweisungsmethoden und ihren Wellen-Effekten ausfindig gemacht hatten, schritten wir daher zur Untersuchung desselben Phänomens in einem Feriencamp für Jungen. Wir hatten vor, eine Neuauflage der Befunde aus der Vorschule zu gewinnen und die Spannweite folgender Faktoren zu vergrößern: Alter der Kinder, Handlungsschauplätze, Fehlverhaltensformen, Zurechtweisungsmethoden und allgemeine Führungsstile, in welchen diese eingebettet sind.

Unsere Beobachtungen erstreckten sich auf zwei Schauplätze in der Wohnbaracke: das morgendliche Aufräumen und die Ruhezeit am Nachmittag. Wir hielten diese Schauplätze für zweckdienlich, weil das voraussichtliche Verhalten der Kinder innerhalb dieses Rahmens eine Frage der allgemeinen Camp-Politik war und wir hier in nennenswerter Anzahl auftretende Zurechtweisungsfälle zu finden hofften — Kinder im Camp lassen sich für Bettenmachen, Zimmerputzen oder stilles einstündiges Liegen in Schlafkojen nicht gerade übermäßig begeistern.

Unsere Daten bestanden aus Fallstudien des Verhaltens von Lagerleitern und -bewohnern. (Fallstudien sollten vollständige und objektive Verhaltensprotokolle liefern.) In jeder Wohnbaracke wurden zwei Beobachter postiert. Einer von ihnen notierte Beobachtungen über das Verhalten von vorher durch Zufallsauswahl bestimmten Bewohnern, der andere protokollierte zur gleichen Zeit das Verhalten der Leiter. Diese Protokolle wurden zeitlich synchronisiert, so daß sie, wenn man sie nebeneinander analysierte, eine fortlaufende Darstellung des Leiter- und Bewohnerverhaltens sowie der Reaktionen der Bewohner (als Objekt sowohl wie als Zuschauer) auf Zurechtweisungsfälle abgaben. Unsere Wahl fiel auf vier Wohnbaracken mit sieben- bis neunjährigen und vier mit zehn- bis dreizehnjährigen Lagerbewohnern.

Für jede der acht Baracken sammelten wir annähernd sechs Stunden Leiter- mit gleichzeitigem Bewohnerverhalten während des Aufräumens und der Ruhezeit. Die Beobachtungen erstreckten sich über einen Zeitraum von zwei Wochen pro Wohngruppe.

Des weiteren beobachteten wir Handlungsbereiche, in denen hauptsächlich unterrichtet wurde (z. B. Naturkunde, Werken, Erste Hilfe). Der Unterricht oblag speziell dafür ausgewählten Betreuern. Sie beschäftigten sich mit Lagergruppen, die nicht identisch mit ihren eigenen intakten Wohngruppen waren. Eine Wohngruppe nahm während ihres Lageraufenthaltes etwa zwei -bis viermal an jeder der insgesamt sechs Lernaktivitäten teil.

Die Daten, die wir in den Unterrichtssituationen sammelten, sollten eine Neuauflage der Daten aus der Vorschul-Studie darstellen; es war daher möglich, nach einem Untersuchungsschema vorzugehen, das wir bereits in der Vorschul-Studie angewandt hatten, d. h. in welchem der Großteil des deskriptiven Materials vorkodiert war. Das vorkodierte Material umfaßte: die Orientierung des beiwohnenden Kindes unmittelbar vor der Zurechtweisung (frei von Fehlverhalten versus verbunden mit Fehlverhalten); die Zurechtweisung (Klarheit, Festigkeit, Härte); und: das Verhalten des beiwohnenden Kindes während der folgenden zwei Minuten (keine Reaktion, Konformität, Nonkonformität, Verhaltensbruch und Ambivalenz).

Effekte von Zurechtweisungen: Resultate

Bei den Vorgängen in der Wohnbaracke wie im Unterricht hieß der wesentlichste Wellen-Effekt „kein Effekt". Die Untersuchung von Lernsituationen wurde nach zwei Wochen abgebrochen, da keiner der sechs Beobachter (entgegen ihren Erwartungen und Wünschen) eine genügende, die Fortsetzung dieser Teilstudie rechtfertigende Anzahl von Wellen-Effekten feststellen konnte (nicht einmal eine ausreichend häufige „Beachtung der Zurechtweisung über minimales Gewahrwerden hinaus").

Auch ergab sich, anders als in der Vorschul-Studie, keinerlei Beziehung zwischen dem Klarheits-, Härte- oder Festigkeitsgrad einer Zurechtweisung und der Art des Wellen-Effektes. Die einzige Zurechtweisungsqualität, die irgendeinen Eindruck hinterließ, bestand in der Verheißung attraktiver Neuerungen (wenn etwa eine Wassermelonen-Party oder ein Lager-Fasching angesprochen wurde); dies erzeugte „Aufmerksamkeit, die das für bloßes Gewahrwerden erforderliche Minimum übersteigt", besaß jedoch keine Relevanz für Konformität, Nonkonformität oder Verhaltensbrüche.

An diesem Punkt fühlten wir uns zu dem Schluß gedrängt, daß der die Zurechtweisungsmethoden der Lagerleiter begleitende Wellen-Effekt — jedenfalls den sichtbaren Reaktionen der Lagerbewohner nach zu urteilen — ökologisch gesehen spärlich und vielleicht sogar bedeutungslos sei. Uns beschlich auch langsam die *Vermutung,* daß andere Dimensionen der Gruppenführung die Zurechtweisungsstile weit in den Schatten stellten, was ihren Einfluß auf das sichtbare Verhalten der Lagerbewohner betraf. Unsere Vermutung ging dahin, daß „gute" Leiter Konformität (beim Aufräumen oder Ruhen) erzeugten, egal, wie sie mit Fehlverhalten verfuhren, während die „schlechten" Betreuer dies eben nicht zustande brachten. Die Führungsstile, an denen wir zu diesem Zeitpunkt unsere Bestimmungen von „guten" und „schlechten" Betreuern orientierten, waren ganz impressionistischer Natur; ihnen lagen eher einfache Kategorien als Verhaltensmessungen zugrunde. Diese Führungsstil-Kategorien enthielten Urteile wie übermäßige Bereitschaft zum Strafen (Punitivität), übermäßig häufige psychische und physische Abwesenheit, übermäßige Abquälerei und Planlosigkeit.

Unsere Schlußfolgerung, Wellen-Effekte von Zurechtweisungen seien in Jugendlagern unbedeutend, würden wir nur in einem Punkt einschränken, nämlich im Hinblick auf unbeobachtbare, verborgene Wirkungen von Zurechtweisungsmethoden. Unsere Beobachtungen hatten sich auf beobachtbares Verhalten beschränkt. War es möglich, daß Zurechtweisungsstile die Lagerbewohner auf eine Weise beeinflußten, die sich in ihrem äußeren Verhalten nicht offenbarte?

Die Überich-Studie

In dem Bemühen, einige verborgene Auswirkungen der kindlichen Camp-Erfahrung zu ermitteln, interviewten wir am letzten Tag ihres Lageraufenthaltes alle Bewohner der Baracken, die wir untersucht hatten, und zwar jeden individuell. Uns soll hier speziell der Teil des Interviews interessieren, der sich mit ihren Einstellungen zu schlechtem Betragen befaßt. Wir nannten dies die Überich-Studie (eher aus Gründen der Kürze als der Genauigkeit).

An jedes Kind erging die Aufforderung: „Denk mal über das Camp nach. Was ist das Schlimmste, was ein Kind im Camp anstellen könnte?" Nachdem das Kind geantwortet hatte, wurde es gefragt: „Und warum ist das so schlimm?" Wir fragten es dann nach dem Zweitschlimmsten sowie der Begründung für dessen Schlechtigkeit. Danach wurde das Kind in gleicher Weise über sein Zuhause und die Schule befragt.

Wir wählten absichtlich eine offene Fragemethode für die Untersuchung der Haltungen der Kinder zu schlechtem Betragen. Wir wollten etwas über ihre Einstellungen und Auffassungen in Erfahrung bringen — nicht, was sie über das dachten, was wir dachten. Wir präsentierten ihnen deshalb keine strukturierten Skalen oder Meßvorrichtungen für Erwachsene. Wenn wir sie zum Beispiel gefragt hätten, ob „jemanden ermorden" schlimmer gewesen wäre als „Sprechen, wenn ein anderes Kind gerade las", hätten sie zweifellos im Mord ein schwereres Verbrechen gesehen als im Sprechen (und hätten wohl sogar gedacht, wir seien dumm, weil wir so alberne Fragen stellten). Sie sprachen allerdings spontan gar nicht vom Ermorden, sondern von viel banaleren Dingen wie Lampenzerbrechen, Lärmen in Gemeinschaftsräumen, Schlagen anderer Kinder, Kissenschlachten während der Ruhezeit und dergleichen. Das schlechte Betragen, das sie anführten, ist daher mit größter Wahrscheinlichkeit Spiegelbild ihrer Interessen, ihrer Erfahrungen, ihrer ungelösten Fragen, ihrer Wünsche oder Impulse, ihrer Gedanken und dessen, was sie in dem Milieu, über das sie sprachen, im Hinblick auf schlechtes Betragen als hervorstechend und bedeutungsvoll ansahen.

Wovon sprechen die Kinder? Was können wir von ihren Aussagen lernen? Tragen die Kinder eine situationsfreie Vorstellung von schlechtem Betragen mit sich herum, die also unabhängig ist von dem Milieu, in dem sie sich befinden, oder weisen ihre Auffassungen auch Bezüge zum Milieu auf?

Als wir uns die Mühe machten, ihnen zuzuhören bei dem, was sie zu sagen hatten, kamen uns viele verschiedene Dinge zu Ohren. Die klassifizierten Antworten sind in Anhang 1.3 und 1.4 zusammenfassend dargestellt. Einige der Kategorien beziehen sich auf den Inhalt der Antworten, etwa: die Arten schlechten Betragens, wer oder was Schaden davonträgt, Art des verursachten Schadens bzw. Leidens, wer oder was den Übeltäter bestraft und womit. Andere Kategorien verweisen auf bestimmte Qualitäten oder Dimensionen, die sich quer durch alle Arten schlechten Betragens und seiner Konsequenzen ziehen: Stärke der Destruktivität, Schweregrad, Realitätsgrad, Absicht des Übeltäters u. a.

Divergierende Formen schlechten Betragens in Camp und Schule

Von spezieller Bedeutung für die Erforschung des erfolgreichen Umgangs mit schlechtem Betragen sind jene Befunde, welche die Antworten der Kinder auf Fragen nach dem Camp und nach der Schule miteinander vergleichen. Eine Analyse der Antworten enthüllte zahlreiche Differenzen hinsichtlich Form und Qualität schlechten Betragens, wie es sich nach Auffassung der Kinder in der Schule einerseits und im Camp andererseits finden ließ.

Für das Camp werden banalere Formen von schlechtem Betragen angeführt als für die Schule; sie sind moralisch weniger konsequent, und die Wahrscheinlichkeit für ihr tatsächliches Auftreten im Lager ist geringer als die Auftrittswahrscheinlichkeit für Formen, die mit Bezug auf die Schule genannt werden.

Ungeachtet der Inkonsequenz und Banalität schlechten Betragens im Camp ist die Destruktivität, die mit diesem Betragen einhergeht, im Lager viel stärker ausgeprägt als in der Schule. (Ein Beispiel: „Im Silo spielen ... Man könnte ein Kind runterstoßen, und unten könnte ein großer spitzer Stein liegen, und es könnte mit dem Kopf drauffallen, und es würde bluten, und sein Gehirn würde rausspritzen, und dann würde es sterben.") Die stärkere Aggressivität offenbart sich zumal dann, wenn sie sich nicht gegen Sachen, sondern gegen Personen richtet.

Eine weitere wesentliche Differenz zwischen den kindlichen Auffassungen von schlechtem Betragen in Schule und Camp betrifft die eigene Rolle bei diesem Betragen. In der Schule folgen Kinder, die sich schlecht aufführen, einer spontanen Eingebung ("Unterhaltung während der Stunde"), im Lager dagegen betragen sie sich vorsätzlich schlecht ("Warten, bis der Betreuer weggeht, dann Jimmy verprügeln"). Das heißt also, daß das Kind seine Rolle bei Vergehen in der Schule sieht und akzeptiert, dabei jedoch weder einen Plan verfolgt noch beabsichtigt, Schaden anzurichten. Im Lager dagegen tendiert es dazu, sein schlechtes Betragen zu planen. Außerdem sieht das Kind, daß es in der Schule für sein schlechtes Betragen büßen muß — es erleidet irgendeine Strafe. Im Lager haben nur die anderen zu leiden, nicht jedoch der Übeltäter selbst. Dazu kommt, daß sich die Vorstellung des Kindes im Camp um Formen schlechten Betragens dreht, die seinem Ich fremd sind und vor denen ihm sichtlich graut. In der Schule dagegen beschäftigt es sich vorwiegend mit Formen, die sein Ich eher akzeptieren kann — sie erscheinen ihm weder besonders faszinierend oder verführerisch noch besonders abstoßend.

Zusammenfassend kann man sagen, daß sich die Vorstellung des Kindes im Camp, verglichen mit der Schule, um banale und moralisch inkonsequente Fehlverhaltensformen bewegt; sie sind in hohem Maße gefärbt von realitätsfremder Aggression und Destruktivität gegen andere Personen, konzentrieren sich auf Missetaten, für die es Abscheu empfindet, die ihm aber gleichwohl Planung bzw. "böswilligen Vorsatz" abverlangen, und sie entziehen sich der Überlegung, daß man sich zu verantworten oder die Folgen zu tragen habe.

Wir führten die Camp-Studie durch, um eine Neuauflage der Befunde aus der Vorschul-Studie zu bekommen. In der Vorschule fanden wir einen Wellen-Effekt wie auch eine Beziehung zwischen gewissen Qualitäten der Zurechtweisungsmethode des Lehrers und der Art und Stärke des Wellen-Effektes. Im Camp entdeckten wir weder eine signifikante Anzahl von Wellen-Effekten noch irgendwelche Beziehungen zwischen den Zurechtweisungsmethoden der Betreuer und der Art des Wellen-Effektes, wenn tatsächlich einer auftrat.

Es erhebt sich die Frage, warum die Ergebnisse aus Camp und Vorschule differieren. Ohne nun alle möglichen Erklärungen für diese Unterschiede anführen zu wollen, soll uns an dieser Stelle der Hinweis auf die Tatsache genügen, daß es Unterschiede zwischen Camp und Schule gibt. Wir wollen auch die ökologischen Differenzen zwischen beiden Milieus nicht weiter spezifizieren, dürfen aber darauf aufmerksam machen, daß folgenschwere Unterschiede zu gewärtigen sind im Hinblick auf die kritische Variable, um deren Ermittlung es geht: kindliches Fehlverhalten und seine Behandlung durch die jeweilige erwachsene

Bezugsperson. Kinder haben nicht allein unterschiedliche Auffassungen von schlechtem Betragen im Camp und andererseits in der Schule, sondern sie interpretieren dabei auch die Rolle des Lagerbetreuers anders als die des Schullehrers.

Der Gegensatz zwischen Elternhaus und Schule in der kindlichen Vorstellung von schlechtem Betragen

Auch zwischen Elternhaus und Schule bestehen Unterschiede im Hinblick darauf, wie Kinder schlechtes Betragen und die Rollen von Eltern und Lehrern auffassen, die als Objekte wie auch als Vergelter der kindlichen Verfehlungen fungieren. Da nun so viele unserer Theorien über Disziplin und über Erwachsenen/Kind-Beziehungen von Studien der Eltern/Kind-Beziehung herrühren (die häufig unverändert auf Lehrer/Schüler-Beziehungen extrapoliert werden), schien es uns der Mühe wert, sich einmal eingehender mit den kindlichen Vorstellungen von schlechtem Betragen in Elternhaus und Schule zu befassen.

Um unsere diesbezüglichen Studien zu intensivieren und über eine größere Anzahl Kinder zu verfügen als im Ferienlager, befragten wir 227 Kinder aus sechs Stadtschulen mit verschiedenem sozio-ökonomischem Hintergrund. Jungen (N = 113) und Mädchen (N = 114) wurden während ihres ersten Grundschulhalbjahres und dann zwei Jahre später noch einmal befragt. Die in den Interviews gestellten Überich-Fragen bezogen sich nur auf das Schul- und Elternhausmilieu.

Es ergaben sich durchgängige Unterschiede zwischen Elternhaus und Schule hinsichtlich der Arten schlechten Betragens, die angesprochen wurden. *Kaputtmachen von Sachen* war ein vorwiegend häusliches Vergehen, und zwar für Jungen wie Mädchen, für Erst- wie Drittkläßler (p < 0,01). *Nonkonformität* gegenüber der erwachsenen Bezugsperson kam viel häufiger zu Hause als in der Schule vor (p < 0,01 für die erste und p < 0,08 für die dritte Klasse). Direkter Ungehorsam oder Widerstand gegen die Lehrer wurden selten genannt, erwiesen sich hingegen als recht häufige Affronts gegen die Eltern. *Angriffe auf Kinder* wurden regelmäßiger für den schulischen als den häuslichen Bereich angeführt. Jungen der ersten wie der dritten Klasse griffen andere Kinder vornehmlich in der Schule an (p < 0,01); Mädchen der dritten Klasse zeigten den gleichen Schule-Elternhaus-Gegensatz (p < 0,02). In der ersten Klasse konzentrierte sich ihr schulisches Verhalten stärker als zu Hause auf *Regelverletzungen* („Zu einer Freundin hinübergehen, ohne vorher zu fragen"; „Reden, wenn man eigentlich arbeiten soll"). Die stärkere Konzentration der Mädchen auf schulische Regelverletzungen (p < 0,001) entnahmen wir dem Umstand, daß sie als Verfehlungsart häufiger *Reden* anführten. Reden gab jedes vierte Mädchen der ersten Klasse an und nur jedes achte der dritten Klasse. Für Jungen war Reden weniger ein Gegenstand der Erörterung als für

Mädchen. (Es bleibt dem Leser freigestellt, seine eigenen Schlüsse aus diesen Befunden zu ziehen, was ihre Gültigkeit für Männer und Frauen im allgemeinen angeht.)

Ein weiterer Unterschied zwischen Elternhaus und Schule betrifft die relative Häufigkeit einfachen *ungebührlichen Verhaltens*, wie es als eine Form schlechten Betragens angeführt wurde. Ungebührliches Verhalten verursacht zwar Störungen, bringt aber weder für den Übeltäter noch für andere direkte nachteilige Folgen mit sich noch verletzt es irgend ein wichtiges moralisches Tabu. Die Besonderheit dieses Verfehlungstyps läßt sich am besten anhand folgender Beispiele veranschaulichen: „Auf- und Abrennen in den Fluren"; „mit Papier schmeißen"; „Herumrennen und Lärmschlagen"; „Spielen während der Schlafenszeit". Ungebührlichkeiten dieser Art erwähnten die Kinder öfter im Zusammenhang mit der Schule als mit ihrem Zuhause (p < 0,001 für die erste und p < 0,01 für die dritte Klasse).

Ein Kind erklärt etwa, ein bestimmtes Betragen sei schlecht, weil dem Übeltäter selbst daraus Nachteile entstünden, weil es andere Personen schädige oder weil es eben einfach falsch sei („Es ist schlecht, weil es schlecht ist"; oder: „Es ist schlecht, weil es nicht nett ist" oder „weil es falsch ist"). Letzteres bezeichneten wir als *reflexive Rechtfertigungen*. Als Begründung dafür, warum man ein Betragen für schlecht hielt, wurde vor allem bei schulischen Verfehlungen auf reflexive Rechtfertigungen zurückgegriffen, von Jungen ebenso wie von Mädchen (p < 0,01 für die erste und p < 0,05 für die dritte Klasse). Eine Durchsicht der Daten ergab, daß der höhere Prozentsatz reflexiver Rechtfertigungen im schulischen Bereich verknüpft war mit ihrer häufigeren Verwendung bei Regelverletzungen, die ohnehin in den Angaben über schulisches Vergehen überwiegen. Der unterschiedliche Gebrauch reflexiver Rechtfertigungen dürfte demnach auf die Unterschiede zwischen häuslicher und schulischer Wirklichkeit zurückzuführen sein; und er spiegelt vielleicht auch das naive Vertrauen wider, das diese Kinder der Schule entgegenbringen: Es veranlaßt sie, etwas schlecht zu finden, einfach „weil die das dort sagen".

Zwei weitere durchgängige Gegensätze ergaben sich für die Rolle der erwachsenen Bezugsperson. Nur von den Eltern wurde angenommen, sie hätten unter den Verfehlungen der Kinder zu leiden. Eltern würden sich Sorgen machen oder müßten die Reparaturkosten begleichen. Lehrer hätten kaum je zu leiden (p < 0,001).

Es hing also vom Milieu ab, ob die Bezugsperson zu leiden hatte; genauso machte sich sein Einfluß bei der Art der Bestrafung geltend, die dieser Erwachsene verhängte. In der ersten Klasse wurde berichtet, die Eltern griffen in 64 Prozent aller Fälle zur körperlichen Bestrafung, Lehrer in 22 Prozent (p < 0,001). In der dritten Klasse war die körperliche Bestrafung durch Erwachsene merklich zurückgegangen, das Elternhaus allerdings tendierte dazu, sie in höherem Ausmaß beizubehalten. Vielleicht gibt diese Differenz die tatsächliche Häufigkeit körperlicher Bestrafung durch Lehrer oder Eltern wieder, vielleicht auch nicht; sie zeigt uns auf jeden Fall, daß die Kinder es so auf-faßten, daß ihre Furcht sie es so sehen ließ oder daß sie es für die legitime Funktion von Eltern und Lehrern hielten.

Diese zweite Überich-Studie weist beträchtliche Übereinstimmungen mit der Camp-Studie auf, ungeachtet des unterschiedlichen Altersniveaus, der Auf-nahme von Mädchen in die Stichprobe, der Größenordnung und des Rahmens, in welchem die Befragung stattfand.

Wir fassen zusammen: Im Hinblick auf die kindlichen Auffassungen von schlech-tem Betragen zeigten beide Studien u. a. folgende Differenzen zwischen Eltern haus und Schule: Schlechtes Betragen in der Schule bestand vornehmlich im Angriff auf andere Kinder, in Regelverletzungen und ungebührlichem Verhal-ten; schlechtes Betragen zu Hause konzentrierte sich eher auf Kaputtmachen, Feuerspielereien und Nonkonformität gegenüber Erwachsenen. Zu den Erklä-rungen, warum das Betragen schlecht sei: Erklärungen für den Bereich der Schule erschienen vor allem in Gestalt reflexiver Rechtfertigungen, hoben die entstehenden Nachteile für die Kinder und die nicht-körperliche Bestrafung hervor; in Erklärungen für den häuslichen Bereich überwogen die Gründe, daß Erwachsene zu leiden hätten und daß mit körperlicher Bestrafung zu rechnen sei.

Es herrschen also konsistente Unterschiede in den kindlichen Auffassungen von schlechtem Betragen, je nachdem, ob sie über ihr Zuhause, die Schule oder das Jugendlager sprechen. Für diese Untersuchung von besonderer Bedeutung sind die unterschiedlichen Vorstellungen der Kinder von der Rolle der erwachsenen Bezugsperson, je nach ihrer eigenen Situation als Objekte, Leidende oder Strafende im Rahmen der Verfehlungen. Angesichts der vielen Ansichten über Disziplin, die sich alle von Studien der Eltern/Kind-Beziehungen herleiten und diese schlicht für die Lehrer/Schüler-Beziehungen verallgemeinern, erscheint da-her Vorsicht bei solchen Extrapolationen gerechtfertigt.

Unsere Camp-Studie und die flüchtige Überich-Interview-Studie veranlaßten uns, zur Erforschung des Wellen-Effekts ins schulische Milieu zurückzukehren.

2. Die High-School-Studie und einige Experimente im Klassenzimmer

Unsere nächste Studie stellte einen weiteren Versuch im Rahmen der Erforschung von Schülerreaktionen auf einen Zwischenfall dar, bei welchem ein Lehrer einen anderen Schüler für irgendein Vergehen im Unterricht zurechtwies. Da sich sowohl die Vorschul- wie auch die Camp-Studien auf sichtbares Verhalten stützten, wie es von einem außenstehenden Beobachter beschrieben worden war, entschlossen wir uns nun zu einem tieferen Vordringen in den Sachverhalt: Wir wollten untersuchen, wie die beiwohnenden Schüler ihrerseits den Fall beurteilten und wie sie darauf reagierten.

Das High-School-Interview

Zur Beschaffung der erforderlichen Informationen führten wir Interviews mit Schülern durch, die eben erst in die High-School eingetreten waren. Wir wählten sie, 63 Jungen und 62 Mädchen, nach dem Zufallsprinzip aus. Wir befragten sie zwischen dem vierten und zehnten Tag ihres Schulbesuchs, dann noch einmal drei Monate später. Eine der High-Schools lag in einem vorwiegend von der Unterschicht bewohnten Gebiet, eine im Wohnbereich der unteren Mittelschicht und eine in gehobener Mittelschichtsumgebung.
Der gesamte Fragenkatalog wurde jedem Schüler zweimal vorgelegt — einmal für das Unterrichtsfach, dem der Schüler die höchste Lernmotivation entgegenbrachte, und dann noch einmal (innerhalb derselben Interview-Sitzung) für das Fach, das den Schüler am wenigsten zum Lernen motivierte. (Der Fragenkatalog ist in Anhang 2.1 wiedergegeben.)

Formen schlechten Betragens und Zurechtweisungsarten

Um dem Leser einen Eindruck von den realen Vorgängen zu vermitteln, wollen wir zunächst einige deskriptive Befunde hinsichtlich der Arten schlechten Betragens und der Zurechtweisungsstile darlegen, bevor wir dann die statistischen Beziehungen zwischen ihnen diskutieren. Welche Formen schlechten Betragens traten auf, und welche Schritte unternahmen die Lehrer zu ihrer Unterbindung?
Die meisten der von den Schülern genannten Verfehlungen fielen unter die folgenden Kategorien: Unterhaltung (30 Prozent); Lärm, Gelächter und laute Unterhaltung (25,2 Prozent); sachfremde Orientierung (irgendeine sachfremde

Beschäftigung, wenn die Auseinandersetzung mit der offiziell gestellten Aufgabe die legale Tätigkeit war; 17,2 Prozent); Kaugummikauen (6,8 Prozent). Die restlichen Fehlverhaltensarten bestanden im Zuspätkommen, Vergessen von Hausarbeiten oder benötigten Hilfsmitteln (Bleistiften, Büchern) sowie im unerlaubten Verlassen des Platzes.

Die beschriebenen Fehlverhaltensformen wurden danach klassifiziert, in welchem Umfang sie die jeweiligen offiziellen Tätigkeiten der Klasse unterbrachen bzw. sich in sie „hineindrängten". Bei den meisten Formen (46 Prozent) stellten wir nur geringe Störwirkung fest. Obwohl jedoch in diesen Fällen der Eingriff in die allgemeinen Aktivitäten der Klasse relativ klein war, so lag doch unbezweifelbar Fehlverhalten vor. (Ein Beispiel: „Zwei Jungen hinter mir unterhielten sich.") 32 Prozent der angegebenen Fehlverhaltensformen wurden als durchschnittlich (18 Prozent) oder sehr (14 Prozent) störend beurteilt. Es handelte sich dabei um Fehlverhalten, das sich deutlich bemerkbar machte und erhebliche Ablenkung hervorrief. Beispiele: „Dieser Junge machte mit den Füßen Radau"; „ein Junge verließ *dauernd* seinen Platz, um sich weiter drüben mit einem Mädchen zu unterhalten." 16,4 Prozent der Abweichungen stuften wir als „trivial", 5,6 Prozent als „extrem" ein. Letzteres betraf Fehlverhaltensformen, die eindeutig und exzessiv ablenkten, etwa: „Der Junge, der ganz hinten saß, sang vor sich hin" ... „er fing an, mit den Füßen zu stampfen und mit den Fäusten auf seiner Bank herumzutrommeln."[1]

Die wörtliche Wiedergabe von Zurechtweisungen, die wir von den Schülern erhielten, ermöglichte uns eine Einteilung der Lehrerbemühungen nach drei wesentlichen Schwerpunkten: Verhängung von Strafen; einfache Aufforderung an den Schüler, sein schlechtes Betragen einzustellen — eine Zurechtweisung; Anleitung des Betreffenden zur Aufnahme legaler Beschäftigungen — eine Hinführung. Über die Hälfte der beschriebenen Vorfälle (54 Prozent) waren mit irgendeiner Bestrafung verbunden. Bemerkenswert selten kamen „Hinführungen" vor — Versuche, den Störer zur Aufnahme legaler Tätigkeiten zu bewegen, als ein Mittel zur Unterbindung schlechten Betragens.

Wenn Strafen verhängt oder angedroht wurden: Wie sahen sie für den Betroffenen aus? Strafen bestanden etwa darin, den Schüler zur Schülerberatung zu schicken (16,4 Prozent), ihm zusätzliche Arbeit bzw. Arbeitszeit aufzuerlegen (12 Prozent) oder ihn in einen anderen Teil des Zimmers zu versetzen (8,4 Prozent). Physischer Kontakt kam lediglich bei zwei von 250 Zurechtweisungen vor. Die Nachteile, die dem Störer angedroht wurden oder die ihm aus der Strafe entstanden, wurden ebenfalls einer Wertung unterzogen. Wie sehr ließ man den Betroffenen leiden, wie sehr brachte man ihn in Verlegenheit oder verletzte man ihn psychisch? In 43,2 Prozent der Fälle entstanden dem Betroffenen entweder keine (40 Prozent) oder nur unbedeutende Nach-

---

[1] Eine umfassendere Darstellung der Kategorien und Resultate findet sich in der Dissertation von Leon T. Ofchus (13).

teile (3,2 Prozent). Ein unbedeutender Nachteil war darin zu sehen, daß der Lehrer etwa sagte: „Würdest du bitte still sein!" oder den Schüler einfach „ansah und dabei leise lächelte". In 51,2 Prozent der Fälle wurden fühlbare oder mäßige Nachteile verursacht bzw. angedroht. Sie erzeugten bei dem Betroffenen für gewöhnlich Unbehagen oder Verlegenheit („hör auf, die Mädchen zu belästigen, sonst geh raus auf den Flur") oder auch beträchtlichen Kummer („du verlierst fünf Zensurpunkte für Kaugummikauen"; „wenn du dich nicht ruhig verhalten kannst, schicke ich dich zum Schulpsychologen"). Extreme Nachteile (worunter wir hier Sarkasmus, Spott, Drohungen mit Sitzenbleiben verstehen wollen) entstanden bei 5,6 Prozent der Vorfälle.

Die Zurechtweisungsstile der Lehrer entsprachen nach ihren Beschreibungen nur selten der Dimension „Klarheit". In 92 Prozent der Fälle gab der Lehrer keinen Grund dafür an, warum er das Betragen schlecht fand; bei 95,6 Prozent bezog er sich auf keinerlei vorhandene Gruppenstandards; und in nur sechs Prozent der Zurechtweisungsfälle gab der Lehrer präzise, ausführliche Begründungen für die Zurechtweisung. Man kann sagen, daß die große Mehrheit der Zurechtweisungen wenig Informationen enthielt, die über ein „Laß das" und „Ich werde dich dafür bestrafen" hinausgingen.

Wie nun reagierten die beiwohnenden Schüler auf diese Vorfälle? Uns sollen hier jene Wirkungen interessieren, die die Schüler spontan ansprachen, als sie unsere offenen Fragen beantworteten. Es ist anzunehmen, daß Antworten auf offene Fragen erkennen lassen, was dem Schüler selbst am stärksten auffällt und in welcher Weise er sich seinerseits auf den Zurechtweisungsfall reagieren sieht.

Als häufigste Folgeerscheinung der Zurechtweisung wurde irgendeine Gefühlsregung genannt; 15,2 Prozent der Schüler gaben spontan an, in gewisser Weise von dem Vorfall berührt worden zu sein. Etwa die Hälfte dieser Empfindungen waren angenehm: „Ich war froh, daß es den erwischt hatte"; „ein Glück, daß es so abgegangen war, er ist nämlich mein Freund". Der Rest bestand aus unangenehmen Gefühlen („Ich war traurig darüber, daß er rausgeflogen war") oder Äußerungen von Furcht („Ich war erschrocken" ... „ich hatte wirklich Angst vor ihr, sie war so außer sich") oder Verärgerung über den Lehrer oder den Störer.

Auf die Frage der Verhaltenskonformität kamen 11,6 Prozent der Schüler zu sprechen. 11,2 Prozent vermerkten eine wachsende Tendenz zu besserem Betragen oder mindestens den Entschluß dazu; spontane Antworten: „Als sie aufhörte herumzualbern, fiel es uns leichter, uns anständig zu benehmen"; „ich entschloß mich, still zu sein, damit ich dem Unterricht folgen konnte." Eine Tendenz zu weniger Konformität beobachteten lediglich 0,4 Prozent der Schüler. 5,2 Prozent erwähnten Auswirkungen auf die Arbeitsbereitschaft; 4,4 Prozent arbeiteten intensiver mit oder entschlossen sich zumindest zu verstärktem Einsatz; 0,8 Prozent verringerten ihre Beteiligung. Die Kategorie Arbeitsbereitschaft umfaßte Stellungnahmen wie: „Ich wollte auf jeden Fall meine Arbeit zu Ende bringen"; „als sie sie unterbrach, paßten die anderen Kinder wieder auf".

Einstellungen gegenüber dem Störer oder seinem Betragen wurden nach ihren Angaben bei 7,6 Prozent der Schüler betroffen. Auswirkungen in dieser Richtung werden ersichtlich in Aussagen wie: „Er hätte eben nicht so herumalbern sollen"; „ich mochte ihn sowieso nicht."

Meinungen über den Lehrer konstituierten einen weiteren Aspekt dessen, was Schüler als auffällig empfanden. Acht Prozent der Bemerkungen hierzu waren mit der Auffassung verbunden, Lehrer seien überhaupt nur zur Kontrolle von Fehlverhalten da: „Mit dem ist nicht zu spaßen"; „der ist schwach"; „würde mich wundern, wenn der mit Kindern fertig würde"; „Mann, geht der hart mit Kindern um." Die übrigen Anmerkungen (7,2 Prozent) bezogen sich auf allgemeinere Lehrereigenschaften, etwa: „Sie ist ein netter Mensch"; „sie möchte, daß die Kinder lernen"; „sie traut Kindern einfach überhaupt nichts zu".

Man könnte die deskriptiven Befunde über schlechtes Betragen und Zurechtweisungen sowie die Reaktionen der Schüler auf diese Vorfälle wie folgt zusammenfassen:

1. Die angegebenen Fehlverhaltensformen bestanden vorwiegend in Verstößen gegen die Unterrichtsnormen: Unterhaltung, Lärm, Gelächter und fehlende Arbeitsorientierung. Zum größten Teil hielten sie den Unterrichtsfortgang nur geringfügig auf, machten sich nur mäßig bemerkbar und hatten weder moralisches Gewicht noch nachteilige Folgen für den sich Fehlverhaltenden oder andere.

2. Über Lehrer wurde berichtet, sie behandelten Fehlverhalten in der Hauptsache mit irgendeiner Strafe oder der schlichten Forderung nach Unterlassung. Die am häufigsten verhängten Strafen bestanden darin, den Störer zur Schülerberatung zu schicken oder ihm Extraarbeit bzw. -zeit aufzuerlegen. Nachteile, die der Störer in Kauf zu nehmen hatte, konnten in den meisten Fällen als unerheblich oder nicht vorhanden bezeichnet werden. (Es sei daran erinnert, daß Spott, Sarkasmus oder schlechte Noten auf unserer Bewertungsskala als „extreme Nachteile" erschienen.) Für die Mehrheit der Zurechtweisungsfälle gaben die Schüler an, der Lehrer habe nur leichte Verärgerung und mäßige Entschlossenheit gezeigt, das geschilderte schlechte Betragen zu unterbinden.

3. Nach Auffassung der Schüler schritt der Lehrer bei Fehlverhalten primär ein, um das Lernklima zu erhalten bzw. wiederherzustellen, nur sekundär zur Absicherung und Aufrechterhaltung der geregelten Unterrichtsform und erst an letzter Stelle, um persönlichen Regungen Ausdruck zu geben oder eigenes Unbehagen abzureagieren. Die Mehrheit der Schüler billigte bis zu einem gewissen Grad das Einschreiten des Lehrers beim jeweils angegebenen Fehlverhalten.

4. Bei vorhandenem wie auch bei fehlendem Einverständnis beurteilten die Schüler die Zurechtweisungsmethoden des Lehrers nach ihrer Gerechtigkeit und Fairneß, ihrer Effektivität und nach der Angemessenheit der Intensität seiner Reaktionen auf das Fehlverhalten.

5. Wenn man sie nach ihrer Meinung dazu fragte, warum ein Lehrer wohl gerade diese und keine andere Methode der Zurechtweisung wählte, unterstellten die Schüler den Lehrern folgende Absichten, nach der Häufigkeit ihrer Nennung geordnet: Sie wollten damit die Nachteile für den Störer in Grenzen halten, ihren Gefühlen Luft machen bzw. eigenem Unbehagen entgegenwirken oder anderen Schülern ungestörtes Lernen ermöglichen.

6. Nicht einmal die Hälfte der Vorkommnisse hinterließ irgendeine spontan genannte Wirkung bei den beiwohnenden Schülern. Wenn von Auswirkungen berichtet wurde, erschienen sie vorwiegend in Form positiver oder negativer Gefühlsregungen, als geringfügige Veränderung in der Einstellung zum Lehrer (meistens hinsichtlich der Bewertung seiner Strenge), als Tendenz zu eigenem besserem Betragen unmittelbar nach der Zurechtweisung sowie als leichte Neigung, der offiziell vorgegebenen Arbeit mehr Aufmerksamkeit zuzuwenden. (Mit Ausnahme der Einstellungen zum Lehrer liegen hier dieselben Wirkungsdimensionen vor, die wir in der Vorschul-Studie gemessen hatten.)

Beziehungen zwischen Zurechtweisungsqualitäten und dem Wellen-Effekt

Der ursprüngliche Zweck dieses Forschungsprojektes lag darin, herauszufinden, ob irgendeine Beziehung zwischen der Zurechtweisungsmethode eines Lehrers und dem Wellen-Effekt bestand. Als Beispiel für diese Forschungsrichtung diente die Vorschul-Studie, wo wir eine Beziehung feststellten zwischen Qualitäten von Zurechtweisungsmethoden (Klarheit, Härte, Festigkeit) und dem Wellen-Effekt (Konformität, Arbeitsbereitschaft, Anzeichen emotionaler Betroffenheit).

Im High-School-Interview hatten wir folgende Qualitäten von Zurechtweisungen untersucht: Strafe, Höhe der entstehenden Nachteile für den Betroffenen, Klarheit, Festigkeit, zum Ausdruck gebrachte Verärgerung und Humor (bzw. Fehlen von Humor). Es hatten sich folgende Wellen-Effekte gezeigt: Verhaltenskonformität, Aufmerksamkeit, Parteinahme für den Lehrer oder den Störer und emotionales Unbehagen.

Ergeben sich nun irgendwelche Zusammenhänge zwischen der Qualität einer Zurechtweisung und dem Wellen-Effekt? *Einer der wesentlichsten Effekte gehörte zur Kategorie „kein Effekt".* Wie Tabelle 2 zusammenfassend zeigt, bestand das wichtigste Ergebnis für die meisten Klassen darin, daß Unterschiede hinsichtlich der Klarheit, Festigkeit, Punitivität und des Tenors von Zurechtweisungen *keinen Einfluß hatten* auf die Anzahl der Schüler, die sich konform

Tabelle 2

Beziehungen zwischen Zurechtweisungsqualitäten und Reaktionen beiwohnender Schüler[a]

Zurechtweisungs-qualität	Konformität		Aufmerksamkeit		Parteinahme für Lehrer oder Störer		emotionales Unbehagen	
	hohe Lern-motivation	geringe Lern-motivation	hohe Lern-motivation	geringe Lern-motivation	hohe Lern-motivation	geringe Lern-motivation	hohe Lern-motivation	geringe Lern-motivation
N	125	125	125	125	125	125	125	125
Strafe (beschrieben)	NS	NS	0,05	NS (0,80)	NS	NS	NS	NS
Nachteile (beschrieben)	NS	NS	NS	NS	NS	NS	NS	NS
Klarheit (beschrieben)	NS	NS	NS	NS	NS	NS	NS	NS
Verärgerung (gewertet)	NS	NS	NS	NS	NS	NS	0,001	0,05
Festigkeit (gewertet)	0,01	NS (0,30)	NS	NS	NS	NS	NS	NS
Humor (gewertet)	NS	NS	NS	NS	NS	NS	NS	NS

a) NS = Differenz durch χ^2-Test oberhalb 0,01

verhielten, sich der Arbeit zuwandten, Partei für den Lehrer oder den Störer ergriffen, sich verwirrt oder unangenehm berührt fühlten. (NS bedeutet, daß die Veränderungen *nicht signifikant* waren.)

Die einzige Beziehung, die sich als für beide Fächer (mit hoher wie auch mit geringer Lernmotivation) signifikant erwies, war die zwischen einer ärgerlichen Zurechtweisung und der Schilderung eines gewissen emotionalen Unbehagens. (Dies entspricht den Resultaten aus der Vorschul-Studie, nach denen sich als Folge einer harten Zurechtweisung Verhaltensbrüche gezeigt hatten.) Bestrafungen erhöhten die Aufmerksamkeit des Schülers lediglich in Fächern, denen er hohe Lernmotivationen entgegenbrachte; sie zeitigten keine Wirkungen bei gering motivierenden Fächern, noch stellten sie einen signifikanten Faktor dar, wenn man alle Fächer zusammennahm. Die Festigkeit, mit der ein Lehrer auftrat, verstärkte zwar die Neigung zu besserem Betragen, allerdings nur bei den Schülern, die über Fächer berichtet hatten, für welche sie hohe Lernmotivationen besaßen. Wo geringe Lernmotivation herrschte oder bei Zusammennahme aller Fächer zeigte Festigkeit keine Wirkung.

Beziehungen zwischen der Höhe der Lernmotivation und dem Wellen-Effekt

Außer der Erforschung der Reaktionen von Schülern auf einen Zurechtweisungsfall unternahmen wir den Versuch, eine allgemeine Hypothese zu prüfen: daß nämlich die Höhe der Motivation des Schülers, einen bestimmten Stoff zu lernen, die Art und Weise beeinflußt, in der er auf den Lehrer reagiert, der einen anderen Schüler zurechtweist. Zur Untersuchung dieser Hypothese ließen wir jeden Schüler abschätzen, wie hoch seine Lernmotivation für jedes seiner Unterrichtsfächer sein mochte. Wenn man dann die Reaktionen derselben Schüler auf eine Zurechtweisung in ihren hoch motivierenden Fächern mit ihren Reaktionen in gering motivierenden verglich, konnte man vielleicht einigen Aufschluß über diese Frage gewinnen. Differenzen ließen sich dann, da es sich ja um ein und dieselben Personen handelte, den Unterschieden in der Stärke und Richtung der Motivation zuschreiben.

Die Ergebnisse dieses Vergleichs sind in Anhang 2.5 dargestellt. Wir ordneten sie nach folgenden fünf Kategorien:

Verhaltensreaktionen

Schüler, die Zeuge einer Zurechtweisung in einem Fach wurden, dem sie hohe Lernmotivationen entgegenbrachten, gaben an, sie hätten nach dem Vorfall zu noch besserem Betragen tendiert, was bei Schülern mit geringer Lernmotivation für ihr Fach nicht der Fall war. Sie berichteten auch eher von einer stärkeren Neigung zu erhöhter Aufmerksamkeit als die gering motivierte Gruppe. Dabei ist allerdings zu bedenken, daß die Möglichkeit einer weiteren

Steigerung der Aufmerksamkeit bei denjenigen, die ohnehin schon aufmerksamer waren als die wenig Motivierten, eine entsprechend verringerte Wahrscheinlichkeit besaß.

Beurteilungen der Zurechtweisungsfälle

In dieser Kategorie geht es darum, wie die Schüler Fälle von Zurechtweisungen beurteilten und einschätzten. Wenn die Schüler hohe Lernmotivationen besaßen, beurteilten sie die Vorfälle in dem betreffenden Fach eindeutig eher zugunsten des Lehrers, als wenn dieselben Schüler Vorfälle in einem wenig motivierenden Fach beurteilten. In ihren motivierenden Fächern neigten sie dazu, mehr Einverständnis mit dem Verhalten des Lehrers zu zeigen, stärker Partei für den Lehrer als für den Störer zu nehmen; sie befanden häufiger, der Lehrer sei dem schlechten Betragen mit angemessenem Nachdruck begegnet (oder sei sogar „nicht hart genug zu dem" gewesen) und seine Methode des Umgangs mit schlechtem Betragen zeuge von Fairneß.

Beurteilungen des Fehlverhaltens

Bei beiden Schülergruppen fanden sich keinerlei Unterschiede in der Bewertung der Schwere des Fehlverhaltens. In ihren motivierenden Fächern beschrieben die Schüler allerdings eher die störenden Eigenschaften von Fehlverhalten — wiesen sie häufiger auf solche Aspekte schlechten Betragens hin, die das Lernen oder die Konzentration anderer Schüler beeinträchtigten.

Wahrnehmungen der Zurechtweisungsmethode

Diese Wahrnehmungsurteile gehen speziell auf die Darstellungen der Schüler zurück, wie der Lehrer mit schlechtem Betragen verfuhr. Schüler in wenig motivierenden Fächern berichteten von mehr Fällen „reiner Bestrafung" („zur Beratung geschickt", „zog fünf Zensurpunkte ab"), und ihre Beschreibung enthielt keinerlei Hinweis auf den Inhalt einer Zurechtweisung („Laß diesen Lärm!") oder auf eine Hinführung („Geh wieder an deine Arbeit!"). Schüler in wenig motivierenden Fächern veranschlagten auch die Verärgerung des Lehrers weit höher. Darstellungen aus motivierenden Fächern dagegen enthielten detailliertere Angaben darüber, was der Lehrer zum Fehlverhalten bemerkt hatte und warum bzw. wie es eingestellt werden sollte. Man kann sagen, daß jene Schüler mit hoher Lernmotivation besser mitbekommen, erinnert und wiedergegeben haben, wie Lehrer sich zu schlechtem Betragen verhalten und was sie gegen diese Lernhindernisse unternehmen.

Unterstellte Gründe für Zurechtweisungen

Wenn Schüler mit hoher Lernmotivation gefragt wurden, warum die Lehrer wohl einschritten und warum sie mit Fehlverhalten so und nicht anders verfuhren, führten sie andere Begründungen an, als wenn dieselben Schüler wenig motiviert waren. Die Gruppe mit hoher Motivation nahm an, der Lehrer griffe bei schlechtem Betragen zur Aufrechterhaltung oder Wiederherstellung einer befriedigenden Lernsituation ein, und sie glaubte, daß er ein Fehlverhalten so und nicht anders behandelte, weil er den Schaden für den Betroffenen gering halten und ihm nicht zu nahe treten wollte. Gering motivierte Schüler neigten eher zu der Annahme, Lehrer verhielten sich in der geschilderten Art, weil sie ihren eigenen Gefühlen Luft verschaffen und ihr Unbehagen abreagieren wollten. Wenn gering Motivierte eine Zurechtweisungsmethode tatsächlich billigten, so geschah dies meistens unter dem Aspekt ihrer Fairneß; die hoch motivierte Gruppe dagegen bezog sich mit ihrer Billigung eher auf die Effektivität einer Methode, Lernklimata wiederherzustellen bzw. zu erhalten.

Es sah allmählich so aus, als sei die Theorie, daß die Intensität der Lernmotivation die Reaktionen der Schüler auf eine Zurechtweisung beeinflusse, erhärtet worden. Es ließe sich etwa die Behauptung aufstellen, daß bei hoher Lernmotivation eine starke Lernzielorientierung vorhanden ist, daß der Lehrer als Wegbereiter zu diesem Ziel und schlechtes Betragen als Hindernis begriffen wird. Daraus folgt: Hochmotivierte Schüler werden a) positiver auf Lehrer reagieren, die ihre Macht zur Entfernung von Lernbarrieren einsetzen, b) Zurechtweisungen eher unter lernrelevanten Aspekten beurteilen, c) mehr mit den arbeitsfördernden Aspekten von Zurechtweisungen übereinstimmen und d) auf Zurechtweisungsfälle eher mit arbeitsorientiertem Verhalten reagieren.

Es sah also soweit ganz danach aus, als habe eine Hypothese starke Unterstützung erfahren, und zwar gleich durch mehrere Variablen. Wir wären sehr wahrscheinlich zu diesem Schluß gekommen, hätten wir den Schülern nicht noch andere Fragen gestellt, die das Bild allem Anschein nach verkomplizieren. Ein Blick auf den „Grad der Zuneigung zum Lehrer" legte die Vermutung nahe, daß diese Variable in der Beurteilung von Zurechtweisungsfällen eine bedeutende Rolle innehatte.

Beziehungen zwischen dem Grad der Zuneigung zum Lehrer und dem Wellen-Effekt

Wir forderten die Schüler auf, den Grad ihrer Zuneigung für die beiden Fachlehrer auf einer Skala anzugeben, deren Einteilung von „sehr starker Ablehnung" bis zu „besonders starker Zuneigung" reichte. Wir teilten dann die Skalenpunkte grob in zwei Hälften: starke Zuneigung und schwache Zuneigung; nach den Skalenwerten fiel unter „starke Zuneigung" alles, was *oberhalb* des Wertes „weder Zuneigung noch Ablehnung" lag. Ein weiteres eigenständiges Merkmal der Zuneigung zum Lehrer fand sich in einem anderen Teil des Interviews, in welchem die Schüler danach gefragt worden waren, was sie wohl ihrem Freund über jeden der beiden Lehrer erzählen würden. Die Antworten auf diese offenen Fragen teilten wir in zwei Gruppen: „einem Freund empfehlen" und „einem Freund nicht empfehlen". Da die Empfehlungs-Zweiteilung zu 98 Prozent mit der Zuneigungs-Zweiteilung übereinstimmte, kann man diesen Dichotomien hohe Zuverlässigkeit bescheinigen; und man kann davon ausgehen, daß sie die unverfälschte Gesamthaltung der Schüler zu ihren Lehrern wiedergeben.

Die Ergebnisse zeigten eine starke Beziehung zwischen der Zuneigung zum Lehrer (bzw. seiner Empfehlung) und der fachlichen Lernmotivation. In ihren hoch motivierenden Fächern brachten 107 Schüler eine gewisse Zuneigung für den Lehrer auf; nur 18 fühlten sich ihm gegenüber neutral oder lehnten ihn ab. In gering motivierenden Fächern waren es 68 Schüler, die einige Zuneigung empfanden; 57 lehnten ihren Lehrer ab oder zeigten Indifferenz.

In einer Analyse, die identisch war mit jener in Anhang 2.5 dargestellten, verglichen wir innerhalb der gering motivierten Gruppe die Reaktionen von Schülern, die ihren Lehrer mochten, mit den Reaktionen derjenigen, die ihn ablehnten. Die Ergebnisse *glichen* im wesentlichen denen, die wir aus der Gegenüberstellung von hoher und geringer Lernmotivation erhalten hatten.

Daraus folgt, daß Zuneigung für den Lehrer und Lernmotivation für einen bestimmten Stoff eng miteinander verbunden sind. Diese Variablen weisen nicht nur eine gegenseitige Verknüpfung auf, sondern sie stehen außerdem in gleichgerichtetem und annähernd gleich großem Wirkungszusammenhang mit den Reaktionen der Schüler auf einen Zurechtweisungsfall. Die scheinbar wohlfundierte Theorie, welche die Lernmotivation des Schülers mit seinen Reaktionen auf eine Zurechtweisung in Zusammenhang bringt, erscheint also, nach der jetzigen Lage der Dinge, auf einmal gar nicht mehr so einleuchtend und wohlfundiert. Nur die zufällige Befragung der Schüler nach ihrer Zuneigung zum Lehrer bzw. ihren Empfehlungen bewahrte uns vor größerer „Gewißheit". (Ähnlich wären wir uns unserer Befunde aus dem College-Experiment „sicherer" gewesen, hätten wir die Studenten nicht zufällig nach ihren Empfindungen gegenüber dem experimentellen Vorfall befragt und damit entdeckt, daß unsere sauberen experimentellen Variablen durch die Variable des Unerwarteten und der Überraschung getrübt worden waren.)

Wir stehen nun vor dem Problem, zu ermitteln, wie weit die Wellen-Effekte durch Lernmotivation und wie weit sie durch Zuneigung zum Lehrer bestimmt werden. Die spezifischen Wirkungen von Lernmotivation und Zuneigung lassen sich mit Hilfe einer zusätzlichen statistischen Analyse voneinander scheiden. Die hoch motivierte Gruppe (HoM), die außerdem starke Zuneigung zum Lehrer empfindet, kann man mit zwei gering motivierten Gruppen (GeM) vergleichen: einer mit starker Zuneigung zum Lehrer (GeM/StZ) und einer mit schwacher Zuneigung (GeM/SchwZ). Etwaige Differenzen zwischen HoM und GeM/StZ wären dann Unterschieden in der Lernmotivation zuzuschreiben, da ja beide Gruppen starke Zuneigung zum Lehrer aufweisen. Sollten sich keine Differenzen zwischen HoM und GeM/StZ ergeben (also unterschiedliche Lernmotivationen nicht ausschlaggebend sein), und sollte *statt dessen* eine Differenz zwischen HoM und GeM/SchwZ auftreten, dann läßt sich diese Differenz auf Unterschiede in der Zuneigung zum Lehrer zurückführen. (Die Gegenüberstellungen sind in Anhang 2.6 wiedergegeben.)

Die Reaktionen der Schüler, soweit sie Aufmerksamkeit und Tendenz zu noch besserem Betragen nach einem Zurechtweisungsfall betreffen, fallen signifikant unterschiedlich aus für hoch motivierende und gering motivierende Fächer, und zwar sowohl wenn der Lehrer der letzteren anerkannt als auch wenn er abgelehnt wird. Derselbe Unterschied machte sich bemerkbar, wenn Schüler das jeweils korrigierte Fehlverhalten als störenden Eingriff in die Lernbedingungen beschrieben. Wir dürfen also zu der Feststellung kommen, daß Schülerreaktionen dieser Art hauptsächlich eine Funktion der Arbeitsmotivation darstellen und anscheinend *nicht* an die allgemeine Zuneigung zu dem betreffenden Lehrer bzw. dessen Empfehlung gekoppelt sind.

Bei den Beurteilungen des Lehrerverhaltens während der Zurechtweisung ergeben sich signifikante Unterschiede zwischen anerkannten und abgelehnten Lehrern. Abgelehnte Lehrer zeigen ihren Beschreibungen nach häufiger Verärgerung, sind punitiver, investieren mehr Kraft in die Unterdrückung schlechten Betragens als anerkannte Lehrer. Diese Differenzen in der Wahrnehmung des Lehrerverhaltens machen sich unabhängig von der jeweiligen Lernmotivation des Schülers geltend.

Wenn sie seinen Umgang mit Fehlverhalten beurteilen, finden ablehnende Schüler, der Lehrer mache zuviel Aufhebens von schlechtem Betragen, und er sei weniger fair; ferner nehmen sie weniger häufig für den Lehrer als für den Störer Partei. Diese Beurteilungsdifferenzen hängen wiederum nicht mit der Lernmotivation, sondern mit der Zuneigung zum Lehrer zusammen.

Die Lernmotivationstheorie, wie sie weiter vorne in diesem Kapitel aufgestellt wurde, erscheint somit als unzulässig vereinfachende Betrachtungsweise von Schülerreaktionen auf Zurechtweisungsfälle. Zuneigung zum Lehrer, mag sie auch starke Zusammenhänge mit der Lernmotivation aufweisen, scheint genau so viele — wenn nicht sogar mehr — der untersuchten Antworten zu beeinflussen wie die Lernmotivation. (Ob eine Variable gleich großen, mehr oder weniger Einfluß besitzt als eine andere, hängt natürlich von der Anzahl der Variablen ab, die ein Forscher zur Untersuchung auswählt, und davon, ob die Untersuchung gelingt.) Lernmotivation steht in Verbindung mit Aufmerksamkeit für die vorgegebene Arbeit und der Tendenz zu „noch besserem" Betragen nach einer Zurechtweisung. Urteile über Zurechtweisungsmethoden und Lehrer jedoch variieren mit der Zuneigung zum Lehrer. Zuneigung bestimmte die Urteile hinsichtlich Fairneß sowie die Parteinahme für den Lehrer; Ablehnung war verknüpft mit der Wahrnehmung von Verärgerung, Punitivität und übermäßig starker Reaktion auf Fehlverhalten. Kenntnis von Lernmotivation wie Zuneigung zum Lehrer ermöglicht die Prognose von Wellen-Effekten, wobei Motivation und Zuneigung allerdings jeweils verschiedene Effekte bestimmen: Lernmotivation steuert Reaktionen, die auf Arbeit und Verhaltenskonformität gerichtet sind; Zuneigung zum Lehrer steuert Urteile über das Lehrerverhalten während des Vorfalls.

Die obengenannten Vergleiche wurden für alle Zurechtweisungsfälle vorgenommen: 250 Zurechtweisungen, an denen 64 verschiedene Lehrer und 125 verschiedene Schüler beteiligt waren. Gelten die Befunde nun für alle Zurechtweisungsfälle oder nur für bestimmte Arten von Zurechtweisungen? Wird der Wellen-Effekt mit größerer Genauigkeit voraussagbar, wenn man zusätzlich zur Lernmotivation und Zuneigung des Schülers die Qualitäten einer Zurechtweisung kennt? In unserer bisherigen Datenanalyse hatten wir festgestellt, daß Klarheit, Festigkeit, Strafe, potentieller Schaden und Humor *weder* bei hoher *noch* bei geringer Motivation Prognosen über Schülerreaktionen zuließen. (Verärgerung war die einzige Qualität, die konsistente Veränderungen hervorrief; nach den Berichten verursachte sie emotionales Unbehagen, beeinflußte aber weder Konformität noch Aufmerksamkeit.) Allerdings können wir noch immer nicht ausschließen, daß die Qualität einer Zurechtweisung zur Voraussage des Wellen-Effektes beiträgt, wenn sowohl Lernmotivation als auch Zuneigung zum Lehrer gleichfalls bekannt sind.

Verbindung des Wellen-Effektes mit Zurechtweisungsqualitäten, Zuneigung zum Lehrer und Lernmotivation: Eine Theorie

Zur Beantwortung der Frage, ob gewisse Kombinationen aus Lernmotivation, Zuneigung zum Lehrer und Qualitäten einer Zurechtweisung den Wellen-Effekt bestimmen können, teilten wir die Schüler in vier Kategorien: a) hohe Lernmotivation mit starker Zuneigung; b) hohe Lernmotivation mit schwacher Zuneigung; c) geringe Lernmotivation mit schwacher Zuneigung und d) geringe Lernmotivation mit starker Zuneigung zum Lehrer.

Für jede der obengenannten Kategorien lassen sich zwei Fragen stellen:

1. Machen sich *innerhalb* der Gruppe Veränderungen bemerkbar, wenn eine Zurechtweisungsmethode eine bestimmte Qualität besitzt oder nicht besitzt? Reagieren z. B. Schüler der Gruppe mit hoher Motivation und starker Zuneigung in irgendeiner Weise anders auf eine Zurechtweisung, die Bestrafung enthält, als auf eine Zurechtweisung ohne Strafe? Reagieren Schüler der Gruppe mit geringer Motivation und schwacher Zuneigung irgendwie anders auf eine ärgerliche Zurechtweisung als auf eine in dieser Hinsicht neutrale? Solche Fragen stellen sich für alle Gruppen und für alle Zurechtweisungsqualitäten.

2. Ergeben sich *zwischen* den Gruppen Unterschiede in der Reaktionsweise der Schüler auf eine Zurechtweisungsmethode mit bestimmter Qualität? Reagieren z. B. Schüler der Gruppe mit geringer Motivation und starker Zuneigung auf eine strafende Zurechtweisungsmethode anders als Schüler

der Gruppe mit geringer Motivation und schwacher Zuneigung? Reagieren die Schüler der Gruppe mit hoher Motivation und schwacher Zuneigung auf eine Zurechtweisungsmethode, die Verärgerung ausdrückt, anders als die Schüler der Gruppe mit geringer Motivation und schwacher Zuneigung?

Einer der Begriffe, der uns bei der Ordnung und Zusammenfassung der Daten leiten soll, ist der Begriff der *Bindung*. Wir gehen dabei von der Annahme aus, daß fachliche Lernmotivation und Zuneigung zu einem Lehrer *dauerhafte* Variablen sind; d. h. sie stellen zeitüberdauernde Voraussetzungen dar. Wenn ein Schüler behauptet, er sei hoch motiviert für Geometrie, dann nehmen wir an, daß er damit mehr als nur ein ganz spezielles Theorem meint, für dessen Erlernung er sich ausgerechnet am Nachmittag des Interviews zwischen 1.00 und 1.15 Uhr interessiert. Es mag vorübergehende Schwankungen in der Motivationshöhe geben, aber die *generelle* Lernmotivation besteht für mehr als nur ein Theorem, eine Stunde, einen Tag. Ähnlich setzen wir voraus, daß die Stärke der Zuneigung zum Lehrer bzw. die Bereitschaft, ihn zu empfehlen, eine Einstellung wiedergibt, die länger als nur ein Schuljahr anhält und sich auf gewisse übergreifende Dimensionen zurückführen läßt, so undeutlich deren Ursprung immer sein mag. Diese relativ langanhaltenden Einstellungen kann man Bindungen nennen. Schüler der Gruppe mit hoher Motivation und starker Zuneigung können etwa als positiv an ihre Arbeit und ihren Lehrer gebunden gedacht werden. Schüler der Gruppe mit geringer Motivation und schwacher Zuneigung fühlen sich ihrer Arbeit wenig — wenn überhaupt — verbunden und zeigen keine oder eine negative innere Bindung an ihren Lehrer. Einige Schüler haben wahrscheinlich ambivalente Bindungen.

Um eine Darstellung der Befunde zu ermöglichen, müssen auch die Wellen-Effekte klassifiziert werden. Man kann die Schülerreaktionen in folgende Kategorien aufteilen:

1. *Arbeitsbezogene Reaktionen:* Bei diesen handelt es sich um Reaktionen des Schülers, die seine Orientierung an den momentanen offiziellen Unterrichtserfordernissen betreffen. Sie werden gemessen an seiner Tendenz zu mehr oder weniger Aufmerksamkeit, zu besserem oder schlechterem Betragen nach einer Zurechtweisung.
2. *Lehrerbeurteilungen:* Hier geht es um Reaktionen, welche die günstige oder ungünstige Bewertung des Lehrerverhaltens bei der Zurechtweisung betreffen. Gemessen wird, ob man den Lehrer für jemanden hält, der zuviel Aufhebens von Fehlverhalten macht, und ob er für fair oder unfair befunden wird.
3. *Beurteilung des Fehlverhaltens:* Gemeint sind Urteile, die keine Bewertung des Lehrers enthalten. Die Datengewinnung hierfür stützte sich auf die Einschätzung der Schwere des Fehlverhaltens seitens der Schüler und darauf, ob der Schüler bei dem Vorfall zur Parteinahme für den Lehrer oder den Störer tendierte.

Determinanten arbeitsbezogener Reaktionen

Die erste Hypothesenreihe entstand aus der Untersuchung arbeitsbezogener Reaktionen auf Zurechtweisungen. *Arbeitsbezogene Wellen-Effekte werden bestimmt durch die Bindung des Schülers an das jeweilige Unterrichtsfach.* Die Frage, ob ein Schüler seiner Arbeit mehr Aufmerksamkeit schenkt oder zu besserem Betragen nach einer miterlebten Zurechtweisung neigt, wird durch die Höhe seiner Lernmotivation für das betreffende Fach entschieden. *Zurechtweisungsqualitäten sind in dieser Hinsicht nicht ausschlaggebend.* Lernmotivierte Schüler fühlen sich zu besserem Betragen und zu intensiverer Mitarbeit angeregt als Schüler mit geringer Lernmotivation, ob die Zurechtweisung nun Strafe, Festigkeit, Ärger oder Humor enthält. Dies gilt auch unabhängig davon, ob sie den Lehrer anerkennen oder nicht.

Bewirkt nun der Lehrer mit seiner Zurechtweisung irgend etwas, das die arbeitsbezogenen Reaktionen des Schülers mit geringer Lernmotivation beeinflussen könnte? Ein zurechtweisender Lehrer signalisiert seinen Wunsch oder seine Absicht, schlechtes Betragen zu unterbinden. Er sagt: „Ich möchte, daß das aufhört!", aus welchen — angeführten oder vom Schüler vermuteten — Gründen auch immer. Man kann auch davon ausgehen, daß das Auftreten des Lehrers die Ernsthaftigkeit seiner Absicht zum Ausdruck bringt — daß er, wenn er sich ärgert, zu einer Strafe greift oder fest entschlossen ist, etwa sagt: „Ich möchte *wirklich,* daß das aufhört!" Haben wir nun eine Schülergruppe, die für das Signal des Lehrers, welches die Ernsthaftigkeit seiner Absicht mitteilt, empfänglich ist oder die sich davon beeinflussen läßt?

Bewirkt der Lehrer, wenn er *starkes* Verlangen nach Einstellung schlechten Betragens signalisiert, irgendwelche Veränderungen? Nur bei einer der vier Schülergruppen ergeben sich in der Tat Veränderungen, nämlich bei der Gruppe mit geringer Lernmotivation und starker Zuneigung zum Lehrer. Wenn ein Schüler *keine* starke positive Bindung an seine Arbeit verspürt, seinen Lehrer aber *mag,* und wenn der Lehrer *starkes* Verlangen nach Unterlassung von schlechtem Betragen äußert, dann und nur dann wird der Schüler geneigt sein, besser aufzupassen und sich seinerseits besser zu benehmen.

Determinanten der Lehrerbeurteilung

Eine zweite Hypothesenreihe betraf Reaktionen auf Zurechtweisungen, die mit der Bewertung des Lehrers verbunden waren.

Zum Verständnis dieser Wellen-Effekte haben wir Heiders Gleichgewichtstheorie hinzugezogen (6). Heider postuliert das Vorhandensein von Kräften, die ein Ungleichgewicht vermeiden und das Gleichgewicht zwischen unserer Wahrnehmung von Menschen und ihren Handlungen aufrechterhalten. Wir neigen dazu, in der Handlungsweise von Menschen, die wir mögen, Gutes, und in der

Handlungsweise derer, die wir nicht mögen, Schlechtes wahrzunehmen. Es handelt sich hierbei um Wahrnehmungen, die sich im Gleichgewicht, d. h. in keinem Konflikt miteinander befinden. Wahrnehmungen von geschätzten Personen, die etwas Schlechtes tun, oder von nicht geschätzten, die etwas Gutes tun, stellen unausgeglichene, konfliktauslösende Wahrnehmungseinheiten dar.

Man darf annehmen, daß Schüler unter „fair sein" eine „gute" und „unfair sein" eine „schlechte" Handlungsweise verstehen; ferner, daß „zuviel Aufhebens machen" von Fehlverhalten „schlecht" und „es genau richtig angehen" in ihren Augen „gut" bedeutet. Ein ausgeglichener Wahrnehmungszustand herrscht hier dann, wenn a) ein geschätzter Lehrer als fair (oder richtig reagierend) und b) ein abgelehnter Lehrer als unfair (oder übertrieben reagierend) angesehen wird. Es herrscht ein unausgeglichener Zustand, wenn man a) einen geschätzten Lehrer als unfair (oder übertrieben reagierend) und b) einen abgelehnten Lehrer als fair (oder richtig reagierend) wahrnimmt.

Die vorherrschende Determinante des Schülerurteils über Zurechtweisungen des Lehrers ist die Bindung an den Lehrer, wenn dieses Urteil eindeutige Konnotationen im Sinne von gut oder schlecht aufweist. Vergleiche zwischen allen vier Gruppen ergaben, daß Schüler die Reaktionen von Lehrern, denen sie starke Zuneigung entgegenbrachten, als angemessener und fairer beurteilten als die von Lehrern, für die sie nur schwache Zuneigung empfanden. Dies gilt unabhängig davon, ob sie hohe oder geringe fachliche Lernmotivationen besaßen.

Kann der Lehrer mit seiner Zurechtweisung irgendeinen Einfluß auf diese Bewertungen nehmen? Die Antwort ist: „nein". In allen vier Schülergruppen machte sich kein Unterschied bemerkbar, wenn die Zurechtweisung mit Ärger, Festigkeit, Strafe oder Humor auftrat. Ungeachtet der Qualität einer Zurechtweisung gilt sie als „gut", wenn der Lehrer anerkannt, und als „schlecht", wenn er abgelehnt wird. Unterschiedliche Zurechtweisungsqualitäten besitzen nicht genügend Bedeutung, um Einfluß auf das Urteil zu nehmen, das — bei hoher wie auch bei geringer Lernmotivation — durch die vorrangige Bindung an den Lehrer zustande kommt.

Determinanten der Urteile über den Störer und sein Fehlverhalten

Wie steht es nun mit den Beurteilungen von Zurechtweisungsfällen, die keine eindeutigen Gut-Schlecht-Konnotationen aufweisen? Nach der Gleichgewichtstheorie müßten beliebte Personen als solche wahrgenommen werden, die „Nettes" tun, und unbeliebte als solche, die „Häßliches" tun, sonst käme es zu Konflikt und Ungleichgewicht; denn „nett" und „häßlich" sind bedeutsame Klassifikationen, die einem „Gut" oder „Schlecht" gleichkommen. Wenn allerdings die Krawatte der geschätzten Person mißfällt, dürfte dies zu keinem nennenswerten Konflikt oder Ungleichgewicht führen, da die Farbe der Krawatte bei einer Person eher untergeordnete Bedeutung oder jedenfalls keine

Gut-Schlecht-Konnotationen besitzen wird. Dementsprechend haben vermutlich bestimmte Urteile über Zurechtweisungen weniger starke Gut-Schlecht-Konnotationen, als dies bei Bewertungen von Fairneß der Fall ist.

Ein Teil der Zurechtweisungsurteile enthielt Hinweise darauf, daß der Schüler eher für den Lehrer oder den Störer Partei ergriff. Wir gingen von der Annahme aus, daß Parteinahme nicht ganz so relevant und mit nicht ganz so vielen Gut-Schlecht-Bedeutungen befrachtet war wie die beurteilte Fairneß bzw. Unfairneß. Wäre diese Annahme gültig, dann müßte man erwarten, daß die Parteinahme für Lehrer oder Störer zwar der Gleichgewichtstheorie und der Lehrerbindung folgen würde, nicht aber mit der gleichen Konsequenz wie Fairneß-Urteile. Dies erwies sich als richtig.

Die „Parteilichkeit" der Schüler aktualisierte sich nur dann, wenn *zwei* Bedingungen erfüllt waren: Zuneigung zum Lehrer und eine energisch vorgenommene Zurechtweisung. Wenn die Zurechtweisungen Strafabsicht, Verärgerung oder energische Festigkeit erkennen ließen, neigten Schüler, die ihn schätzten, zur Parteinahme für den Lehrer; Schüler, die den Lehrer ablehnten, befanden sich eher auf der Seite des Störers. Wies die Zurechtweisungsmethode dagegen keine Verärgerung, strafende Absicht oder starke Festigkeit auf, dann reagierten Schüler, die den Lehrer schätzten, nicht anders als diejenigen, welche ihn ablehnten.

Ein Schüler, der ein Problem beurteilt, mit dem er keine Wertungen im Sinne von gut oder schlecht verbindet, richtet sich tendenziell nach dem Lehrer, *wenn* er ihn schätzt und *wenn* ein starkes Signal von ihm ausgeht. Lehnt er den Lehrer ab, dann richtet er sich selbst dann nicht nach ihm, wenn dies energisch verlangt wird. Er mag sogar eine Haltung einnehmen, die der geäußerten Ansicht des Lehrers über den Vorfall gerade entgegengesetzt ist[2].

Ein anderes Schülerurteil über Zurechtweisungen bezog sich auf die Einschätzung der Schwere einer Verfehlung. Dieses Urteil stellt keine eindeutige Beurteilung des Lehrers unter dem Aspekt von gut oder schlecht dar. Der Lehrer ist nicht schlecht, nur weil die Verfehlung schwer wiegt, noch ist er deswegen gut. Und wenn die Verfehlung nicht schwer ist, macht dies den Lehrer ebensowenig gut oder schlecht. Es gibt also keinen Grund dafür, warum jenes Urteil eng der Gleichgewichtstheorie folgen sollte; und es dürfte damit auch *keine* Möglichkeit bestehen, die Urteile der Schüler über die Schwere einer Verfehlung allein von ihrer Zuneigung zum Lehrer her abzuleiten.

Die Beurteilung der Schwere einer Verfehlung fällt auch keineswegs eindeutig in den Bereich arbeitsbezogener Reaktionen, wie das z. B. bei Aufmerksamkeit und Konformität der Fall ist. Die Einschätzung des Schweregrades steht also weder in eindeutigem Zusammenhang mit der Lehrerbeurteilung (wie etwa Fairneß), noch unterhält sie starke Beziehungen zu Arbeitsfunktionen (wie etwa

---

[2] Die Berichte der Schüler enthielten nicht genügend Fälle, in denen einer ihrer Freunde eine Verfehlung beging und die es uns daher erlaubt hätten, die Gleichgewichtstheorie von der Einstellung zum Störer her zu überprüfen.

Aufmerksamkeit). Urteile der Schüler über die Schwere einer Verfehlung können daher weder von ihrer Lernmotivation noch von ihrer Zuneigung zum Lehrer allein abgeleitet werden. Finden sich nun *überhaupt* Kombinationen von inneren Bindungen *und* Zurechtweisungsqualitäten, die Einfluß auf die Schülerurteile über die Schwere einer Verfehlung nehmen?

Voraussagen über jene Schülerurteile waren in der Tat möglich; allerdings gab es hierfür *drei* Bedingungen: a) Der Schüler mußte wenig Lernmotivationen für sein Fach besitzen (neigte also nicht schon von vornherein leicht dazu, eine Verfehlung als schwerwiegend zu betrachten); b) der Schüler mußte Zuneigung für den Lehrer empfinden (war also bereits tendenziell für seine Signale empfänglich); und c) der Lehrer mußte *stark* signalisieren, daß er das Betragen für schlecht hielt (durch Bestrafung, Verärgerung oder energische Festigkeit). Diese Schüler mit geringer Lernmotivation, die miterlebten, wie ein geschätzter Lehrer eine energische Zurechtweisung vornahm, waren somit die einzigen, die die entsprechenden Verfehlungen unter dem Einfluß von Lehrern als schwerwiegend beurteilten. Alle anderen persönlichen Bindungen, Kombinationen von Bindungen oder Konstellationen von Zurechtweisungsqualitäten vermochten nicht, den Grad der Schwere zu bestimmen, mit dem die Schüler eine Verfehlung in ihrem Urteil belegten.

Die Fragebogen-Studie

Mit High-School-Neulingen führten wir eine Fragebogen-Untersuchung nach dem Modell der Interview-Studie durch. Neben der Erzielung einer Neuauflage der Interview-Studie war es unter anderem Zweck der Untersuchung, herauszufinden, ob Lernmotivation die Zuneigung zum Lehrer bestimmte. Zur Prüfung dieser Frage nahmen wir Messungen vor, die Aufschluß über die Stärke der „vorläufigen Lernmotivation für Weltgeschichte" bei den Schülern geben sollten; dies geschah zwei Wochen *vor* ihrem Eintritt in die High-School, wo zu erwarten stand, daß sie alle Weltgeschichte als Unterrichtsfach bekommen würden. Zu diesem Zeitpunkt besuchten die Schüler Zubringerschulen für die High-Schools, in denen die Interviews durchgeführt worden waren. Wir wählten das Fach Weltgeschichte, weil die Schüler in der Interview-Studie stark variierende Lernmotivationshöhen für dieses Fach gezeigt hatten.

Zwischen der ersten und zweiten Woche nach ihrem Eintritt in die High-Schools verteilten wir während des Unterrichts in Weltgeschichte Fragebögen an die Schüler. Diese Fragebögen wiederholten die Fragestruktur der Interview-Studie; die Schüler wurden darin aufgefordert, für alle ihre Fächer, Weltgeschichte eingeschlossen, die Höhe ihrer Lernmotivation anzugeben. Des weiteren sollten sie darin den letzten Zwischenfall beschreiben, bei dem ihre Geschichtslehrer versucht hatten, das schlechte Betragen eines anderen Schülers zu unterbinden. Wir baten sie um Darstellung ihrer Reaktionen auf den Vorfall sowie um Stellungnahmen zu damit verbundenen Fragen. Die Antworten kamen von 280 Schülern — 146 Jungen und 134 Mädchen.

Es ergab sich eine gewisse Korrelation (r = 0,49 für Jungen wie Mädchen) zwischen den vor dem High-School-Besuch ermittelten Lernmotivationswerten (der vorläufigen Lernmotivation) und der Lernmotivation für ihren gegenwärtigen Geschichtsunterricht (der aktuellen Lernmotivation). Die Werte für vorläufige Lernmotivation korrelierten allerdings nicht mit der Zuneigung zu den Geschichtslehrern, auch nicht mit *irgendeiner anderen* Reaktion auf den Zurechtweisungsfall: Fairneß-Beurteilung, Parteinahme für den Lehrer, Orientierung unmittelbar vor der Zurechtweisung, Neigung zu mehr Aufmerksamkeit, besserem oder schlechterem Betragen nach dem Vorfall usw.

Wie in der Interview-Studie gab es hingegen signifikante Beziehungen zwischen *aktueller* Lernmotivation und Zuneigung zum Lehrer. Überdies beeinflußte die *aktuelle* Lernmotivation auch die Schülerreaktionen auf Zurechtweisungen, und zwar in derselben Art und Weise, wie es sich in der Interview-Studie gezeigt hatte. Im Vergleich zu aktuell gering motivierten Schülern paßten Schüler mit hoher aktueller Lernmotivation vor der Zurechtweisung besser auf, neigten stärker dazu, nach der Zurechtweisung noch besser aufzupassen und sich um so ordentlicher zu benehmen.

Auch jene Befunde, die auf Abhängigkeiten zwischen der Zuneigung zum Lehrer und Schülerreaktionen auf Zurechtweisungsfälle hindeuten, glichen denen aus der Interview-Studie. Im Unterschied zu Schülern, die wenig Zuneigung für ihren gegenwärtigen Lehrer aufbrachten, werteten Schüler mit hoher Zuneigung die Zurechtweisung als fairer, nahmen tendenziell stärker für den Lehrer Partei und fanden, der Lehrer mache *nicht* zuviel Aufhebens von schlechtem Betragen.

Zwei bereits im Interview studierte Zurechtweisungsqualitäten wurden in den Fragebögen noch einmal untersucht und führten dort zu ähnlichen Resultaten. Es handelte sich um Verärgerung und Festigkeit nach Darstellung der Schüler. (Wie zu erwarten, fielen die schriftlichen Schilderungen der Vorfälle im Fragebogen viel spärlicher aus als die mündlichen im Interview. Wir sahen uns folglich nicht in der Lage, mit dieser Studie Klarheit, Art der Bestrafung und entstehende Nachteile für den Betroffenen zuverlässig zu messen.) Wie schon in der Interview-Studie, so zeigten auch hier weder Verärgerung noch starke Festigkeit Einfluß auf die Neigung des Schülers zu mehr Aufmerksamkeit oder besserem Betragen. Die einzige Beziehung, die sich zwischen einer isolierten Zurechtweisungsqualität und etwaigen Auswirkungen auf den Schüler erkennen ließ, war die zwischen Verärgerung des Lehrers und spürbarem Unbehagen beim Schüler: Wenn Lehrer Verärgerung zeigten, fühlten Schüler sich unwohl oder peinlich berührt.

Die Schüler wurden außerdem zu zwei weiteren Sachverhalten befragt, welche Zuneigung zum Lehrer und Lernmotivation betrafen, nämlich: a) *Fachkompe-*

tenz: „Wie gut weiß der Lehrer seinen Stoff ‚anzubringen' — ihn faßlich und interessant zu machen?" Die Beurteilung reichte von „nicht besonders gut" bis „sehr, sehr gut"; und b) *Führungskompetenz;* „Wie gut weiß der Lehrer eine Klasse zu leiten — sie zur Ruhe, zur Arbeit und zu ordentlichem Benehmen zu bringen?" Hier reichte die Bewertung von „schlechter als andere Lehrer" bis „viel besser als andere Lehrer". Die Beurteilungen beider Sachverhalte korrelierten positiv mit den Angaben über fachliche Lernmotivation und Zuneigung zum Lehrer. Die Korrelationen sind in Tabelle 3 dargestellt und zeigen, daß die Auffassungen der Schüler von Fach- und Führungskompetenz an ihre Zuneigung zum Lehrer und ihre fachbezogene Lernmotivation gebunden sind. Es sollte darauf hingewiesen werden, daß die so gesehenen Kompetenzen tendenziell sogar *noch* stärker mit Zuneigung als mit Lernmotivation zusammenhängen.

Tabelle 3

Produkt-Moment-Korrelationen zwischen Lehrerbewertung und Zuneigung zum Lehrer sowie fachbezogener Lernmotivation*

Lehrerbewertung	Lernmotivation		Zuneigung zum Lehrer	
	Jungen N = 146	Mädchen 134	Jungen 146	Mädchen 134
Fachkompetenz	0,33	0,44	0,65	0,62
Führungskompetenz	0,26	0,30	0,34	0,45

* r-Werte von 0,25 und darüber entsprechen einem Signifikanzniveau von 0,01.

Allgemein kann man sagen, daß die Fragebogen-Studie die Ergebnisse aus der Interview-Studie erhärtet. Überdies zeigen die Resultate, daß Lernmotivation *nicht* allein durch das bestimmt wird, was der Schüler noch vor der Teilnahme am Unterricht für ein Fach empfindet; sie wird vielmehr schon nach nur einer Woche von dem beeinflußt, was sich im Unterricht selbst abspielt, ferner davon, ob der Lehrer — welches Verhalten seinerseits auch immer dazu führen mag — gemocht und als tauglicher Klassenleiter eingeschätzt wird. Außerdem wirkt die Fähigkeit des Lehrers, einen Stoff verständlich und „interessant" zu machen, auf die Motivationsbildung zurück.

Wir hatten mit der High-School-Befragung begonnen, weil wir etwas über Schülerreaktionen auf Zurechtweisungen erfahren wollten. Wir hatten erwartet, auf gewisse Beziehungen zwischen den Qualitäten einer Zurechtweisung und dem Wellen-Effekt zu stoßen. Aber außer der Tatsache, daß Verärgerung ein Gefühl des Unbehagens auslöste, fanden wir keine Beziehung zwischen Zurechtweisungen als solchen und irgendeiner Art Wellen-Effekt. Statt dessen zeigte sich, daß Wellen-Effekte durch die dauerhaften Variablen, Voraussetzungen oder Bindungen bestimmt wurden, wie sie Lernmotivation und Zuneigung zum Lehrer repräsentieren.

Zudem beziehen sich Lernmotivation und Zuneigung zum Lehrer auch noch auf jeweils verschiedenartige Reaktionen von Zurechtweisungen, wirken also keinesfalls im Sinne unspezifischer „Halo-Effekte". Die innere Lernbindung steuert arbeitsbezogene Wellen-Effekte, wie etwa Aufmerksamkeit und Neigung zu besserem oder schlechterem Betragen. Zuneigung zum Lehrer determiniert Beurteilungen des Vorfalls, denen Gut-Schlecht-Konnotationen anhaften (wie etwa Fairneß). Wenn ein Schüler seinen Lehrer mag, beurteilt er dessen Zurechtweisungsbemühungen als gut und richtig, und wenn er ihn ablehnt, findet er dessen Handeln falsch und schlecht.

Mit Ausnahme von Verärgerung, die ein Gefühl des Unbehagens auslöst, spielen Zurechtweisungsqualitäten keine Rolle bei Wellen-Effekten, es sei denn unter sehr eingeschränkten und speziellen Bedingungen. Damit diese speziellen Bedingungen erfüllt sind, muß eine ganz bestimmte Kombination aus Prädispositionen des Schülers, Zurechtweisungsqualitäten und Gegenständen der Beurteilung vorliegen. Die Zurechtweisung muß eine eindringliche Mitteilung enthalten über die Einstellung des Lehrers zum Fehlverhalten, muß also Verärgerung, Strafabsicht oder starke Festigkeit erkennen lassen; der Schüler muß sowohl geringe Lernmotivation als auch starke Zuneigung zum Lehrer besitzen; und das Urteil des Schülers muß sich auf einen Sachverhalt beziehen, der nicht zugleich eine Bewertung des Lehrers in sich birgt. *Wenn also die Zurechtweisung energisch vorgenommen wird, wenn der Schüler ferner wenig Lernmotivationen besitzt und wenn er den Lehrer mag, dann wird er geneigt sein, eine Verfehlung als ernst zu bewerten und der Arbeit mehr Aufmerksamkeit zuzuwenden.*

Hervorstechende Eigenschaften des Lehrers, wie Schüler sie sehen

Die Beziehung zwischen Verärgerung und emotionalem Unbehagen ausgenommen, ergaben die High-School-Studien, daß die Reaktionen beiwohnender Schüler auf Zurechtweisungen eher von ihren persönlichen Bindungen als von den Qualitäten einer Zurechtweisung abhängig waren.

Diese Befunde führten uns zu der Frage, wie Lernmotivation und Zuneigung zu einem Lehrer eigentlich zustande kommen. Da keine intensiven Beobachtungen in den beteiligten Klassen stattfanden, läßt sich die Frage von den Interview-Daten her nicht direkt beantworten. Man dürfte ihnen allerdings gewisse Hinweise auf Faktoren entnehmen können, die mit diesen Bindungen zusammenhängen.

Während der Interviews hatten wir jeden Schüler aufgefordert, die beiden Fachlehrer jeweils zu beschreiben. Wir stellten ihnen folgende Frage: „Nimm an, ein Freund von dir würde herauszufinden versuchen, ob er für dieses Fach diesen Lehrer bekommen würde. Was würdest du ihm über diesen Lehrer erzählen? Wie würdest du ihn beschreiben?", wobei wir sie einmal für ihr hoch motivierendes und zum anderen für ihr wenig motivierendes Fach befragten. Dann wiederholten wir die Frage drei Monate später in der zweiten Interviewserie mit denselben Schülern. Es liegen damit von jedem Schüler vier separate Beschreibungen von ganz bestimmten, konkreten Lehrern vor.

Wovon sprechen Schüler, wenn sie einen bestimmten Lehrer beschreiben? Welche Aspekte oder Eigenschaften werden am häufigsten angesprochen, fallen also anscheinend am stärksten auf? Ergeben sich verschiedene Auffälligkeiten in hoch und in gering motivierenden Fächern, bei geschätzten und bei weniger geschätzten Lehrern?

Die Kodierung und Analyse der Beschreibungen nahm Donald Keith Osborne vor (14). Sie wurden nach ihren Angaben zu persönlichen, Führungs- und fachlichen Eigenschaften geordnet.

Persönliche Eigenschaften werden in deskriptiven Bemerkungen angesprochen, welche die Auffassung des Schülers vom Lehrer als Person wiedergeben. Die diesbezüglichen Kategorien erklären sich zum größten Teil von selbst. „Seltsamer Lehrer" verweist auf Berichte, wonach der Lehrer eine merkwürdige oder zumindest ungewöhnliche Erscheinung darstellt: „Der ist eine taube Nuß"; „sie ist eine komische Nudel"; „die ist übergeschnappt". „Lehrer mögen" bzw. „Lehrer nicht mögen" bezieht sich auf Darstellungen, die unter keine sonstige persönliche Kategorie zu fassen sind, sondern lediglich besagen, daß der Schüler den betreffenden Lehrer mag oder nicht mag: „Sie ist nett"; „ich mag sie"; „wir bilden einen Haß-Verein auf Gegenseitigkeit — ich hasse ihn, und er haßt mich".

Hinweise auf Führungseigenschaften erhielten wir anhand von Aussagen, welche die Auffassungen des Schülers vom Stil des Lehrers berührten, mit dem dieser das Benehmen in der Klasse kontrollierte. Ausgeprägte Toleranz bezieht sich auf Berichte, wonach der Lehrer mit wenig Regeln und Verordnungen auskommt, gelassen bleibt, selten straft oder Verhaltensmaßregeln aufzwingt. Wenig Toleranz stellten wir fest, wenn Lehrer stark reglementieren und ein strenges Zwangsregiment führen.

Facheigenschaften erscheinen in den Auffassungen des Schülers vom Lehrer als jemandem, der seine Arbeit verrichtet, und von der Art und Weise seiner Stoffbehandlung. „Arbeitsstil (+)" war angezeigt, wenn der Schüler Zufriedenheit mit der Lehrmethode bzw. der didaktischen Inangriffnahme des Stoffes angab: „Er geht den Stoff immer nochmal durch, damit wir ihn auch ja verstehen"; „sie bleibt beim Thema"; „er zeigt Dias und Filme"; „in seinem Unterricht kann man wirklich was lernen". „Arbeitsstil (—)" betrifft Äußerungen, welche Unzufriedenheit des Schülers mit der Methode des Lehrers, den Stoff zu behandeln, erkennen lassen. Beispiele: „Er überspringt viel zu viel"; „sein Unterricht ist hundsmiserabel!"; „er gibt uns immer nur schriftliche Aufgaben, nie bespricht er den Stoff mit uns". Bewertung von Anforderungen läßt sich aus Angaben entnehmen, wonach der Schüler die Höhe der Arbeitsanforderungen (zu Hause und im Unterricht), die der Lehrer an ihn stellt, billigt oder verurteilt.

Die Befunde zu den hervorstechenden Merkmalen, wie sie sich der Wahrnehmung des Schülers vom Lehrer präsentieren, sind in Anhang 2.7 wiedergegeben, wo die Attribute, zu denen die Schüler in ihren Lehrerbeschreibungen spontan griffen, zusammengefaßt werden. Es finden sich dort die Resultate für hoch und für gering motivierende Fächer sowie für geschätzte und für weniger geschätzte Lehrer.

Die Ergebnisse enthalten einige Hinweise darauf, mit welchen Lehrereigenschaften Schüler ihre Lernmotivationen verbinden und welche Eigenschaften mit ihrer Zuneigung zum Lehrer zusammenhängen. So werden etwa in hoch wie in gering motivierenden Fächern anerkannte Lehrer häufiger freundlich oder verständnisvoll genannt als abgelehnte Lehrer; letztere werden öfter als grob, übelgelaunt und zu starkem Reglement neigend beschrieben. In hoch motivierenden Fächern scheinen nach Darstellung der Schüler mehr Lehrer gut zu erklären, positive Zugänge zum Stoff zu eröffnen, angemessene Arbeitsanforderungen zu stellen; in gering motivierenden Fächern scheinen dagegen mehr Lehrer dürftig zu erklären und mit ineffektiven Lehrmethoden zu unterrichten.

Besondere Beachtung verdient die Tatsache, daß Schüler im Hinblick auf fachliche Eigenschaften auch zwischen beliebten und unbeliebten Lehrern unterscheiden. Beliebte Lehrer erklären nach ihren Beschreibungen eher gut; unbeliebte eher schlecht. Ferner werden anerkannten Lehrern eher gute didaktische Zugänge und angemessene Arbeitsanforderungen bescheinigt als weniger anerkannten. Auf welche konkreten *Handlungen* der Lehrer sich die Auffassungen der Schüler stützen, wird allerdings aus den Beschreibungen nicht ersichtlich.

Von spezieller Bedeutung erscheint das Überwiegen der fachlichen Merkmale gegenüber den persönlichen in den Lehrerbeschreibungen, und zwar gilt dies sowohl für die hoch als auch für die wenig motivierenden Fächer, für geschätzte wie für abgelehnte Lehrer. Ja, fachliche Merkmale verdrängen die persönlichen zwei Monate nach Unterrichtsbeginn sogar noch stärker als während der ersten zwei Wochen. (Überdies schließen diese persönlichen Attribute auch die harmlosen Angaben über „Zuneigung", „Ablehnung" und „neutrale Gefühlshaltung" zum Lehrer ein, die keine Beschreibungen im eigentlichen Sinne darstellen. Würden sie eliminiert, dann ständen die Auffälligkeiten zur Person in noch schlechterem Verhältnis zu denen der fachlichen Befähigung.)

Man könnte diese Befunde einer Studie von Polansky und Kounin (15) gegenüberstellen, in welcher 150 Erwachsene und College-Studenten (Patienten) aufgefordert wurden, eine von Berufs wegen helfende Person zu beschreiben (den Arzt, den Sozialarbeiter, den psychologischen Berater im College), nachdem sie mit ihr zum ersten Mal unter vier Augen gesprochen hatten. Die Patienten nannten erheblich mehr persönliche Eigenschaften (ob unter positiven oder negativen Vorzeichen), wenn sie professionelle Helfer beschrieben, als die Schüler in ihren Lehrerbeschreibungen. Obwohl die zu den Lehrerbeschreibungen entwickelten Kategorien im einzelnen anders aussahen als jene für die Schilderung von professionellen Helfern, so war es doch möglich, letztere nach den darin vorkommenden fachlichen und persönlichen Attributen zu klassifizieren. (Führungseigenschaften wurden von den Patienten an keiner Stelle genannt.) Angaben wie: „Er erklärte mir seine Diagnose", „half mir, Einblick zu gewinnen", „verhalf mir zu mehr Klarheit über mein Problem", können daher als Aussagen zu fachlichen Eigenschaften gewertet werden. Er sei „freundlich", „verständnisvoll", „ein netter Mensch" stellt dagegen eine Aussage über persönliche Eigenschaften dar. Als die Berichte der Patienten in dieser Weise klassifiziert waren, fanden sich 674 Angaben zu persönlichen und nur 143 zu fachlichen Eigenschaften professioneller Helfer. Dies steht in entschiedenem Gegensatz zu dem, was Schüler an ihren Lehrern besonders auffiel; von ihnen erwähnten nur annähernd sechs Prozent persönliche Eigenschaften wie „freundlich", „verständnisvoll", „nett", ansonsten überwogen die Angaben zu fachlichen Eigenschaften.

In diesem Zusammenhang sollte auch noch auf einen weiteren gegensätzlichen Befund verwiesen werden. In der Camp-Studie hatten wir die Lagerbewohner aufgefordert, ihre Betreuer zu beschreiben. Die Dimension des „Gratisverteilers", wie wir es nannten, war dabei am häufigsten aufgetaucht. 63 Prozent der Bewohner (im Alter von 7 bis 13 Jahren) äußerten Dinge wie: „Er schenkt uns Bonbons", und „er bringt uns Comic-Hefte mit", wenn sie ihre Betreuer beschrieben. Keiner der High-School-Schüler verwandte diese Gratisverteiler-Kategorie in seinen Lehrerbeschreibungen. Nur 2,3 Prozent der Lagerbewohner griffen dagegen zu Bezeichnungen, die in etwa der Beschreibung von fachlichen Attributen entsprachen („Er zeigte uns, wie man besser Ball spielt").

Offensichtlich ist das, was Schülern bei Lehrern im Unterricht auffällt, etwas anderes als das, was Campbewohner an ihren Betreuern oder Patienten an ihren berufsmäßigen Helfern vorrangig wahrnehmen. Und was in der einen Rolle wichtig sein mag, um Zuneigung zu erlangen, das mag in der anderen etwas ganz anderes sein. Wir vermuten jedenfalls, daß das auslösende Moment für die Zuneigung zu einem Lehrer ein anderes ist als das für die Zuneigung zu Freund oder Freundin, Ehemann oder Ehefrau, Vater oder Mutter. (Der Autor hofft, daß Ehefrauen ihre Männer aus anderen Gründen schätzen als denen, daß „er gut erklären kann" und daß sie interessante Methoden zur Vermittlung von fachlichen Stoffen verwenden.) Die Befunde aus diesen Studien deuten stark darauf hin, daß die bei der Untersuchung von Lehrer/Schüler-Beziehungen klassifizierten Verhaltensweisen einzigartig für die Lehrerrolle, also nicht unmittelbar von Studien über sonstige Erwachsenen/Kind-Beziehungen abzuleiten sind, mag es sich bei letzteren nun um Beziehungen zu Eltern, Psychotherapeuten, Ratgebern, Freizeitgruppenleitern oder anderen handeln.

Das High-School-Experiment

Wir bemühten uns um eine Wiederholung der Ergebnisse aus dem High-School-Interview mittels kontrollierter Experimente[3]. Die experimentellen Manipulationen erstreckten sich auf die Lernmotivation sowie auf drei verschiedene Zurechtweisungsmethoden.

Aus den Zubringerschulen für die High-Schools, in denen wir die Interviews durchgeführt hatten, rekrutierten wir die Teilnehmer an dem, was wir für eine Studie über Lehrmethoden ausgegeben hatten. Den Schülern wurden $ 2,60 dafür geboten, daß sie sich für das Forschungsvorhaben auf dem Universitätscampus einfänden. Insgesamt nahmen 246 Schüler, davon 136 Mädchen und 110 Jungen, an den Experimenten teil.

Die Experimente liefen nach folgendem Drehbuch ab:

1. Nachdem die Schüler auf dem Campus eingetroffen und in einem Klassenraum untergebracht waren, wurden sie von einem der Versuchsleiter über die Studie orientiert. Die Orientierung umfaßte: Erläuterungen zur Abwicklung der Bezahlung für die Schüler, die Bitte an sie, sich vorzustellen, sie säßen in einem regulären Schulzimmer, die Ankündigung, sie würden Dias und Tonbänder über die Türkei und Indien vorgeführt bekommen, was unter der Leitung eines erfahrenen Lehrers geschehen sollte, und die Mitteilung, sie müßten sich nachher einem Test über das vorgeführte Material unterziehen sowie einige Fragen dazu beantworten, wie sie den Unterricht gefunden hätten.

2. Der Lehrer wurde der Klasse vorgestellt, danach stellte er sich noch einmal kurz selbst vor.

3. Der Lehrer verließ den Raum, und der Versuchsleiter verteilte Fragebögen an die Schüler. Die Fragebögen bestanden aus zwei Teilen: Der erste Teil sollte zur Information über den Schüler dienen, z. B. welche Klasse er besuchte, welche Noten er in Mathematik und Sozialkunde hatte und wie gern er Sozialkunde und Sozialkundelehrer im allgemeinen mochte; der zweite Teil war ihren „ersten Eindrücken" vom Lehrer, den sie gerade kennengelernt hatten, gewidmet; er umfaßte 17 Punkte, die den in der Interview-Studie verwandten entsprachen.

4. *Die Manipulation der Lernmotivationshöhe:* Der Versuchsleiter informierte die Schüler, sie würden zwei Lektionen mit nachfolgenden Tests erhalten: eine über die Türkei und eine über Indien. Einigen Schülern wurde gesagt, sie sollten gut aufpassen und versuchen, soviel wie möglich über die Türkei zu erfahren, anderen wurde dasselbe mit Bezug auf Indien nahegelegt. Auf welche Lektion sie sich jeweils besonders konzentrieren sollten, war auf einem Kärtchen vermerkt, das vor ihnen auf der Bank lag. (Eine Hälfte

---

[3] Planung und Durchführung dieser Experimente lag bei James J. Ryan, Paul V. Gump und Jacob S. Kounin.

bekam die Türkei und eine Hälfte Indien.) Weiter wurde ihnen mitgeteilt, sie erhielten zu Anfang alle noch einmal $ 2,00 gutgeschrieben, von denen aber für jede falsche Antwort bei *ihrem* Test 10 Cent abgezogen würden. Dann bekamen sie noch die Anweisung, sie sollten, falls sie der Türkei zugeteilt seien, versuchen, der Indien-Lektion *keine* Aufmerksamkeit zu schenken, weil es sie nur durcheinanderbrächte und sie dann nachher bei der Türkei mehr falsch machen würden. (Die Indien-Gruppe wurde angewiesen, bei der Türkei-Lektion *nicht* aufzupassen.)

5. Der Lehrer kam wieder herein und begann mit der Vorführung der Dias und Tonbänder über die Türkei und Indien. (Sie informierten über einige bedeutsame historische Fakten, geographische Besonderheiten, wichtige ökonomische Grundlagen usw.)

6. Ein vorher instruierter Schüler begann, sich ungebührlich zu benehmen: Er stand auf, ging nach vorne und schickte sich an, während der Diavorführung und dem Abspielen der Tonbandlektion seinen Bleistift zu spitzen.

7. *Die Manipulation der Zurechtweisungsmethoden:* Der Lehrer wies den Schüler zurecht. In jeder der zwölf Gruppen, die wir aus je 20 bis 25 Schülern beiderlei Geschlechts und von verschiedenen Schulen gebildet hatten, trat ein Zwischenfall mit Fehlverhalten und Zurechtweisung auf. Jeder Zurechtweisungstyp wurde für vier verschiedene Gruppen verwandt, wobei jeder Gruppe hoch motivierende wie auch wenig motivierende Lektionen zugeteilt waren. Lehrer und Störer stellten in allen Gruppen dieselben Personen dar. Der Lehrer wies den Störer nach drei Methoden zurecht: a) punitiv und ärgerlich (indem er auf den Störer zuging und mit harter, gereizter Stimme sagte: „He, du da, was bildest du dir eigentlich ein?", und ihn an der Schulter packte, als wollte er ihn auf seinen Platz zurückstoßen: „Setz dich hin jetzt! Und mach das ja nicht nochmal, sonst kann ich sehr unangenehm werden!"); b) mit einfachem Tadel (indem er in sachlichem Ton sagte: „Mach das nicht noch einmal. Bitte, geh jetzt auf deinen Platz zurück."); und c) durch Ignorieren (indem er zwar zu erkennen gab, daß er die Störung bemerkte, aber lediglich für einen Moment das Tonband anhielt und den Betreffenden kurz ansah, jedoch nichts sagte noch unternahm).

8. Fortsetzung des Unterrichts.

9. Beendigung des Unterrichts, Verteilung von Fragebögen zum Unterricht, zum Lehrer, zum Zurechtweisungsfall, Durchführung eines Tests über Indien und die Türkei.

Resultate bezüglich Zurechtweisungsmethoden

Daß die experimentelle Manipulation von Zurechtweisungsmethoden „ins Schwarze traf", dafür sprach die Existenz eines signifikanten Unterschiedes zwischen allen Gruppen hinsichtlich der vorausberechneten Richtung des Schülerurteils über die Bösartigkeit des Lehrers, seine Verärgerung und seine Entschlossenheit, das Fehlverhalten zu unterbinden. Die Schüler, welche Zeugen der punitiven und ärgerlichen Zurechtweisung geworden waren, werteten diese in der Tat als die bösartigste, zornigste, entschlossenste, während diejenigen, welche die ignorierende Methode miterlebt hatten, sie am wenigsten mit diesen Eigenschaften identifizierten.

Unterschiede in der Zurechtweisungsmethode *beeinflußten* die Art und Weise, wie beiwohnende Schüler auf den Zurechtweisungsfall reagierten. Rückwirkungen auf die Lehrerbeurteilungen wurden auf zweierlei Wegen ermittelt: anhand von Veränderungen im Urteil über den Lehrer (Differenzen zwischen dem ersten Fragebogen zu ersten Eindrücken und dem später verteilten Fragebogen) sowie allein anhand der abschließenden Urteile im nach dem Unterricht ausgegebenen Fragebogen.

Im Vergleich zu den anderen Schülern erschien das Fehlverhalten denjenigen, die der punitiven und ärgerlichen Zurechtweisung beigewohnt hatten, am stärksten gravierend und als bedeutende Beeinträchtigung der Aufmerksamkeit; nach ihrem Urteil machte der Lehrer am ehesten zuviel Aufhebens von dem Vorfall, eignete er sich am besten „zur Aufrechterhaltung der Ordnung in einer *rüpelhaften* Klasse", hatte das Erlebnis ihnen das höchste Unbehagen bereitet.

Der einfache Tadel führte nach den Angaben der Schüler vergleichsweise zu stärkerer Aufmerksamkeit nach dem Zwischenfall und erzielte die günstigsten Bewertungen der Fairneß des Lehrers sowie seiner Eignung dafür, „in den *meisten* Klassen für Ordnung sorgen zu können".

Die Schüler, welche die Methode des Ignorierens kennengelernt hatten, vertraten am ehesten die Meinung, daß sich das Fehlverhalten wahrscheinlich wiederholen würde, und sie veranschlagten die Wohlgesonnenheit des Lehrers Schülern gegenüber vergleichsweise am höchsten.

Resultate für die Lernmotivation

Die entscheidende Manipulation der Variablen Lernmotivation „traf" ebenfalls: In allen zwölf Gruppen zeigten sich signifikante Unterschiede zwischen der Motivationshöhe, die bei stark motivierenden Bedingungen, und derjenigen, die bei schwach motivierenden Bedingungen angegeben wurde[4].

---

[4] Es war uns ursprünglich nicht möglich, Differenzen zwischen hoch und gering motivierenden Lernbedingungen zu erzeugen. In den ersten versuchsweise durchgeführten Experimenten offerierten wir einen zusätzlichen Dollar für gute Testergebnisse und dann noch einmal 10 Cent für jede korrekt beantwortete Frage im jeweils gerechneten Test (bei einigen über die Türkei, bei anderen über Indien); ferner wiesen wir die Teilnehmer an, sie sollten sich nur auf das ihnen zugewiesene Land konzentrieren und dem anderen *keine* Aufmerksamkeit schenken. Diese Instruktionen blieben hinsichtlich der Häufigkeit der Angaben, man habe sich gerade um die Erlernung der zugewiesenen Lektion bemüht, ohne jede Wirkung. Wir luden die Versuchspersonen noch einmal einzeln zu uns, um herauszufinden, warum unsere experimentelle Motivationserzeugung nicht „gezogen" hatte. Eine der typischen Antworten, die wir erhielten: „Wir glaubten halt, daß wir unser Bestes geben sollten, weil das doch ein Forschungsprojekt war und sie uns ja auch dafür bezahlt haben." Die experimentelle Manipulation der Lern-

Die Höhe der Lernmotivation verursachte allerdings keine unterschiedlichen Schülerreaktionen, mit welcher Methode auch immer zurechtgewiesen wurde. Es ergaben sich *keine* Unterschiede zwischen Schülern mit hoher und Schülern mit geringer Motivation in der Art, wie sie die Störung beurteilten, wie sie darauf reagierten (etwa mit veränderter Aufmerksamkeit), im Wechsel ihrer Urteile über den Lehrer, in ihrer abschließenden Lehrerbeurteilung oder in ihrer Bewertung der Zurechtweisungsmethode.

Elizabeth Alden (1) führte außerdem Experimente durch, die sowohl dauerhafte Variablen des Lehrerverhaltens als auch Variablen der Zurechtweisungsmethode einschlossen. Beide Variablen-Sets bezogen sich auf die allgemeine Dichotomie von persönlichen und fachlichen Attributen, wie sie aus Beschreibungen von Lehrern gewonnen wurde. In ihrer Studie wurde die persönliche Qualität des Lehrers dadurch beurteilt, daß man sich auf seine Zuneigung zu den Kindern konzentrierte; die fachliche Qualität beurteilte man, indem man sich auf seine Fachkenntnisse konzentrierte. Die Klassifizierung der Zurechtweisungsmethoden erfolgte entsprechend danach, ob ihr Schwerpunkt auf der persönlichen Ebene („Ich kann es nicht leiden, wenn ...") oder auf der Ebene der Arbeit lag („Du kannst das nicht lernen, wenn ...").

Die Ergebnisse des Alden-Experiments und des High-School-Experiments verlaufen parallel, obwohl die Versuchspersonen von Alden einer anderen Altersgruppe angehörten (Fünftklässler), sie andere Arbeitsbereiche, andere dauerhafte Variablen, andere Zurechtweisungsmethoden untersuchte. In beiden Experimenten hatten die dauerhaften Variablen *keinen* Einfluß auf den Wellen-Effekt, wohl aber die Zurechtweisungsmethoden. Alden fand heraus, daß die Variablen Fachkenntnis und Zuneigung zu Kindern keine Veränderungen hinterließen; die Zurechtweisungsmethoden hingegen erzeugten Wellen-Effekte, die bei einer schwerpunktmäßig arbeitsbezogenen Zurechtweisung günstiger ausfielen als bei einer personbezogenen.

Aldens Befunde, welche die größere Effektivität von arbeitsbezogenen gegenüber personbezogenen Zurechtweisungsmethoden demonstrieren, ließen sich nun allerdings einer Reihe von Experimenten von Kounin, Polansky, Biddle, Coburn und Fenn (3, 4, 5, 11) gegenüberstellen, welche Erstbesprechungen zwischen psychlgischen Beratern und College-Studenten zum Gegenstand hatten. In die-

---

motivation wirkte erst, nachdem wir die Versuchspersonen mit zwei Dollar hatten starten lassen, von denen wir für jeden Fehler 10 Cent abzogen und *nachdrücklich* betont hatten, sie sollten dem ihnen nicht aufgegebenen Teil der Lektion *keine* Beachtung schenken, weil sie das sonst ganz bestimmt durcheinanderbringen würde. — Dies mag als Beispiel dienen dafür, was es heißen kann, „Versuchsperson im Experiment" statt Schüler in einer richtigen Klasse zu sein; dafür, wie relevant dieser Unterschied werden kann, wenn man sich die möglichen Differenzen zwischen den Befunden vergegenwärtigt, die man aus dem Versuchslabor, und und denjenigen, die man mit „naturalistischen" oder ökologischen Forschungsmethoden erhalten mag. Wie der Leser wahrscheinlich bereits bemerkt hat, ergaben sich ganz unterschiedliche Befunde zu den Zurechtweisungsmethoden, was zum Teil darauf zurückzuführen ist, daß wir unsere Daten einmal im Versuchslabor und ein andermal in normalen Schulzimmern sammelten.

sen Experimenten wohnten, ähnlich wie bei Alden, Studenten einer ersten Besprechung eines anderen Studenten mit einem professionellen Berater bei. Die Berater zeigten in bestimmten Punkten der Besprechung unterschiedliche Verhaltensweisen und es wurden Messungen der studentischen Reaktionen auf diese unterschiedlichen Beratungsstile vorgenommen. Wir führten drei verschiedene Experimente mit dreierlei Versuchsanordnungen durch, stellten jedoch in allen drei Vergleiche an zwischen sogenannten personzentrierten und problemzentrierten Verhaltensweisen des Beraters. Mögen sie auch im Detail voneinander abweichen, so entspricht doch der personzentrierte Stil insgesamt Aldens personalem Schwerpunkt und Osbornes persönlichen Attributen; der problemzentrierte Stil dem Arbeitsschwerpunkt Aldens und Osbornes fachlichen Attributen. Entgegen der Alden-Studie, wo sich eine klare Überlegenheit der arbeitsbezogenen gegenüber der personbezogenen Methode zeigt, erbrachten die Experimente zu Erstbesprechungen mit professionellen Beratern eine eindeutige Überlegenheit der personzentrierten gegenüber den problemzentrierten Stilen. Verglichen mit Studenten, die das vorwiegend problemorientierte Verhalten eines Beraters miterlebten, fühlten sich Studenten, die sahen, wie ein Berater sich eher an der Person orientierte (ohne deshalb Problemfeindlichkeit oder Ignoranz zu zeigen), mehr dazu geneigt, zu weiteren Besprechungen zu kommen, hatten eher den Eindruck, es seien Fortschritte erzielt worden, fühlten sich wohler, mehr dazu aufgelegt, sich dem Berater anzuvertrauen usw. An dieser Stelle möge sich der Leser auch daran erinnern, daß Schüler in ihren Beschreibungen von konkreten Lehrern häufiger auf fachliche als auf persönliche Eigenschaften hinweisen und daß Patienten, wenn sie konkrete professionelle Helfer beschreiben, häufiger persönliche als problembezogene Attribute anführen.

Die Über-Ich-Studie erbrachte Milieu-Differenzen; wir fanden Differenzen zwischen Lehrerbeschreibungen und Beschreibungen von anderen berufsmäßig Hilfe leistenden Personen im Hinblick auf ihre jeweiligen hervorstechenden Eigenschaften; und wir fanden differierende Reaktionen von Versuchspersonen auf äquivalente Verhaltensstile, je nachdem, ob auf Lehrer in einer Klasse oder auf psychologische Berater in einer Zweierbeziehung reagiert wurde: All dieses drängte uns mehr und mehr zu dem Schluß, daß wir das Verhalten von richtigen Lehrern in realen Unterrichtssituationen studieren müßten, um zu Erkenntnissen über Führungstechniken oder irgendwelche anderen Aspekte von Lehrer/Schüler-Beziehungen gelangen zu können.

II.

Studien mit dem Video-Recoder
über Dimensionen der Klassenführung

1. Die Video-Recorder-Studie: Ende der Auseinandersetzung mit Zurechtweisungsmethoden

Gegenwärtiger Stand der Zurechtweisungsfrage

Lassen Sie uns an dieser Stelle eine Bestandsaufnahme hinsichtlich der bisherigen Befunde zu Zurechtweisungsfällen machen. Sie wird nicht nur die Untersuchungsergebnisse in ein richtiges Verhältnis rücken, sondern auch einige damit zusammenhängende Fragen beleuchten und dazu dienen, eine Ausgangsbasis für die nachfolgende größere Studie zu schaffen.

Es ging uns im wesentlichen um die Frage, ob Zurechtweisungsmethoden als solche irgendeinen Einfluß auf die Schülerreaktionen besitzen. Hat die Methode des Lehrers, mit der er dem schlechten Betragen eines Schülers begegnet, irgendwelche Folgen für die Art und Weise, in der die anderen Schüler auf den entsprechenden Vorfall reagieren? Haben Unterschiede in der Zurechtweisungsmethode unterschiedliche Auswirkungen auf Einstellungen oder sichtbares Verhalten? Ist eine Methode wirkungsvoller als die andere?

Verärgerung und Punitivität

In allen unseren Studien zeigen Verärgerung und Punitivität als einzige Qualität einer Zurechtweisungsmethode konsistente Wirkungen:

1. Bei den Beobachtungen in der Vorschule während der ersten Unterrichtswoche stellte sich heraus, daß beiwohnende Kinder auf eine harte Zurechtweisung (eine zornige und/oder punitive, meistens jedoch zornige) mit mehr Verhaltensbrüchen (sichtbaren Zeichen von Besorgnis oder Angst, Unruhe, nachlassender Teilnahme an der laufenden Arbeit) reagierten als auf Zurechtweisungen, die ohne Härte vorgenommen wurden.
2. Im High-School-Interview wie auch bei den High-School-Fragebogenstudien gaben Schüler, wenn sie eine ärgerliche Zurechtweisung miterlebten, mehr emotionales Unbehagen an, als wenn sie einer in dieser Hinsicht neutralen Zurechtweisung beiwohnten.
3. Im High-School-Experiment ergab sich ein ähnlicher Befund.
4. In einer Studie über Erstkläßler unter Verwendung der Überich-Fragen (9) wichen die Angaben zu schlechtem Betragen von Kindern mit punitiven Lehrern merklich von den Angaben derer ab, die nicht-punitive Lehrer hatten (siehe Anhang 3.1). Im Vergleich zu Kindern mit nicht-punitiven Lehrern gerieten Kinder mit punitiven Lehrern öfter in Konflikt mit den Unterrichtsnormen, zeigten weniger Interesse an ausgesprochen schulischen Angelegenheiten und mehr Aggressionen.

(Es sei darauf hingewiesen, daß Punitivität sich nicht nur in Fällen von schlechtem Betragen und Zurechtweisung bemerkbar machte, sondern einen generellen Verhaltensmodus des Lehrers kennzeichnete, der auch bei anderen Gelegenheiten, wie etwa fehlerhafter Arbeit, in Erscheinung trat.)

Unterschiede zwischen experimentellen und Feldstudien

Es herrschten entscheidende Unterschiede zwischen den Befunden, die aus Experimenten mit Versuchspersonen und denen, die aus realen Unterrichtssituationen resultierten.

In *allen* Experimenten hatten unterschiedliche Qualitäten von Zurechtweisungsmethoden *in der Tat* Folgen für die Reaktionen der Schüler. Im College-Experiment reagierten Studenten, die Zeugen einer destruktiven Methode wurden, anders als Studenten, die eine konstruktive Methode miterlebten. Im High-School-Experiment differierten die Schülerreaktionen in Abhängigkeit davon, ob man die Schüler mit einer ärgerlichen bzw. punitiven, einer schlicht tadelnden oder einer absichtsvoll ignorierenden Zurechtweisungsmethode konfrontierte. Das Alden-Experiment zeigte, daß Elementarschüler der höheren Klassen auf arbeitsbezogene anders als auf personbezogene Zurechtweisungen reagierten.

In *keinem* der Experimente hatte andererseits die Manipulation dauerhafter Variablen Folgen für die Schülerreaktionen auf Zurechtweisungsfälle. Im High-School-Experiment reagierten Schüler unter stark motivierenden Bedingungen in derselben Weise auf Zurechtweisungen wie Schüler unter schwach motivierenden Bedingungen. In Aldens Experiment reagierten die Schüler unabhängig davon, ob sich der Lehrer durch seine Zuneigung zu Kindern oder durch seine Fachkundigkeit auszeichnete.

Im Widerspruch dazu ergaben nun die Feldstudien, daß dauerhafte Variablen *allerdings* die entscheidenden Determinanten der Reaktionen auf eine Zurechtweisung darstellen, Zurechtweisungsqualitäten als solche hingegen *nicht*. High-School-Interview wie High-School-Fragebogen zeigten, daß Schülerreaktionen auf strafende, zornige, klare, feste oder humorvolle Zurechtweisungen sich in nichts unterschieden von Reaktionen auf Zurechtweisungen, die diese Qualitäten nicht aufwiesen. Auch die Camp-Studie zeigte, daß Zurechtweisungsqualitäten kein unterschiedliches Folgeverhalten nach einer miterlebten Zurechtweisung hervorriefen. Andererseits machten High-School-Interviews wie High-School-Fragebögen klar, daß dauerhafte Variablen (Bindungen) in der Tat die Reaktionen auf Zurechtweisungen beeinflußten, und zwar ungeachtet der Qualitäten dieser Zurechtweisungen. Als dauerhafte Variablen hatten wir Lernmotivation und Zuneigung zum Lehrer untersucht. Lernmotivation ermöglichte Voraussagen über arbeitsbezogene Reaktionen (Aufmerksamkeit, Tendenz zu gutem Betragen), Zuneigung zum Lehrer Voraussagen über Urteilsreaktionen (Bewertung von Fairneß, Angemessenheit der Reaktionen).

Es besteht also kein Zweifel über die Verschiedenartigkeit der Ergebnisse aus Experimenten und Feldstudien. Aber damit ist noch nicht entschieden, welche der Studien nun recht hat. Insofern, als die Studien sorgfältig durchgeführt wurden, muß man beim gegenwärtigen Stand der Untersuchung beiden „recht" geben. Ansichten und Theorien über Verhaltenssteuerung im Klassenzimmer können indessen ganz unterschiedlich oder gar widersprüchlich ausfallen, je nachdem, auf welche Ergebnisreihe man sich dabei stützen möchte. Die Implikationen von Klassenführung und von disziplinarischen Problemen werden sicherlich danach variieren, ob man sein Vertrauen lieber in die experimentellen Befunde oder in die Ergebnisse aus den Feldstudien setzen will. Werden Zurechtweisungsmethoden in Klassenzimmern relevant oder irrelevant? Werden sich die Arten und Qualitäten dauerhafter Variablen als die bestimmenden Faktoren erweisen? Ist Klassenführung und Disziplin eine Frage der adäquaten Auswahl und Anwendung von Zurechtweisungsmethoden oder aber eine Frage des Einsatzes von Methoden (deren Ermittlung allerdings noch aussteht), mit denen sich die dauerhaften Variablen, d. h. die persönlichen Bindungen beeinflussen lassen?

Einige Überlegungen zur Ökologie

Anstelle des Versuchs, die Frage zu entscheiden, ob nun die Ergebnisse aus den Experimenten oder aus den Feldstudien die zutreffenden oder maßgeblichen darstellen, kann man sich darauf einigen, daß alle Befunde korrekt sind, allerdings aus jeweils verschiedenen Gründen. Man kann in ähnlicher Weise zu dem Schluß kommen, daß die Ergebnisse aus der Vorschul-Studie (wo Zurechtweisungsmethoden unterschiedliches Verhalten hervorriefen, vor allem am ersten Schultag) wie die aus der Camp-Studie (wo Zurechtweisungsmethoden folgenlos blieben) ebenfalls aus je verschiedenen Gründen „korrekte" Befunde darstellen. Bei beiden letztgenannten handelt es sich, wohlgemerkt, um Feldstudien.

Die verschiedenen Gründe dürften in den *ökologischen Realitäten* zu finden sein. Wie fühlt man sich als Versuchsperson im Experiment, als Campbewohner beim allgemeinen Aufräumen, als Schüler während einer Übungsstunde? Was in der einen Situation herausragend und wichtig genug sein mag, um Wirkungen zu hinterlassen, das kann in anderen Situationen etwas ganz anderes sein.

Auch bei der experimentellen Methode, mit welcher man Variablen zu simulieren versucht, die dem wirklichen Leben entsprechen, ist Vorsicht geboten, wenn es um die Beurteilung des ökologischen Realitätsgrades der Variablen geht. Man sollte sich in diesem Zusammenhang das Überraschungselement vergegenwärtigen, das bei Versuchspersonen auftrat, die miterlebten, wie ein College-Professor einen Studenten zurechtwies. Die Tatsache, daß die Zurechtweisung eines College-Studenten situationsfremd erschien, dürfte von genauso großer oder sogar größerer Bedeutung gewesen sein als die experimentelle Variable und wäre von einem anderen Versuchsleiter womöglich unbeachtet und unerwähnt geblieben. Ein solches Überraschungselement wurde dagegen *nicht* bei Schülern im High-School-Experiment gefunden. Offensichtlich hat der Griff zur Zurechtweisung in High-School-Klassen nichts situationsfremdes oder unerwartetes an sich, im College dagegen schon.

Wichtige Variablen, welche die untersuchten Verhaltensweisen beeinflussen, können auch bei Feldstudien übersehen werden, die sich mit natürlich auftretenden, also nichtmanipulierten Ereignissen befassen. Wir wären etwa in der High-School-Interview-Studie, wo wir uns auf die Lernmotivation als dauerhafte Variable bei der Beeinflussung von Reaktionen auf Zurechtweisungen konzentrieren, zu jeweils anderen Schlußfolgerungen gekommen, je nachdem, ob wir die Zuneigung zum Lehrer als koexistente dauerhafte Variable in unseren Messungen berücksichtigt oder ob wir dies zufällig nicht getan hätten.

Situative Faktoren werden besonders bei dem Problem des erfolgreichen Umgangs mit schlechtem Betragen relevant, das den Kernpunkt dieser Untersuchungen bildet. In den Ergebnissen aus der Überich-Studie, wo Kinder zu schlechtem Benehmen befragt worden waren, tritt das deutlich zutage. Ihre Vorstellungen und Auffassungen von schlechtem Betragen differierten in Abhängigkeit davon, ob sie über ihr Zuhause, das Camp oder die Schule sprachen. Diese Differenzen betrafen alle Aspekte schlechten Betragens: die Verfehlungsarten (tätlicher Angriff, Ungehorsam usw.), die Objekte (Kameraden, Sachen, erwachsene Bezugspersonen usw.) und die Rolle der erwachsenen Bezugsperson als Objekt oder Vergelter (Arten, sie leiden zu lassen, Handlungen, mit denen sie schlechtes Betragen beantwortet usw.).

Auch die Eigenschaften, die jemand bei Bezugspersonen (Lagerbetreuern, Lehrern, professionellen Helfern in Zweierbeziehungen) wahrnimmt, hängen von situativen Faktoren ab (die Rolle der Bezugsperson eingeschlossen). Beschreibungen konkreter Lagerbetreuer enthalten demzufolge die meisten Hinweise auf ihre Bereitschaft, Dinge gratis zu verteilen (schenkt uns Wassermelonen); Beschreibungen konkreter Lehrer dagegen die meisten Hinweise auf ihre fachlichen Eigenschaften (erklärt gut, gerät aus dem Konzept); und Beschreibungen konkreter professioneller Helfer wiederum weisen am häufigsten auf ihre zwischenmenschlich-persönlichen Eigenschaften hin (freundlich, verständnisvoll). Mögen die genannten Attribute nun der Wahrheit entsprechen oder nicht: Jedenfalls deuten die Unterschiede im Charakter der Beschreibungen darauf hin, daß den Menschen jeweils verschiedene Verhaltensweisen und Eigenschaften besonders ins Auge springen; daß einige Qualitäten und Verhaltensweisen mehr Gewicht haben als andere; und daß wesentliche Pauschalurteile oder Sympathien („ich mag", „ich empfehle", „ich würde etwas annehmen von") sich um ganz unterschiedliche wahrgenommene Eigenschaften, Verhaltensweisen oder Methoden bewegen, und zwar in Abhängigkeit von den Gegebenheiten der jeweiligen Handlungssituation und den Positionen ihrer Hauptakteure.

Der Schluß, die Wahrnehmung von hervorstechenden Merkmalen und die damit verbundenen Urteile und Sympathiebindungen seien von verschiedengearteten

Verhaltensweisen in unterschiedlichen Situationen abhängig, erfährt eine weitere Rechtfertigung durch experimentelle Befunde. In Erstkontakt-Experimenten fand Alden heraus, daß Schüler, die Zeuge arbeitsorientierten Verhaltens bei Lehrern wurden, zu günstigeren Urteilen kamen und mehr vom Lehrer annahmen als Schüler, die Lehrer mit vorwiegend personal orientierten Methoden erlebten. Im Gegensatz dazu kamen bei Studenten, ebenfalls in Erstkontakt-Experimenten, gerade dann günstigere Urteile und positivere Bindungen an den Berater zustande, wenn sie miterlebten, wie sich dieser eher an der Person als am Problem orientierte.

Natürlich unterscheidet sich ein Klassenzimmer in vielen Hinsichten (in einigen ähnelt es ihnen wiederum) von einer Camp-Baracke, einem Erholungszentrum, dem Sprechzimmer eines psychologischen Beraters, dem Elternhaus. Das Klassenzimmer hat seine eigene Ökologie. Es hat einen geographischen Standort, einen materiellen Rahmen, Hilfsmittel, Aktivitäten, Zeiteinteilungen, Personal, Vorkommnisse, Aussichten und Zwecksetzungen — Bedingungen, durch die es sich in vieler Hinsicht von anderen Schauplätzen abhebt. Und Schüler in einem Klassenzimmer bedeutet nicht dasselbe wie Patient in einer Arztpraxis oder Versuchsperson in einem Experiment zu sein. Und ein Lehrer stellt etwas anderes dar als ein Elternteil, ein Arzt, ein Jugendleiter oder ein Versuchsleiter beim Experiment.

Wenn es sich so verhält, dann bedeutet dies, daß man mit Forschungsergebnissen, die von Experimenten oder Studien zu anderen Erwachsenen/Kind-Beziehungen stammen, vorsichtig verfahren muß, will man sie auf das Verhalten von Kindern in der Klasse oder auf Lehrer übertragen, ohne sie zuerst einmal innerhalb der Gegebenheiten des Klassenzimmers überprüft zu haben. Damit ist nicht gesagt, daß die Befunde aus Experimenten oder anderen Handlungsschauplätzen etwa nicht gültig seien. Gesagt werden soll nur, daß die Variablen, die im Experiment signifikant sein mögen, in ihrem Gewicht so stark von gewissen ökologischen Variablen übertroffen werden können, daß sie in Klassenzimmern einfach ohne erkennbare Wirkung bleiben.

Die Notwendigkeit einer Untersuchung realer Klassenzimmer ergibt sich insbesondere für disziplinarische Probleme, wenn man sie als Probleme der Verhaltenslenkung definiert. Wir müssen wissen, was Lehrer *tun,* um damit bestimmte Verhaltensweisen der Schüler hervorzurufen. Nicht nur brauchen wir mehr Informationen darüber, wie Lehrer gegebenenfalls mit schlechtem Betragen fertig werden, sondern wir müssen auch in Erfahrung bringen, was sie unternehmen, um positive Einstellungen zum Lernen und zu arbeitsgerechtem Verhalten zu wecken oder um in ihrer Position als Schullehrer „gemocht" oder „empfohlen" zu werden. Bis jetzt wissen wir noch nicht einmal mit Sicherheit, ob ihre Zurechtweisungsstile überhaupt Relevanz besitzen.

Das Grundprinzip der Video-Recorder-Studie

An diesem Punkt der Untersuchungen zur Verhaltenssteuerung in Klassenzimmern standen wir vor ebenso vielen Fragen wie Antworten. Augenscheinlich differierende Befunde zu Zurechtweisungsfällen, von unterschiedlichen Handlungsschauplätzen oder mit verschiedenen Forschungsmethoden gewonnen, zwangen uns zur Annahme eines ökologischen Bezugsrahmens. Um dieses Mal sicherer zu gehen, daß wir die wichtigen Variablen nicht zugunsten unbedeutender übersahen (wie geeignet und statistisch signifikant letztere in Experimenten immer sein mochten), entschieden wir uns für einen naturalistischen, ökologisch orientierten Ansatz, d. h. für das Studium vieler sich gleichzeitig ereignender Dinge an realen Schauplätzen. Unsere weitere Erforschung der Verhaltenssteuerung in Klassenzimmern sollte daher eher im Sinne eines Auskundschaftens dessen vor sich gehen, was alles in Erfahrung zu bringen war — also weniger im Sinne einer Erörterung der Frage, welche Hypothese oder Theorie man denn nun prüfen sollte.

Bei schwerpunktmäßiger Beschäftigung mit „emotional gestörten" Kindern in regulären Schulklassen beobachteten Dr. A. E. Norton und der Autor mehrere Monate lang annähernd 100 verschiedene Elementarschulklassen mit Kindern, die Rektoren, Lehrer und Schuldiagnostiker als emotional gestört bezeichneten. Ständig waren wir zusätzlich zu unseren eigenen Sinnesorganen mit Bleistift und Notizblock gerüstet. Verschiedentlich gesellten sich Experten anderer Fachbereiche — Curriculum, Grundschuldidaktik, Schulberatung, soziale Gruppenarbeit — zu uns.

Nach einigen Monaten hatten wir eine ganze Menge Eindrücke gesammelt und mehrere Notizbücher gefüllt, besaßen indessen sehr wenige wissenschaftliche Daten, die es uns erlaubt hätten, eine einfache Ergebnistabelle zur Frage der Verhaltenssteuerung im Klassenzimmer mit einigen Zahlen zu bestücken.

Die hauptsächliche Schwierigkeit bei der Gewinnung brauchbarer Daten für unser Forschungsvorhaben bestand in der Unzulänglichkeit des datensammelnden Mediums — des menschlichen Beobachters. Als Datensammler wiesen wir u. a. folgende Mängel auf:

1. *Die Unfähigkeit, vollständige Ereignisprotokolle anzufertigen.* Trotz mannigfach kombinierter Aufteilung von Zuständigkeiten bei der Aufnahme und zeitlichen Abstimmung der Protokolle gaben wir uns zu keinem Zeitpunkt der ruhigen Gewißheit hin, daß unsere Berichte *alles* Geschehene umfaßten. Wir dürften vielleicht mit hinlänglicher Vollständigkeit und Objektivität das Verhalten eines Kindes protokolliert haben, nach Art der Barker-Wrightschen (2) Fallstudien. Aber zu einer ökologischen Klassenzimmer-Studie gehört mehr als das Verhalten eines Kindes; bis zu einem Minimum sind dabei Aktivitäten, Hilfsmittel, andere Kinder und der Lehrer mit zu berücksichtigen.

Es erwies sich insbesondere als unmöglich, das Verhalten des Lehrers mit einer Vollständigkeit wiederzugeben, die auch nur irgendwie zufriedenstellend ausfiel. Lehrer haben einfach ein zu großes Aktionsvolumen — sie tun die verschiedensten Dinge, auf verschiedenste Arten und Weisen, und sie adressieren diese Verrichtungen an zu viele Objekte, als daß es dem Beobachter verstattet wäre, ihr Verhalten vollständig zu protokollieren.

2. *Eine Tendenz, Ereignisse selektiv wahrzunehmen und zu Protokoll zu geben, und zwar aufgrund ihrer beeindruckenden Wirkung, ihrer Widersprüchlichkeit, ihrer Übereinstimmung mit irgendwelchen bereits vorhandenen Hypothesen oder Interessen, ihrer Intensität oder anderweitig herausragenden Erscheinung, die die Wahrnehmung so stark beansprucht kann, daß sie andere alltägliche und weniger klar erkennbare Ereignisse ganz in den Hintergrund treten läßt.* Wenn dementsprechend ein Kind im hinteren Teil des Zimmers Papierflugzeuge durch die Luft warf, fand sich dieser Vorfall natürlich in unseren Aufzeichnungen wieder. Tatsache war, daß unsere Notizen kaum Beschreibungen dessen enthielten, womit die anderen Kinder zu diesem Zeitpunkt beschäftigt waren — daß z. B., wenn 18 Kinder über Textaufgaben saßen, 16 von ihnen tatsächlich in ihre Arbeitshefte schrieben, ein Kind für zwei Sekunden auf den Störenfried schaute und sich dann wieder seinem Arbeitsheft zuwandte und nur ein Kind dem Flugzeugwerfer mit offensichtlichem Interesse zusah, ein Blatt Papier von seiner Bank nahm und nun seinerseits ein Papierflugzeug zu falten begann.

3. *Einen Hang zu gleichzeitigen Etikettierungen, Bewertungen, Urteilen, Pseudointerpretationen, zusammenfassenden und anderen nicht-objektiven, nicht-deskriptiven Bemerkungen.* Die Eintragung, ein Kind sei „aufmerksam", „benehme sich anständig", sei „schlampig", „apathisch" und dergleichen, ist nicht dazu angetan, Beschreibungen aktueller Verhaltensweisen zu liefern. Es handelt sich hierbei um Urteile des Beobachters und nicht um Verhaltenstatsachen.

4. *Eine Neigung zu voreiligen Interpretationen hinsichtlich der Steuerung von Schülerverhalten.* Dazu ein Beispiel aus unseren Aufzeichnungen: Der Lehrer trug eine Geschichte mit großer Lebhaftigkeit vor, indem er dabei die Stimme wechselte und sich so richtig „ins Zeug legte"; dann hielt er inne, beugte sich in seinem Sitz vor, ließ seine Augen über alle Kinder der Lesegruppe wandern und sagte: „Im nächsten Teil kommt nun eine *wirkliche* Überraschung. Was, glaubt ihr, wird er wohl unter seinem Bett finden?" Er schaute gespannt in die Runde, und ... alle Kinder meldeten sich heftig, um aufgerufen zu werden, einschließlich fünf „Voreiliger" (Kinder, die schon vor der Frage ihre Finger gehoben hatten) ...

Außer einer unvollständigen Beschreibung enthielten unsere Notizen die Interpretation, daß enthusiastische und Spannung erzeugende Lehrer auch bei Schülern Enthusiasmus hervorriefen. Wenige Tage später wollten wir einen Lehrer beobachten, der als sachlich und ruhig galt und der einfach eine

Frage aufwarf, während er auf seinem Stuhl sitzenblieb. Die Kinder meldeten sich „enthusiastisch", einschließlich sechs „Voreiliger" ... Was wurde nun aus unserer vorherigen Interpretation, daß Enthusiasmus bei Schülern durch Enthusiasmus bei Lehrern erzeugt wird? Offensichtlich muß da etwas anderes sein, was beide Lehrer tun oder was hinzutritt, irgend etwas, das weniger stark ins Auge springt als die Schauspielerei und das den Grad X der freiwilligen Beteiligung seitens der Kinder auszulösen imstande ist.

Die angeführten Überlegungen sowie noch weitere Unzulänglichkeiten in den Berichten über Ereignisse und Verhaltensweisen in Klassenzimmern führten uns zu dem Schluß, daß die Beantwortung bestimmter Fragen zur Klassenführung ein besseres Datensammlungsmedium als den menschlichen Beobachter voraussetzt. Ein solches Medium muß *alle* in einem Klassenzimmer auftretenden Ereignisse festhalten, ob sie nun ins Auge springen oder kaum wahrnehmbar, interessant oder langweilig, eine bestimmte Theorie oder Ansicht zu stützen oder nicht zu stützen geeignet sind. Aktivitäten, Schüler und Lehrer müssen dabei gleichermaßen Berücksichtigung finden. Überdies sollte die Datensammlungsmethode nicht nur Tatsachenmaterial zur Messung schon im vorhinein ausgewählter Ereignisse (hier: Zurechtweisungen) oder Mittel zur Überprüfung vorhandener Hypothesen bereitstellen, sondern sie sollte auch Daten für Denkmodelle oder Hypothesen liefern, die zur Zeit der Datensammlung noch gar nicht in Betracht gezogen wurden. Sie sollten Daten bereitstellen, die eine Wiederholung der Untersuchung derselben Ereignisse durch andere Personen erlauben. Diese Kriterien würden Kontroll-Listen, Ordnungsskalen und andere sekundäre Daten überflüssig machen. Denn hat man sie einmal geordnet, dann sind die ursprünglichen Begebenheiten ausgelöscht und der Untersuchung nicht mehr zugänglich. Was bleibt, sind Klassifikationen, selektiert und ausgesiebt aus vielen anderen Ereignissen durch den ersten Beobachter.

Wir beschlossen, Video-Recorder zu verwenden. Die Kombination aus Kameralinse und Bild-Ton-Aufnahme entspricht den Kriterien eines guten Beobachters und Berichterstatters. Die Linse hat keine Vorlieben, Theorien, Vorurteile, Bedürfnisse oder Interessen. Sie nimmt alles auf, was innerhalb ihrer Reichweite anfällt, und sie unterscheidet nicht nach langweilig und interessant, groß und klein, wichtig und unwichtig, außergewöhnlich und normal, gut und schlecht. Und das Video-Band berichtet über alles dieses, ohne daß es dabei vergißt, übertreibt, theoretisiert, urteilt, interpretiert oder ausläßt.

Zwei Fernsehkameras wurden in Kästen installiert und auf Ständern in einem Klassenzimmer aufgestellt. Eine Kamera plazierten wir so, daß sie einen möglichst großen Bereich des Zimmers kontinuierlich und ohne Bearbeitung oder Selektion aufnehmen konnte. Die zweite Kamera, ausgerüstet mit einem ferngesteuerten Panorama-Schwenkmechanismus, ermöglichte es dem Kameramann, nach Anweisungen des Projektleiters wechselnde Bereiche des Klassenzimmers zu filmen und diesen Film dem Hauptfilm an beliebigen Stellen zu überlagern, ohne daß dadurch die auf letzterem zu sehenden Vorgänge verdeckt wurden. Priorität hatten die Aufnahmen vom Lehrer und gleich danach die von emotional gestörten Kindern, wenn sie bzw. der Lehrer einmal nicht von der Hauptkamera erfaßt wurden. Zur Tonaufnahme wurden zwei Mikrophone verwandt — wobei als Hauptquelle ein drahtloses, vom Lehrer getragenes Mikrophon diente, mit dem alles, was er sagte, auf dem Video-Band mitgeschnitten werden konnte. Alle Aufnahmen wurden durch eine Fernsteuerungsanlage vorgenommen, die sich in einem Lastwagen außerhalb des Schulgebäudes befand[1].

Da sich diese Untersuchung mit der Lenkung sichtbaren Verhaltens beschäftigt, klassifizierten wir das Verhalten der Kinder nach Mitarbeit und Fehlverhalten. Erfolgreiche Führung einer Klasse wird definiert als die Fähigkeit, eine hohe Mitarbeitsrate bei niedriger Fehlverhaltensrate im Unterricht zu erzielen.

Wir werteten nur das Verhalten bei der Unterrichtsarbeit (Lesen, Rechnen, Sozialkunde, Naturkunde usw.). Das Verhalten der Kinder außerhalb des Lehrbetriebes (Klassendienste, Milchfrühstück, Spiele, die keinen Lernzwecken dienen usw.) wurden nicht berücksichtigt. Wir nahmen separate Wertungen für Stillarbeit (bei der die Schüler ohne direkte Überwachung durch den Lehrer an ihrem Platz arbeiten) und Übungsarbeit vor (bei welcher der Lehrer mit der ganzen Klasse oder einer Teilgruppe aktiv irgendwelche Lernübungen durchführt).

Wo immer es möglich war, bestimmten wir für jede Lerntätigkeit zusätzlich zu dem Verhalten der emotional gestörten dasjenige von acht nicht gestörten Kindern. Die Kinder wurden aus allen vier Quadranten der jeweiligen Sitzordnung ausgewählt. Für die emotional gestörten Kinder führten wir getrennte Bewertungen durch.

Das Verhalten des zur Beobachtung ausgewählten Kindes wurde für die Dauer der Unterrichtseinheit alle zehn Sekunden bestimmt. Darauf folgte die Bestimmung des Verhaltens eines anderen Kindes und so fort, bis das Verhalten aller ausgewählten Kinder ermittelt war. (Die Vorauswahl der Kinder hatte der Projektleiter anhand eines Sitzordnungsplans sowie nach ihrer Erkennbarkeit auf dem Film getroffen.)

---

[1] In einer Vorstudie wurden 30 in sich geschlossene Klassen aus Vorstädten mit vorherrschender Mittelschichtsstruktur je einen halben Tag lang kontinuierlich aufgenommen; dies geschah zwischen März und April oder zwischen dem achten und neunten Monat ihres Bestehens. In Vorort X wurden fünfzehn erste und zweite Klassen und in Vorort Y fünfzehn dritte bis fünfte Klassen gefilmt. Einziges Kriterium für die Auswahl der Klassen war, daß sie mindestens ein emotional gestörtes Kind, das von Fachkräften einer Psychiatrischen Klinik als solches diagnostiziert worden war, aufweisen mußten.
Die Resultate zum Problem der Führung emotional gestörter Kinder finden sich in Kounin u. a. (8) und in Kounin und Obradovic (7). Da sie sich in nichts von den Resultaten zum Problem der Führung nicht gestörter Kinder unterscheiden, sollen sie hier nicht gesondert aufgeführt werden.

Wir bestimmten das Schülerverhalten nach folgenden Kategorien:

1. Eindeutige und vollständige Mitarbeit (EM)
2. Wahrscheinliche Mitarbeit (WM)
3. Eindeutig keine Mitarbeit (KM)
4. Unruhe
5. Lustlosigkeit
6. Arbeitsbezogenes Fehlverhalten (AF)
7. Nicht-arbeitsbezogenes Fehlverhalten (NAF)

Letzteres wurde noch einmal aufgeteilt in leichtes und schweres Fehlverhalten.

Immer wenn ein emotional gestörtes Kind NAF zeigte, wurde das Verhalten der Kinder in seiner Umgebung ebenfalls bestimmt, um die vom Fehlverhalten ausgehende Ansteckung messen zu können — d. h. wie weit schlechtes Betragen eines gestörten Kindes das Betragen der Kinder in seiner Umgebung beeinflußt.

Die für uns wesentlichsten Resultate betrafen die Größe des Führungserfolges, den ein Lehrer erzielte. Zu ihrer Ermittlung diente dabei dreierlei:

1. die Mitarbeitsrate; sie ergab sich aus dem durchschnittlichen EM/KM-Verhältnis;
2. die Fehlverhaltensrate; sie ergab sich aus der Anzahl der Zehn-Sekunden-Intervalle, innerhalb derer ein NAF auftrat. Ein leichtes Fehlverhalten erhielt einen und ein schweres zwei Punkte. (Weniger als ein Prozent der Intervalle enthielten ernsthaftes Fehlverhalten wie sichtbar aggressive Akte oder offenen Widerstand gegen den Lehrer; es ließ sich außerdem in lediglich fünf der Klassen feststellen.);
3. die Ansteckungsrate; sie betraf den mittleren Prozentsatz der Nachbarn eines emotional gestörten Kindes, die sich in ein von letzterem initiiertes Fehlverhalten hineinziehen ließen.

Da signifikante Unterschiede zwischen Werten aus der Stillarbeit und Werten aus der Übungsarbeit bestanden (wobei mehr Führungserfolge in der Übungsarbeit zu verzeichnen waren), wurden die Ergebnisse getrennt analysiert.

Resultate zu den Zurechtweisungsmethoden

Die erste Frage, auf die wir eine Antwort zu finden versuchten, war die nach dem Einfluß von Zurechtweisungsmethoden auf die Reaktionen der Kinder. Berührt die Art und Weise, mit der ein Lehrer schlechtem Betragen begegnet, die kindlichen Verhaltensreaktionen auf den entsprechenden Vorfall?

Wir entwickelten zu dieser Frage ein Klassifikationsschema für Zurechtweisungen. Zurechtweisungen kann man als „direkte" Führungstechniken bezeichnen — Techniken des Umgangs mit Fehlverhalten als solchem. Jedesmal, wenn der Lehrer etwas zur Unterbindung schlechten Betragens unternahm, wurde der Zwischenfall danach klassifiziert, in welcher Weise der Lehrer dies tat und welchen Erfolg er damit hatte.

Der Grad des Erfolges bei der Eindämmung schlechten Betragens wurde anhand einer Sieben-Punkte-Skala bestimmt. Wir gehen davon aus, daß der Lehrer mit seiner Zurechtweisung nicht nur erreichen möchte, daß das Kind sein schlechtes Betragen *einstellt*, sondern — ob er dies nun ausdrücklich hinzufügt oder nicht — daß es sich auch der jeweils gerade vorgeschriebenen Arbeit *zuwendet*. Mit anderen Worten: „Hör auf zu reden!" impliziert zugleich die Aufforderung: „Mach dich an die Arbeit!"

Die Skala für den Zurechtweisungserfolg gliederte sich in folgende Punkte:

1. Sofortige, schnelle, eifrige und enthusiastische Herstellung von Konformität: Der Betroffene stellt sein Fehlverhalten prompt ein und geht auch eilig an die vorgeschriebene Arbeit.
2. Dasselbe wie bei 1., mit einer Abweichung: Der Betroffene stellt sein Fehlverhalten zwar sofort ein, zeigt jedoch keine Eile bei der Aufnahme vorschriftsmäßiger Beschäftigungen.
3. Normale Konformität und Folgsamkeit: Der Betroffene stellt sein Fehlverhalten sofort ein, geht aber nur langsam und zögernd an die vorgeschriebene Arbeit.
4. Dasselbe wie bei 3., aber: nach Herstellung normaler Konformität keine Aufnahme der legalen Tätigkeit.
5. Der Betroffene zeigt Widerstand: Die Einstellung von Fehlverhalten erfolgt nur partiell (Verringerung der Intensität bei grundsätzlicher Beibehaltung des Benehmens) oder sehr langsam, keine Aufnahme irgendeiner legalen Beschäftigung.
6. Dasselbe wie bei 5., nur: Der Betroffene zeigt noch stärkeren Widerstand bzw. noch weniger Nachgiebigkeit.
7. Offener Widerstand: Das Fehlverhalten wird beibehalten oder verstärkt.

An der Reaktion des Kindes registrierten wir sowohl die sofortige Wirkung der Zurechtweisung als auch die Wirkung, die innerhalb der folgenden zehn Sekunden einsetzte.

Die Zurechtweisungsmethoden wurden nach ihrer Klarheit, Festigkeit, Intensität, ihrem Schwerpunkt und der durch sie erfolgenden Behandlung des Kindes klassifiziert. Diese Klassifikationen werden in den folgenden Abschnitten näher erläutert.

Klarheit

Mit der Kategorie Klarheit sollte (wie in der Vorschul-Studie) erfaßt werden, wieviel explizite (nicht hineininterpretierbare) Information die Zurechtweisung enthielt. Aus der Sicht des Schülers, der im Moment der Zurechtweisung normalerweise auf den Lehrer schaut, ist zu fragen: Vermittelt die Zurechtweisung — entweder durch ihren konkreten Wortlaut oder durch eindeutige Signale (direkte Blicke, Fingerzeige, Winke, die „hinsetzen!" bedeuten, ein an den Mund gelegter Finger und ein „psst!") — die folgenden Informationen?

1. Wer ist der Betroffene? („Johnny", nicht „jemand".)
2. Was soll er *unterlassen*? („Hör auf zu reden!", nicht „laß das!")

3. Was soll er *tun*? („Setz dich hin!"; „geh an deine Arbeit!"; oder Verwendung eines Beispiels: „Marys Art zu sitzen gefällt mir.")
4. Warum? („Du störst die anderen"; „du könntest stolpern und dich verletzen.")
5. Nörgeln. Wir unterschieden zwischen Nörgeln und Klarheit: Nörgeleien bestanden in Tiraden bzw. „Vorträgen" des Lehrers, über deren Gegenstände das Kind wahrscheinlich längst im Bilde war. Nörgeln rief nach unserer Definition beim Kind Reaktionen hervor wie: „Ja, ja, ich weiß ja schon!"

Festigkeit

Festigkeit beschreibt den Grad, bis zu welchem der Lehrer ein „Ich-meine-es-ernst!" und ein „Sofort!" in seine zurechtweisende Anordnung hineinlegt. Ein Teil der Festigkeit zeigt sich in der Art und Weise, wie er sein Anliegen vorträgt, ein anderer Teil darin, wie stark er danach auf Durchsetzung seiner Forderung besteht.

Das Vorbringen des Anliegens besitzt einen „Klarheits"-Aspekt: Ist die Anordnung mit einer eindeutigen Forderung nach Abbruch der vorhergehenden Tätigkeit verbunden? Wird sie klar, präzise, unüberhörbar vorgetragen und bildet sie einen anschaulichen Kontrast (immer zusammen mit einem „Sofort!")? Letzterer wird erzielt, indem der Lehrer deutlich seinen Standort wechselt, seine momentane Tätigkeit unterbricht, ein Warnsignal vorausschickt („Gleich werde ich...") und seine Stimmlage verändert.

Das Gegenteil wäre eine unbestimmte, zögernde Aufforderung, bei welcher der Lehrer seine vorhergehende Beschäftigung halbwegs beibehält oder sich ihr halbwegs wieder zuwendet und seine Unentschlossenheit zu erkennen gibt („Tja, wir wollen mal sehen"; „ich glaube...").

Die Festigkeit (Klarheit), mit der ein Anliegen vorgetragen wurde, bezeichneten wir als

1. Stark: wenn die Aufforderung zwei oder mehr der obigen Klarheitskriterien aufwies.
2. Normal: wenn sie einem der obigen Kriterien genügte.
3. Schwach: wenn die Aufforderung keine der obigen Klarheits- oder sogar irgendeines der Unklarheitskriterien aufwies.

Der Durchsetzungsaspekt von Festigkeit berücksichtigt folgende Verhaltensweisen: Zugehen auf den Betroffenen, feste Blickrichtung auf ihn während und für eine gewisse Zeit nach der Anordnung, „physische Assistenz" (Führung der Hand, Festhalten, Zurechtrücken eines Stuhles oder eines Arbeitsmittels), nochmaliges „Nachhaken", und zwar *nicht* etwa, weil die erste Aufforderung ihre Wirkung verfehlt hätte.

Die Festigkeit, mit der eine Anordnung durchgesetzt wurde, bezeichneten wir als

1. Stark: wenn der Lehrer zwei oder mehr der obengenannten Verhaltensweisen zeigte.
2. Mäßig: wenn er eine der Verhaltensweisen zeigte.
3. Fehlend: wenn der Lehrer keine der obengenannten Verhaltensweisen oder sogar ihr Gegenteil demonstrierte (indem er etwa sofort auf etwas anderes zu sprechen kam, noch bevor die Zurechtweisung Wirkung zeigte).

Als „gequält" bezeichneten wir eine gewissermaßen „falsche" im Unterschied zur wirklichen Festigkeit (ganz im Sinne der Unterscheidung von „Nörgelei" und Klarheit). Gemeint sind Zurechtweisungen, bei denen der Lehrer als „Geschlagener" erscheint und „aufgibt": Er zeigt Wut, wird laut oder entfacht ein Trommelfeuer wiederholter Anordnungen, entweder weil seine Zurechtweisung ins Leere getroffen hat oder weil er damit zeigen will, daß er überhaupt kein konformes Verhalten erwartet.

Intensität

Intensität betrifft die Stärke der Reizwirkung, die von einer Zurechtweisung ausgeht: ihre Aufmerksamkeit heischenden Qualitäten und ihr Potential, in das Bewußtsein der beiwohnenden Schüler einzudringen.

1. Geringe Intensität: Ein Signal, das auf Zurechtweisung abzielt, sich allerdings nicht vom Hintergrund der allgemeinen Aktivitäten abhebt (keine oder nur geringfügige Veränderung von Standort und Verhalten des Lehrers); es ist schwach und nur von kurzer Dauer. Ein beiwohnendes Kind müßte den Lehrer zur gleichen Zeit beobachten, um den Vorgang überhaupt mitzubekommen.
2. Mittlere Intensität: Eine Zurechtweisung mit mäßiger Kontrastwirkung (Standort, Stimme) oder von mittlerer Eindringlichkeit, aber kurzer Dauer.
3. Hohe Intensität: Eine Zurechtweisung von mittlerer Kontrastwirkung aber längerer Dauer; oder von hoher Reizwirkung; oder mit affektgeladenem Inhalt (Sarkasmus, realer Bedrohung). Ein beiwohnendes Kind müßte blind und taub sein, um sie nicht mitzubekommen.

Schwerpunkt

Schwerpunkt soll das genannt werden, worauf sich die Anordnungen konzentrieren, die der Lehrer mit seiner Zurechtweisung trifft. Zumindest indirekt, wenn nicht gar dem expliziten Wortlaut nach, besitzen Verhaltensinstruktionen einen *weg*weisenden Inhalt bzw. eine Forderung nach Unterlassung („Hör auf zu reden!") und einen *hin*weisenden und auf Neubeginn ausgerichteten Inhalt („Mach dich an deine Rechenaufgaben!"). Auf welchen Aspekt konzentriert sich der Lehrer? Auf Abhaltung oder Anleitung? Oder auf beides?

Wenn der Lehrer mit seinen Bemühungen bei der Abstellung schlechten Betragens stehenbleibt und nichts explizit unternimmt, um den Schüler zur Aufnahme der vorgeschriebenen Tätigkeit zu bewegen, bezeichnen wir dies als Fehlverhaltensschwerpunkt. Wenn er sich in seiner Zurechtweisung nur auf die erlaubte Beschäftigung bezieht, nennen wir dies einen Anleitungsschwerpunkt („Johnny, mach deine Rechenaufgaben!"). Befaßt er sich mit beidem („Wenn du aufhörst zu reden, kannst du deine Aufgaben schaffen!"), dann besitzt seine Zurechtweisung sowohl einen Fehlverhaltens- als auch einen Anleitungsschwerpunkt, da der Lehrer den Betroffenen nicht nur aus dem Bereich des Fehlverhaltens (Reden) *hinaus*-, sondern zugleich in einen Neubeginn (Rechnen) *hinein*zuführen versucht. Es wurden außerdem Feststellungen darüber getroffen, ob der Lehrer dem Fehlverhalten („Wenn du weiterredest, bekommst du in Staatsbürgerkunde eine Fünf!") oder seiner Anleitung („Du wirst in Rechnen durchfallen!") oder beidem eine zusätzliche negative Wendung gab. Gleichermaßen wurde festgestellt, ob der Lehrer positive Zusätze bei seiner Konzentration auf das Fehlverhalten („Wenn du aufhörst zu reden, bekommst du ein goldenes Sternchen") oder bei seiner Anleitung („Wenn du deine Aufgabe zu Ende machst, bekommst du ein goldenes Sternchen") oder bei beidem verwandte.

Der Schwerpunkt einer Zurechtweisung konnte also einmal auf dem Fehlverhalten liegen, und zwar in positiver, negativer oder neutraler Weise; dann konnte er auf der Anleitung zu richtigem Verhalten liegen, positiv, negativ oder neutral; und schließlich auch auf beidem, mit einer Kombination aus den jeweiligen Qualitäten.

Behandlung des Kindes

Diese Dimension unseres Kategoriensystems widmete sich der Frage, wie das Kind in der Zurechtweisung behandelt wurde. Sieht das Kind den Lehrer während dieses Zwischenfalls als für oder gegen sich eingenommen?

1. Pro oder positiv: Wenn das Kind dem Verhalten des Lehrers entnehmen kann, daß er es vor Schaden bewahren möchte, dann bezeichnen wir dies als Pro-Verhalten. (Auch bei einer Zurechtweisung mit negativem Schwerpunkt kann die Art, in der sie vorgenommen wird, auf Pro-Haltung hinweisen. „Du kannst dich verletzen, wenn du raufst" kann, obwohl inhaltlich Nachteile angedeutet werden, als Pro-Haltung gelten, wenn der Lehrer damit seine Schutzabsicht gegenüber dem Kind zum Ausdruck bringt. „Ich möchte nicht, daß du durchfällst" kann einen negativen Schwerpunkt, hier aber trotzdem Pro-Qualitäten besitzen.) „Trostpflaster" („Nachher darfst du spielen") und andere Bemühungen um Schonung des kindlichen Gefühlslebens fielen unter die Pro-Wertung; Belohnungen, Anerkennung und Lob natürlich ebenfalls. (In der Tat waren Lehrer, die ein Kind für Fehlverhalten lobten, dünn gesät. Lehrer sagen eben einfach nicht: „Ach, wie schön, daß Johnny Mary verhaut!")
2. Anti oder negativ: Diese Kategorie entsprach der Härte-Kategorie in der Vorschul-Studie und der Kategorie Verärgerung / Punitivität in den High-School-Studien. Manifeste negative Affekte gegen den Störer (Zorn, Sarkasmus) sowie Drohungen und Bestrafungen wurden als Anti-Haltungen gewertet.
3. Neutral: Unter diese Kategorie fielen Zurechtweisungen, in denen das Kind weder positiv noch negativ behandelt wurde.

Nach den obengenannten Qualitäten klassifizierten wir alle Zurechtweisungen jedes einzelnen Lehrers.

Die Entwicklung zuverlässiger Maßeinheiten sowohl für die Zurechtweisungsmethoden als auch für die kindlichen Verhaltensweisen versetzt uns nunmehr in die Lage, Antworten zu geben auf die Frage, ob variierende Zurechtweisungsmethoden das Schülerverhalten beeinflussen können. Die Beziehung zwischen Zurechtweisungsmethoden und erfolgreicher Führung läßt sich mit Hilfe der vorhandenen Daten auf zweierlei Weisen ermitteln: entweder versucht man, für jeden einzelnen Lehrer festzustellen, ob Zusammenhänge bestehen zwischen seiner Zurechtweisungsmethode und der Größe seines Erfolges beim

Umgang mit einem bestimmten Fehlverhalten; oder man untersucht, ob Lehrer, die sich hinsichtlich ihres generellen Umgangs mit Fehlverhalten unterscheiden, auch verschieden große Führungserfolge erzielen.

Nach dem ersten Verfahren wäre zu fragen: Hat Fräulein Schmidt mehr Erfolg im Umgang mit einem Fehlverhalten, wenn sie mit Qualität X zurechtweist, als wenn sie dies ohne Qualität X tut? Hat Fräulein Schmidt den gleichen Erfolg, wenn sie einem Fehlverhalten mit Qualität Y begegnet, als wenn sie Qualität Y nicht verwendet? Und wenn ja oder nein: Gilt das gleiche für Fräulein Hübsch und Fräulein Häßlich, für Fräulein Jung und Frau Alt, für Frau Fett und Fräulein Dünn, für Fräulein Freundlich und Fräulein Schrecklich und für all die anderen Lehrer?

Wir erhielten Antwort auf die so gestellten Fragen, indem wir für jeden Lehrer eine Bewertung aller seiner Zurechtweisungen zum einen, zum anderen Klassifikationen aller seiner Erfolge im Umgang mit dem zugehörigen Fehlverhalten vornahmen und dann beide Wertungen miteinander korrelierten. Wenn Fräulein Schmidt mit einer Methode zurechtweist, die sich durch große Klarheit auszeichnet, erzeugt sie dann stärkere Konformität, als wenn sie eine weniger klare Methode verwendet? Wenn sie Festigkeit zeigt, hat sie dann mehr Erfolg, als wenn sie keine zeigt? Für den Schwerpunkt und die Intensität ihrer Zurechtweisungen sowie die darin erscheinende Behandlung des Kindes wurden ähnliche Fragen gestellt. Für jeden der übrigen 29 Lehrer und jede der fünf untersuchten Zurechtweisungsqualitäten beantworten wir dieselben Fragen. Wir verwandten außerdem zweierlei Maßeinheiten für sofortigen Erfolg: augenblickliche Reaktion und Reaktion innerhalb von zehn Sekunden.

Es ergaben sich auf diese Weise 300 verschiedene Korrelationen: 30 Lehrer mal 5 Zurechtweisungsqualitäten mal 2 verschiedene Messungen der Erfolgshöhe. Nur zwei Korrelationen erreichten ein Signifikanzniveau von 0,05 — ein Resultat, das durch reinen Zufall zustande kommen kann. Die übrigen 298 Korrelationen waren nicht signifikant. Man muß daher zu dem Schluß kommen, daß *keine Zusammenhänge bestehen zwischen den Qualitäten der Zurechtweisungsmethoden eines Lehrers und dem Erfolg dieses Lehrers im Umgang mit Fehlverhalten.* Für jeden einzelnen Lehrer gilt also, daß weder der Klarheits-, Festigkeits- und Intensitätsgrad seiner Zurechtweisungsbemühungen, noch die Tatsache, daß er seine Zurechtweisung auf das schlechte Betragen oder auf die geforderte Tätigkeit oder auf beides abstellt, noch die Frage, ob er das Kind nun positiv, negativ oder neutral behandelt — bestimmend ist dafür, wie bereitwillig ein Kind sein Fehlverhalten einstellt oder sich der vorgeschriebenen Aufgabe zuwendet.

Ein anderes Verfahren zur Ermittlung dessen, ob Zurechtweisungsmethoden irgendwelche Folgen für das Schülerverhalten haben, besteht in der Korrelation der Durchschnittswerte für die Methoden der Lehrer mit ihren Führungserfolgswerten. Für alle Werte, die ein Lehrer für die Klarheit, Intensität, Festigkeit, den Schwerpunkt seiner Zurechtweisungen und die darin erscheinende

Behandlung des Kindes erhalten hatte, wurde ein jeweiliger Durchschnitt errechnet; jeder Lehrer erhielt also eine Bewertung des allgemeinen Klarheitsgrades, Festigkeitsgrades usw., mit dem er Zurechtweisungen vornahm. Diese Werte korrelierten wir mit drei Führungserfolgswerten: Mitarbeit, Fehlverhaltensrate, Grad der Ansteckung durch Fehlverhalten. Für Mitarbeit und Fehlverhalten wurden außerdem zwei gesonderte Wertungen vorgenommen: eine für die emotional gestörten und eine für die nichtgestörten Kinder. Diese Werte unterteilten wir dann noch einmal in Still- und Übungsarbeitswerte.

Keine der Korrelationen zwischen den Zurechtweisungsstilen der Lehrer und ihrem Führungserfolg waren signifikant. Dieser Befund bewahrheitete sich für emotional gestörte wie für nicht gestörte Kinder, für Stillarbeits- wie für Übungssituationen. Es muß daher im Rahmen dieser Untersuchung festgestellt werden, daß *die Methoden des Umgangs mit schlechtem Betragen als solche keine signifikanten Determinanten sind dafür, wie gut oder schlecht sich Kinder in der Klasse aufführen oder wie erfolgreich ein Lehrer verhindert, daß schlechtes Betragen eines Kindes auf andere Kinder übergreift.*

Zurechtweisungsmethoden als ein Aspekt von Klassenführung: Ergebnisse

Die Befunde aus der Video-Recorder-Studie, die zeigen, daß Zurechtweisungsmethoden keine bedeutsamen Determinanten erfolgreicher Klassenführung darstellen, stimmen überein mit den Ergebnissen aus der High-School-Interviewstudie, der High-School-Fragebogenstudie und (obwohl hier keine Schulklassen untersucht wurden) der Camp-Studie. Alle diese Studien demonstrierten, daß Wellen-Effekte in keiner Beziehung zu den Methoden standen, mit denen die verantwortlichen Erwachsenen die Kinder zurechtwiesen, *wohl aber* Beziehungen zu dauerhaften Variablen aufwiesen. Man könnte ferner behaupten, dieses generelle Ergebnis gelte genauso für die Vorschul-Studie, bei der es vom zweiten bis vierten Tag wesentlich häufiger „keine beobachtbaren Effekte" nach Zurechtweisungen zu verzeichnen gab als am ersten Schultag.

Im Gegensatz dazu zeigten alle Experimente, die wir angestellt hatten, daß der Wellen-Effekt von den Zurechtweisungsmethoden des Lehrers abhing. Dies ergab sich für das College-, das High-School- und das Aldensche Experiment mit Fünftkläßlern. Auch das Verhalten von Vorschulkindern unterlag am ersten Schultag dem Einfluß von Zurechtweisungsmethoden. Warum dieser Unterschied zwischen diesen und den anderen Studien?

Zum Teil dürften sich die Differenzen auf die unterschiedlichen Situationen zurückführen lassen, in denen sich Versuchspersonen im Experiment und Schüler in einer richtigen Klasse befinden. Man sollte sich in diesem Zusammenhang auch vergegenwärtigen, welchen Schwierigkeiten wir uns im High-School-Experiment gegenübergestellt sahen, als wir die dauerhafte Variable geringe Lernmotivation auf experimentellem Wege erzeugen wollten. Im Experiment fühlten die Versuchspersonen sich persönlich verpflichtet, als Versuchspersonen im Experiment ihr Bestes zu geben — eine Einstellung, welche die Versuchsleiter mühsam ausräumen mußten. Diese Erklärung würde allerdings nicht für den Befund zutreffen, daß Zurechtweisungsmethoden allem Anschein nach am ersten Vorschultag Wirkungen zeigen, da dieser ja aus der Beschäftigung mit richtigen Schülern in richtigen Klassenzimmern resultierte.

Eine plausiblere Erklärung für die Differenzen zwischen den Experimenten und den anderen Studien könnte in der Tatsache zu finden sein, daß es sich in den Experimenten jedesmal um erste Kontakte mit dem dazugehörigen Lehrer handelte. Unsere Vermutung geht dahin, daß die Versuchsleiter sich hinsichtlich der offiziellen Begründungen für die Durchführung der Studien größeren Täuschungen hingaben als die Versuchspersonen selbst. Unsere Behauptung gegenüber den Versuchspersonen, wir würden erste Eindrücke bei der Begegnung mit Lehrern untersuchen, kommt der Wahrheit wahrscheinlich näher als unsere dahinter verborgene Absicht, Methoden der Zurechtweisung zu studieren.

Wenn es sich so verhält, dann beschäftigten sich die Experimente mit Variablen, welche eher die Sozialpsychologie erster Impressionen betreffen als den Wellen-Effekt von Zurechtweisungsmethoden. Die Tatsache z. B., daß Schüler auf eine punitive Methode anders reagieren als auf eine nicht-punitive, ist wahrscheinlich nur zufällig mit dem Disziplinierungsakt verbunden. Jeder andere punitive Eingriff hätte vermutlich ähnliche Reaktionen bei den anwesenden Schülern ausgelöst. Die zum Experiment gehörigen Lehrer hätten mit einer Katze, die ins Zimmer gekommen wäre, oder mit einem Schüler wegen seines Schnurrbarts punitiv oder nicht-punitiv verfahren können — immer hätten beiwohnende Schüler unterschiedlich auf diese Vorfälle reagiert, und zwar ganz in derselben Weise, in der sie auf Zurechtweisungen unterschiedlich reagiert hatten[2].

Die Folgerung, Zurechtweisungsstile seien keine bedeutenden Determinanten der Verhaltenssteuerung im Klassenzimmer, bedeutet nun nicht, daß schlechtes Betragen in der Klasse etwa kein wichtiges Problem darstellte und daß sein Auftreten Lehrern etwa keine ernsthaften Sorgen bereitete. Tatsache ist, daß die Beschäftigung mit Disziplinierungstechniken wohl deshalb ein so vorherrschendes Anliegen darstellt, weil schlechtes Betragen sich nun einmal der Wahrnehmung aufdrängt. Bei der Beobachtung eines Klassenzimmers wird man wahrscheinlich eher wahrnehmen, daß ein Kind mit Buntstiften wirft, als daß eines mit Eintragungen in sein Arbeitsheft beschäftigt ist. Und wenn der Leh-

---

[2] Es läßt sich sogar vermuten, daß die Experimente nicht nur Studien über erste Eindrücke, sondern zugleich Studien über Auffassungen vom menschlichen Verhalten darstellen. Im High-School-Experiment beurteilten nämlich Schüler, welche der ärgerlich/punitiven Zurechtweisung beigewohnt hatten, den Lehrer als bestens geeignet für den „Umgang mit einem Haufen von Rüpeln", *nicht* jedoch für den „Umgang mit Schülern wie mir". Dies könnte als experimentelle Beweisführung für das Vorherrschen der *Auffassung* gelten, das beste Mittel, mit Rüpeln fertig zu werden, bestünde darin, sich selbst rüpelhaft aufzuführen.

rer einen Schüler maßregelt, wird dies wahrscheinlich eher registriert, als wenn er einem Kind beim Lesen zuhört. Überdies läßt sich die Tatsache nicht leugnen, daß sich sowohl effektive als auch ineffektive Methoden der Zurechtweisung beobachten lassen, insbesondere wenn die gleichen Methoden in verschiedenen Klassen verwandt werden. Wir haben etwa gesehen, wie Lehrer A zum Lichtschalter ging und ihn zweimal kurz an- und ausdrehte, als Signal für die Schüler, ruhig zu sein und zuzuhören. Es hatte Erfolg. Die Kinder stellten sofort ihre Gespräche und sonstigen Tätigkeiten ein, nahmen eine aufmerksame Haltung an und blickten nach vorne zum Lehrer. Geschah dies *wegen* der Lichtschaltermethode des Lehrers, oder spielten hier andere, vielleicht nicht so schnell erkennbare Führungstechniken eine Rolle, die ein gleichbleibendes Klima in dieser Klasse schufen, auf welches wiederum die Wirksamkeit der Schaltermethode — *oder jeder beliebigen anderen* — zurückzuführen war? Am darauffolgenden Tag beobachteten wir Lehrer B in einer Parallelklasse derselben Schule, wie er ebenfalls zum Lichtschalter ging und diesen an- und ausschaltete als Aufforderung zu Ruhe und Aufmerksamkeit. Er hatte keinen Erfolg. Kinder, die sich gerade unterhalten hatten, unterhielten sich weiter, zwei sich herumstoßende Jungen trieben weiter ihren Unfug und so fort. Dies sind nur einzelne Beispiele. Untersuchungen mit dem Video-Recorder, High-School-Interview und -Fragebogen stellen nicht in Abrede, daß einige Zurechtweisungen Wirkungen und andere keine Wirkungen zeigen. Alle diese Studien rechtfertigen jedoch gleichzeitig die Behauptung, es sei *nicht* von den Zurechtweisungsmethoden als solchen abhängig, ob eine Zurechtweisung effektiv oder ineffektiv ausfällt (eine Ausnahme bildet Verärgerung, die in der Regel Unbehagen nach sich zieht), sondern vielmehr abhängig von anderen Dimensionen der Klassenführung, und damit im Zusammenhang stehenden inneren Bindungen oder dauerhaften Variablen.

Bis jetzt hat die Untersuchung die eine Hälfte der Bemerkung von Josh Billings behandelt: Wir haben erfahren, daß wir „vieles zu wissen (glaubten), was nicht so ist". Was haben wir nun über Klassenführung gelernt, von dem man zeigen könnte, daß es tatsächlich so ist?

2. Allgegenwärtigkeit und Überlappung

Was, wenn nicht die Methode des Lehrers, mit der er Zurechtweisungen vornimmt, bestimmt das Benehmen von Schülern im Unterricht? Die Tatsache bleibt bestehen, daß zwischen den untersuchten Klassen Unterschiede im Schülerverhalten zu beobachten waren. Es ergaben sich die verschiedensten Werte für Mitarbeit, Fehlverhalten und Ansteckung durch Fehlverhalten. In einigen Klassen ließ sich sehr starke, in den meisten durchschnittlich starke und in einigen sehr schwache Mitarbeit feststellen. Das gleiche galt für das Auftreten von Fehlverhalten und Ansteckung durch Fehlverhalten. Was verursachte diese Differenzen? Sind wir gezwungen, auf die abgedroschene, nur zu wahre, freilich ausweichende Generalisierung zurückzugreifen, es „hänge eben alles vom Lehrer und den Schülern ab"? Oder läßt sich doch genauer angeben, durch *welche* Verhaltensweisen Lehrer das Benehmen von Schülern beeinflussen?

Eine Analyse der ersten Video-Bänder ergab, daß in der Tat ganz bestimmte Verhaltensweisen von Lehrern existierten, die mit dem Führungserfolg korrelierten, wie wir ihn anhand von Mitarbeit, Fehlverhaltensrate, Ansteckung durch Fehlverhalten und Effektivität von Zurechtweisungen gemessen hatten. Solche Dimensionen des Lehrerverhaltens, die auf das Schülerverhalten zurückwirkten, stellten sich nach unserer Terminologie u. a. dar als: *Allgegenwärtigkeit* (wobei der Lehrer zu erkennen gab, daß er über alle Vorgänge im Bilde war); *Überlappung* (sein Sich-Kümmern um zwei Vorgänge gleichzeitig); *Reibungslosigkeit der Übergänge* (keine unzusammenhängenden Fragen, häufigen Themenwechsel und Unvermitteltheiten); schließlich die Programmierung von *abwechslungsreichem Lernen* bei der Stillarbeit.

Der Führungserfolg dieses Lehrerverhaltens machte sich überdies bei der Klasse als ganzer geltend, also nicht nur bei bestimmten Schülern: er betraf genauso die als emotional gestört diagnostizierten (nicht geistesgestörten) Kinder wie diejenigen, die als nicht gestört betrachtet wurden. Zwei Befunde belegten dies:

1. Signifikante positive Korrelationen zwischen den Verhaltenswerten der gestörten und denen der nicht gestörten Kinder; sie rangierten zwischen 0,57 und 0,82, je nachdem, ob sie für Fehlverhalten oder Mitarbeit, Still- oder Übungsarbeit vorgenommen wurden.
2. Gleichgerichtete und annähernd gleichstarke Korrelationen zwischen jeder der Lehrerverhaltensdimensionen und dem Verhalten gestörter wie dem nicht gestörter Kinder; mit anderen Worten: Wann immer der Lehrer etwas unternahm, was starke Mitarbeit und nur geringes Fehlverhalten von nicht gestörten Kindern zur Folge hatte, erzeugte dies auch bei gestörten Kindern intensive Mitarbeit und wenig Fehlverhalten (sowie Ansteckung durch Fehlverhalten).

Ausgenommen für die Wirkungen, die von der Programmierung abwechslungsreichen Lernens ausgingen, wiesen die Korrelationen zwischen Lehrerstil und Schülerverhalten dieselbe Richtung und ungefähr die gleiche Stärke auf für die Schulen in Vorort Y, wo erste und zweite Klassen, und für die in Vorort X, wo dritte bis fünfte Klassen gefilmt worden waren.

Es gab einige Befunde, die uns zu weiteren Unterrichtsmitschnitten veranlaßten, um noch bestimmtere Aussagen machen zu können:

1. Signifikante Unterschiede zwischen den Werten des Schülerverhaltens bei Still- und bei Übungsarbeit;
2. gewisse Differenzen zwischen den Lehrerstilen, die mit Führungserfolgen bei der Stillarbeit und denen, die mit Erfolgen bei der Übungsarbeit verbunden waren; programmierte Abwechslung beim Lernen erschien z. B. weitaus wichtiger für Stillarbeit als für Übungen;
3. eine Differenz zwischen den Befunden aus den beiden ersten und aus den dritten bis fünften Klassen: Lernbezogene Abwechslung war nur für die unteren, nicht aber für die höheren Elementarklassen von Bedeutung.

Da wir die Klassen nur je einen halben Tag lang gefilmt hatten, besaßen wir nicht für alle Lehrer Daten aus Stillarbeits- wie auch aus Übungssituationen. Einige Lehrer hatten für den Tag, an dem wir filmten, überhaupt keine der beiden Arbeitsarten vorgesehen. Aufgrund dieses Sachverhalts, der noch zu der Notwendigkeit hinzukam, untere und obere Klassen gesondert zu behandeln, lagen einigen Korrelationen nur eine kleine Anzahl von Fällen zugrunde. Deshalb erweiterten wir die Video-Recorder-Studie, um noch mehr Klassen einzubeziehen und die Wahrscheinlichkeit zu vergrößern, für alle Lehrer Stillwie Übungsarbeitsdaten zu erhalten.

Die zweite Video-Recorder-Studie

Auswahl der Klassen

In der zweiten Video-Recorder-Studie wurden 50 erste und zweite Klassen je einen ganzen Tag lang aufgenommen. 24 Klassen befanden sich in einem Vorort von Detroit/Mich. mit vorwiegender Mittelschichtstruktur, 26 Klassen in Detroit selbst. Eine der Vorort-Klassen schied aufgrund verfahrenstechnischer Mängel aus, womit uns schließlich N = 49 Klassen verblieben.

Um außergewöhnliche oder atypische Klassen aus der Studie auszuschließen, konzentrierten wir uns auf diejenigen Schulen Detroits, in denen der durchschnittliche Leistungsstandard nicht mehr als ± 30/100 von der Durchschnittsnorm des dortigen Schulsystems abwich. Um den Einfluß von Gemeinden und Schulbehörden auf die Ergebnisse möglichst gering zu halten und ein gewisses Spektrum von Führungserfolgen zu gewinnen, wählten wir Schulen aus, die groß genug waren, um über mindestens zwei erste und zwei zweite Klassen zu verfügen. Ferner wählten wir Schulen, die mindestens eine relativ „schlechte" und eine relativ „gute" Klasse besaßen. Solche Unterscheidungen beruhten auf dem Urteil des leitenden Forschers, der den Klassen im Herbst einen Besuch abstattete. Er beurteilte die Schüler der Klassen grob danach, ob sie in Lernsituationen starke oder schwache Mitarbeit an den Tag legten. (Die Bestimmung der emotional gestörten Kinder beruhte auf einem Konsens von Lehrer, Rektor und in der Regel einem für Schulen zuständigen Sozialarbeiter oder Psychologen.) Im Frühling wurden die Klassen mit Hilfe von Fernsteuerungsanlagen gefilmt, ganz so wie bei der ersten Video-Recorder-Studie.

Wertung des Schülerverhaltens

Den Klassifikationen ging die Erstellung eines Aktivitätenverzeichnisses für jede Klasse voran. Dieses Aktivitätenverzeichnis enthielt Beschreibungen der Tätigkeit bzw. Tätigkeiten, die zu jedem einzelnen Zeitpunkt stattfanden, den Zeitpunkt des Beginns und Endes jeder Tätigkeit sowie die Überleitungsstellen („Gut, wollen die Brownies jetzt bitte ihre Rechenbücher weglegen und zum Lesekreis vorkommen") und Übergangsphasen (die Zeit zwischen dem Moment, in dem der Lehrer die Brownies anwies, zum Lesekreis zu kommen, und ihrem Lesebeginn) für jede Tätigkeit jeder einzelnen Teilgruppe. Die Verfertiger dieser Skizze eines Unterrichtstages erstellten ferner ein schematisches Sitzordnungsdiagramm für all die verschiedenen Aktivitäten, das anzeigte, wo sich die Kinder zum jeweiligen Zeitpunkt aufhielten, wieviele Kinder bei jeder Aktivität zugegen und auch, welche davon Jungen, Mädchen oder „emotional gestört" waren.

Die Kinder, deren Verhalten gewertet werden sollte, wurden vom Projektleiter für jede Unterrichtseinheit anhand des Sitzordnungsdiagramms ausgewählt. Das Diagramm wurde dabei jedesmal in vier Quadranten unterteilt, von denen je ein Junge und ein Mädchen in die Wertungsauswahl kamen. Wir versuchten also, für jede besondere Unterrichtseinheit Verhaltensbeispiele von acht ersichtlich nicht gestörten Kindern aus verschiedenen Bereichen des Klassenzimmers zu erhalten. Eine solche Wahlmethode verhinderte die Auswahl von Kindern auf dem Hintergrund irgendeiner Voreingenommenheit – weil etwa ihr Verhalten hervorstach oder weil sie dem Beobachter aus diesem oder jenem Grunde interessant erschienen. Die als emotional gestört bezeichneten Kinder erhielten separate Wertungen. Die schließlich untersuchte Stichprobe umfaßte mehr als acht Kinder, da bei jedem Lehrer immer wieder andere Kinder den Übungs- oder Stillarbeitsgruppen angehörten. Danach befanden sich etwa die „Rockets" einmal in der Lesegruppe, während die „Brownies" Stillarbeiten machten; ein anderes Mal saßen die „Brownies" im Lesekreis, während die „Rockets" still arbeiteten.

Jedes ausgewählte Kind wurde nach seiner *Mitarbeit* und seinem *Fehlverhalten* bewertet, und zwar alle 12 Sekunden für die Dauer der jeweiligen Unterrichtseinheit. Wir wählten ein 12-Sekunden-Intervall, weil wir uns mit dem

Zeitnahmegerät des Video-Playback-Apparates abstimmen mußten, welches kumulativ alle sechs Sekunden den zeitlichen Verlauf angab.

Bei der Bestimmung von *Mitarbeit* verwandten wir folgende Kategorien des Schülerverhaltens:

1. *Definitive Beschäftigung* mit der geforderten Arbeit. Um als definitiv bei der Arbeit zu gelten, mußte das Kind sichtbare Anzeichen dafür erkennen lassen, daß es sich innerhalb des 12-Sekunden-Intervalls hauptsächlich mit der vorgeschriebenen Arbeit beschäftigte — indem es etwa im vorgeschriebenen Arbeitsheft schrieb; bei der Übungsarbeit drankam oder sich dazu meldete; mit seiner Haltung zeigte, daß es aufmerksam dem Unterricht folgte, mitlas usw.
2. *Wahrscheinliche Beschäftigung* mit der geforderten Arbeit. Damit sein Verhalten dieser Kategorie zugeordnet werden konnte, hatte das Kind eine Haltung zu zeigen, von der sich begründetermaßen auf seine Mitarbeit schließen ließ — indem es sich den ordnungsgemäßen Lernmitteln zuwandte oder diese vor sich liegen hatte, wobei seine physische Ausrichtung Denken oder Zuhören nahelegte; es sollte jedoch nicht direkt schreiben oder anderweitig klare Zeichen aktiver Beteiligung von sich geben.
3. *Definitive Nichtbeschäftigung mit der geforderten Arbeit.* Wir verwendeten diese Kategorie dann, wenn sich aus Handlungsweise oder Haltung des Kindes keine Anzeichen für seine Mitarbeit entnehmen ließen oder gar klare Anzeichen dafür bestanden, daß es sich außerhalb der vorgeschriebenen Arbeit beschäftigte — indem es innerhalb des 12-Sekunden-Intervalls hauptsächlich Dinge verfolgte oder unternahm, die nichts mit der ihm gestellten Aufgabe zu tun hatten.

Zur Bestimmung von *Fehlverhalten* ordneten wir das Schülerverhalten für jedes 12-Sekunden-Intervall nach den Kategorien: a) kein schlechtes Betragen; b) leicht schlechtes Betragen; c) sehr schlechtes Betragen. Nach unserer Definition besaß Fehlverhalten Absicht und Zweck (geschah also intentional, mit dem Bewußtsein einer Verfehlung) und war es gegen den Lehrer, ein anderes Kind oder irgendeine bedeutendere unterrichtliche Verhaltenskonvention gerichtet. Es mußte aktives Verhalten sein. Demnach wurde das Betragen eines Kindes nicht schon deshalb als schlecht bezeichnet, weil der Lehrer es vielleicht kritisiert hatte, sondern nur dann, wenn tatsächlich bewußt eine Verfehlung begangen worden war. Wenn also der Lehrer ein Kind dafür maßregelte, daß es nicht aufrecht dasaß oder daß es ein Wort falsch aussprach, so werteten wir dies nicht als Fehlverhalten des Kindes. (Sollte nachlässiges Sitzen allerdings offene Widersetzlichkeit gegenüber einer direkt geäußerten Bitte des Lehrers darstellen, würde es als Fehlverhalten gelten: Es besaß dann die Qualität bewußten Widerstandes gegen den Lehrer, was die Annahme rechtfertigt, das Kind habe gewußt, daß es sich dabei um schlechtes Betragen handelte.) *Leichtes Fehlverhalten* war ein Benehmen, welches die meisten Lehrer den Umständen entsprechend mißbilligten und welches sie in der Regel ignorierten oder aber milde behandelten: Flüstern mit dem Nachbarn während der Stillarbeit, Gesichterschneiden in Richtung Kamera, Lesen von Comic-Heften usw. *Gravierendes Fehlverhalten* stellte einen Akt dar, den die Lehrer in den meisten Klassen nur selten übersahen und gegen den sie entschiedene Maßnahmen zu ergreifen pflegten. Es handelte sich dabei um sehr störendes Verhalten, das andere

Aktivitäten beeinträchtigte, Eigentum beschädigte, dem Störer oder anderen erhebliche Nachteile einbringen oder wichtige Schulregeln verletzen konnte. Aggressive Akte oder offener Widerstand gegen den Lehrer wurden im allgemeinen als ernstes Fehlverhalten bezeichnet. (Wie in der vorangegangenen Video-Recorder-Studie waren auch hier nur etwa ein Prozent aller Fehlverhaltensformen ernst zu nennen, weshalb wir alles Fehlverhalten statistisch gleich behandelten.)

Die Wertung des Schülerverhaltens setzte erst ein, nachdem die für die jeweilige Unterrichtseinheit angesetzte Arbeit tatsächlich aufgenommen worden war. Während des Überganges von einer Aktivität zur anderen oder während ihres einfachen Wartens auf weitere Instruktionen wurde das Verhalten der Kinder nicht registriert. Wir begannen demnach bei einer Leseübung erst dann mit der Wertung, wenn die Bücher ausgeteilt waren und die Lesetätigkeit eingesetzt hatte; und bei der Stillarbeit wurde erst dann gewertet, wenn die Kinder alle dafür benötigten Sachen zurechtgelegt und mit der Arbeit begonnen hatten.

Dann berechneten wir das durchschnittliche Verhältnis von Intervallen mit „definitiver Beschäftigung mit der geforderten Arbeit" zu denen mit in diesem Sinne „definitiver Nichtbeschäftigung", um damit für jede Klasse einen *Mitarbeits*wert zu erhalten. Den jeweiligen Wert für *ausbleibendes Fehlverhalten* bildete der Prozentsatz von 12-Sekunden-Intervallen, in denen kein schlechtes Betragen auftrat. (Die Fehlverhaltensrate wird dann für statistische Zwecke positiv ausgedrückt: bei einem niedrigen Wert handelt es sich um eine „erfolgreiche" Klasse.)

Wertung des Lehrerverhaltens

Damit die Beschäftigung mit Schülerverhalten nicht etwa die Wertung des Lehrerverhaltens trübte, wurden mit Schüler- und Lehrerwertung jeweils verschiedene Personen beauftragt. Die einzelnen Bewertungskategorien für Lehrer sollen in den zugehörigen Abschnitten dieses Untersuchungsberichts separate Darstellung finden.

Allgegenwärtigkeit und Überlappung

Bedeutung und Wertung von Allgegenwärtigkeit

Ein Beispiel: Wir beobachten gerade, wie Zurechtweisungen vorgenommen werden. Der Lehrer führt mit einer Gruppe im Lesekreis Lautübungen durch. Johnny, der einer Stillarbeitsgruppe angehört, dreht sich um und flüstert Jimmy etwas zu. Der Lehrer blickt auf und sagt: „Johnny, laß die Unterhaltung und beschäftige dich mit deinen Additionsaufgaben!" Diese Zurechtweisung wurde nun nach ihrer Klarheit, Festigkeit, Behandlung des Kindes und anderen Qualitäten bewertet. Aber sie waren für das Verhalten der Kinder gleichgültig. Gab es bei diesem Zurechtweisungsfall sonst noch etwas, was über den Führungserfolg entscheiden konnte? Wir spulten das Band um etwa eine Minute zurück und ließen es dann noch einmal durchlaufen. Dabei wurden wir gewahr, daß in einem anderen Teil des Zimmers zwei Jungen sich Papierflugzeuge zuwarfen. Dies war vor und während der Zeit im Gange, als der Lehrer Johnny für sein Reden zurechtwies. Ist dieser Sachverhalt von Bedeutung?

Nehmen wir ein anderes Beispiel: Der Lehrer ist gerade damit beschäftigt, der ganzen Klasse Additionsregeln beizubringen, indem er die Kinder der Reihe nach Aufgaben an der Tafel lösen läßt. Mary beugt sich zum rechten Nachbartisch hinüber und flüstert mit Jane. Beide kichern. Der Lehrer sagt: „Mary und Jane, laßt das!" Diese Zurechtweisung wurde ebenfalls auf verschiedene Qualitäten hin untersucht, von denen keine sich als relevant für das Schülerverhalten erwies. Wieder spulten wir das Band zurück und ließen es noch einmal durchlaufen. Dabei stellten wir fest, daß etwa 45 Sekunden früher Lucy und John, die mit Jane zusammen an einem Tisch saßen, miteinander zu flüstern begannen. Robert sah ihnen zu und ließ sich gleichfalls in die Unterhaltung ein. Dann kicherte Jane und sagte etwas zu John. Daraufhin beugte Mary sich vor und flüsterte Jane etwas zu. An dieser Stelle wies der Lehrer Mary und Jane zurecht. Ist die Tatsache, daß Mary sich erst spät in diese Kette von Gesprächen und Gekicher einreihte, irgendwie von Bedeutung?

Im ersten Beispiel griff der Lehrer bei relativ geringfügigem Fehlverhalten (Flüstern) ein und unternahm nichts gegen ein wesentlich ernsteres (Werfen von Papierflugzeugen). Im zweiten Beispiel hatte das Fehlverhalten schon früher seinen Anfang genommen und hatte auf John, dann auf Mary und dann auf Jane übergegriffen, ehe der Lehrer dagegen einschritt.

Enthüllen jene zwei Begebenheiten wesentlicheres als nur die Tatsache, daß der Lehrer bei schlechtem Betragen ganz bestimmte Zurechtweisungen vornahm? Wir glaubten jedenfalls, in diesen Vorfällen einen gewissen gemeinsamen Nenner zu sehen: Der Lehrer ließ nicht erkennen, daß er „Augen auch im Hinterkopf" hatte. Im ersten Fall verriet sein Verhalten in keiner Weise, daß er das schwerere Fehlverhalten bemerkt, im zweiten Fall, daß er von der reihenweisen Ansteckung Notiz genommen hätte. Vielleicht ist *dies* das Entscheidende, *nicht* hingegen, ob er sich klar, zornig, entschlossen usw. äußert. Wir nannten diese Dimension *Allgegenwärtigkeit* und machten uns an die Entwicklung eines kategorialen Rahmens für diese Dimension sowie an eine neuerliche Durchsicht der Video-Bänder, um Messungen der Allgegenwärtigkeit von Lehrern vornehmen zu können.

Allgegenwärtigkeit wurde definiert als die durch sein konkretes *Verhalten* erfolgende Mitteilung des Lehrers an die Schüler, er sei im Bild über ihr Tun, oder auch, er verfüge über die sprichwörtlichen „Augen im Hinterkopf" (also nicht so sehr als einfache verbale Ankündigung: „Ich weiß genau, was hier vorgeht"). Welche besonderen Verhaltensweisen des Lehrers vermitteln den Schülern bei welchen Gelegenheiten Hinweise darauf, daß er weiß bzw. nicht weiß, was vor sich geht? Zur Bestimmung seiner Allgegenwärtigkeit erscheint es nicht adäquat, das zu messen, was ein Lehrer weiß. Benötigt werden Messungen dessen, was er von seinem Wissen *vermittelt*. Schließlich sind es ja die Schüler, die die Information erhalten müssen, daß der Lehrer weiß oder nicht weiß, was sie tun.

Zurechtweisungen stellen beispielhafte Gelegenheiten dar, bei welchen der Lehrer den Schülern durch sein Verhalten mitteilt, ob er über die Geschehnisse im Bilde ist oder nicht. Er nimmt bei solchen Anlässen gewisse offenkundige Handlungen vor, die genau dies demonstrieren können. Im Falle einer Zurechtweisung tut das Kind irgend etwas, und der Lehrer unternimmt etwas dagegen. Wählt er zur richtigen Zeit das richtige Objekt für seine Zurechtweisung? Oder unterläuft ihm irgendein Fehler, der die Information weitergibt, er sei über die Vorgänge nicht unterrichtet?

Nicht nur bei der Ermittlung von Zurechtweisungsmethoden als solchen (Klarheit, Festigkeit usw.), sondern auch bei der Ermittlung von Allgegenwärtigkeit konzentrierten sich unsere Untersuchungen auf Zurechtweisungsfälle. Zurechtweisungen genügen den Kriterien eines Maßes für die Vermittlung von Allgegenwärtigkeit durch Verhalten: a) verhält sich ein Schüler in einer bestimmten Weise; b) unternimmt der Lehrer etwas gegen dieses Verhalten; und c) vermag seine Handlungsweise den Schülern sein Wissen oder Nichtwissen um die Vorgänge zu vermitteln. Er kann also richtig handeln oder einen erkennbaren Fehler begehen. Zudem treten Zurechtweisungen mit genügender Häufigkeit auf, um adäquate Beispiele abzugeben. Natürlich könnte auch bei anderen Gelegenheiten Allgegenwärtigkeit gemessen werden; wenn etwa ein Kind zum falschen Lehrmittel greift, die falsche Buchseite aufgeschlagen hat usw. Allerdings werden häufiger Zurechtweisungen vorgenommen als Handlungen, die sich mit letzterem befassen. Auch können dabei zuschauende Kinder nicht eigentlich erkennen, ob der Lehrer falsch oder richtig handelt; denn wenn ein Kind auf der falschen Buchseite arbeitet, bekommen dies die Zuschauer nicht so eindeutig mit, wie wenn ein Kind mit einem Papierflugzeug wirft oder Lärm macht.

Jede einzelne und als solche identifizierbare Zurechtweisung klassifizierten wir als richtig oder falsch, und zwar sowohl was ihr *Objekt* als auch was den dafür gewählten *Zeitpunkt* betraf.

Der Schüler bzw. die Schülergruppe, die der Lehrer zurechtwies, konstituierte das *Objekt*. Der Lehrer konnte sich dabei das richtige oder falsche Objekt aussuchen. Um ein richtiges Objekt handelte es sich dann, wenn der Lehrer den richtigen Störer oder die richtige Gruppe von Störern (zwei oder mehr miteinander redende Kinder) zurechtwies.

Objektfehler waren:

1. Die Zurechtweisung des falschen Kindes für die Störung oder die Zurechtweisung eines Zuschauers oder Mitangesteckten anstelle des Initiators.
2. Die Zurechtweisung eines leichteren bei Übersehen eines gleichzeitig oder zwischen dieser und der vorangegangenen Zurechtweisung aufgetretenen schwereren Fehlver-

haltens. Wenn also ein Lehrer ein Kind zurechtwies, das dem Nachbarn etwas zugeflüstert hatte, während zwei Kinder durch die Klasse rannten und einander jagten, werteten wir dies als Objektverfehlung, da ein „schwereres Fehlverhalten ignoriert" worden war.

Ob der Lehrer einen richtigen oder falschen Zeitpunkt wählte, entschieden wir danach, ob das Fehlverhalten vor dem Einschreiten des Lehrers klar an Schwere zugenommen hatte oder nicht. Der Zeitpunkt wurde als korrekt bezeichnet, wenn das Betragen bei der Zurechtweisung nicht schlechter als kurz davor war. Es geht hier also nicht um die Frage, wieviel Zeit zwischen dem Eintritt des Fehlverhaltens und dem Eingreifen des Lehrers verging; sondern die Frage ist, ob sich das Fehlverhalten zwischen seinem Eintritt und der Zurechtweisung verstärkt hatte.

Zeitfehler bzw. zu spätes Einschreiten lagen vor bei:

1. *Ausbreitung* des Fehlverhaltens, bevor die Zurechtweisung erfolgte. Wenn also zwei Kinder unerlaubterweise miteinander zu flüstern begannen, ein drittes hinzukam, darauf ein viertes, und der Lehrer erst dann eine Zurechtweisung wegen Redens vornahm, klassifizierten wir diese Zurechtweisung als „zu spät", weil sich das Fehlverhalten ausgebreitet hatte, ehe der Lehrer dagegen einschritt.
2. *Verstärkung* des Fehlverhaltens vor der Zurechtweisung. Wenn also John sich umdrehte und Jim etwas zuflüsterte, Jim darauf John anstieß, John zurückstieß, Jim dann anfing, John das Hemd auszuziehen und John seinerseits Jim, und wenn der Lehrer dann die beiden zurechtwies, so fiel diese Zurechtweisung unter die Kategorie „zu spät", weil das Fehlverhalten zunehmend schwerer geworden war, ehe der Lehrer etwas dagegen unternahm.

Wir werteten die Allgegenwärtigkeit des Lehrers, indem wir die Gesamtzahl seiner Zurechtweisungen durch die Anzahl seiner fehlerfreien Zurechtweisungen teilten: je geringer der Anteil der Zurechtweisungen, die Objekt- oder Zeitfehler aufwiesen, desto höher sein Allgegenwärtigkeitswert[1].

---

[1] Es wurde der Versuch unternommen, neben der das Verhalten betreffenden auch die arbeitsbezogene Allgegenwärtigkeit von Lehrern zu werten; letztere beschreibt dann den Umfang, in welchem Lehrer ihr Wissen über die Leistungen der Schüler im Hinblick auf die Erfüllung vorgeschriebener Aufgaben (Lesen, Rechnen usw.) mitteilen, und zwar mehr als nur die Tatsache, daß sie von der Leistung des eben drangenommenen oder gerade drangewesenen Kindes Kenntnis besitzen. Fehler waren danach: unrichtige Angaben darüber, welches Kind vorgetragen hatte („Mary hat vorhin schon gelesen", wenn Mary gar nicht drangekommen war); welche Aufgaben besprochen worden waren („Wir haben heute morgen etwas über Bäume gelesen", wenn gar nicht über Bäume gelesen worden war); welche Leistungen ein Kind geboten hatte („Johnny hat nicht zu Ende gerechnet", wenn Johnny in Wirklichkeit zu Ende gerechnet hatte); oder auch fachliche Irrtümer. Die überwiegende Mehrheit der Lehrer machte keine arbeitsbezogenen Fehler; bei den wenigen, denen solche Fehler unterliefen, waren maximal zwei festzustellen. Wie immer es um die Korrelation zwischen arbeitsbezogener Allgegenwärtigkeit und Führungserfolgen bestellt sein mag: Es läßt sich nicht entscheiden, denn arbeitsbezogene Fehler von Elementarschullehrern sind selten und entsprechende Differenzen zwischen den Lehrern daher minimal; mögliche Hypothesen können mit unseren Daten nicht überprüft werden.

Sehen wir uns zwei weitere Zurechtweisungsfälle an. Im einen arbeitet der Lehrer mit einer Lesegruppe, und Mary liest gerade vor. John und Richard, beide dem Stillarbeitsbereich zugeteilt, unterhalten sich vernehmlich. Der Lehrer schaut zu ihnen und sagt: „Mary, lies weiter, ich höre dir zu", und fast gleichzeitig: „John und Richard, ich höre euch reden. Dreht euch jetzt um und macht eure Arbeit!" Im anderen Fall ist der Lehrer ebenfalls mit der Lesegruppe beschäftigt, und Betty liest laut. Gary und Lee, beide von der Stillarbeitsgruppe, rangeln spielerisch miteinander. Der Lehrer schaut zu ihnen hinüber, steht auf, legt das Lesebuch auf seinen Stuhl, geht auf die beiden zu und sagt ärgerlich: „Schluß mit dem Unfug! Aber auf der Stelle! Lee, du bist noch nicht fertig mit deinen Aufgaben. Mach sie jetzt sofort, und zwar richtig! Und Gary, du genauso!" Darauf geht er zum Lesekreis zurück, nimmt sein Buch wieder auf, setzt sich auf seinen Stuhl und sagt ruhig: „So, nun wollen wir unsere Geschichte weiterlesen."

Gibt es bestimmte Qualitäten, die bei diesen Vorfällen eine Rolle spielen? Es wurde bereits der Nachweis erbracht, daß Unterschiede in der Art einer Zurechtweisung als solche nicht relevant sind. Welche sonstigen Informationen können wir diesen Vorfällen entnehmen? Nach dem Studium vieler Zurechtweisungen stellten wir fest, daß es Fälle gibt, in denen Lehrer von einem Fehlverhalten vollkommen in Anspruch genommen werden und also ihre laufende Beschäftigung fallen lassen — sie „stürzen sich" auf das Fehlverhalten und unternehmen nichts, um die Aktivitäten, von denen sie abgelenkt werden, in Gang zu halten. So verhielt es sich im Beispiel mit Gary und Lee. Bei jenem Vorfall legte der Lehrer sein Lesebuch weg, entfernte sich physisch von der Lesegruppe, zeigte Verstimmtheit und widmete sich gänzlich Gary und Lee. Nicht einmal einen Blick warf er während dieser Episode zur Lesegruppe hinüber.

Es gibt gleichwohl Zurechtweisungen, bei denen der Lehrer sich in gewisser Weise um Fehlverhalten und um die laufende Arbeit gleichzeitig kümmert. Dies war der Fall bei der Zurechtweisung von John und Richard. In dieser Episode behielt der Lehrer seine augenblickliche Gefühlsstimmung bei, blieb bei der Lesegruppe sitzen und vergab, sowie er sich anschickte, John und Richard zurechtzuweisen, nahezu simultane Anweisungen an die Lesegruppe. Er zeigte somit durch sein Verhalten, daß sein Augenmerk sowohl der Lesegruppe als auch dem Fehlverhalten galt. Ist *dies* die Qualität, auf die es uns ankommt? Bestimmt das, was ein Lehrer unternimmt, wenn er mit zwei gleichzeitig auftauchenden Problemen fertig werden muß, in irgendeiner Weise seinen Führungserfolg?

Gibt es denn noch andere Ereignisse im Klassenzimmer mit dieser Doppelproblem-Eigenschaft? Betrachten wir uns einmal zwei Fälle, in denen ein Schüler mit seinem Auftreten in den normalen Ablauf des Unterrichts eingreift.

Im ersten befindet sich der Lehrer beim Lesekreis, Lucy steht und liest laut vor. Johnny, der an seinem Platz mit Stillarbeit beschäftigt war, nähert sich mit seinem Arbeitsheft dem Lehrer. Der blickt auf Johnny, schaut dann wieder zu Lucy, nickt Lucy zu, als sie mit dem Lesen fortfährt. Er bleibt sitzen und nimmt Johnnys Arbeitsheft zur Hand. Während er Johnny im Auge behält, setzt er ein Häkchen hinter eine gelöste Aufgabe im Heft. Dann wendet er sich an Lucy: „Das war aber ein schweres Wort, Lucy, und du hast es ganz richtig ausgesprochen." Er hakt noch etwa drei weitere Aufgaben in Johnnys Heft ab, sagt: „Sehr schön, du kannst jetzt mit der nächsten Seite weitermachen", und schaut dann wieder in sein Lesebuch, während Lucy weiterliest.

Nehmen wir eine andere Episode mit unvorhergesehenem Schülerauftritt. Wieder sitzt der Lehrer vor dem Lesekreis, während Suzanne stehend vorliest. Mary kommt mit ihrem Arbeitsheft von der Stillarbeitsgruppe nach vorne und stellt sich neben den Lehrer. Dieser schaut weiter in sein Lesebuch, während Suzanne liest. Nach etwa fünfzehn Sekunden zupft Mary den Lehrer am Ärmel. Der Lehrer steht auf, legt das Lesebuch beiseite und kontrolliert etwa dreißig Sekunden lang die Aufgabe in Marys Heft. Dann schlägt er die nächste Seite auf und gibt Mary weitere Arbeitsanweisungen. (Suzanne hat inzwischen aufgehört zu lesen und beobachtet den Lehrer.) Der Lehrer nimmt dann sein Buch wieder auf, setzt sich und sagt: „Gut, Suzanne, du kannst jetzt weiterlesen."

Diese Ereignisse haben nichts spektakuläres an sich. Aber verraten sie uns vielleicht etwas am Lehrerstil, was in gewisser Beziehung zum Führungserfolg stehen könnte? Beide Ereignisse bergen ein Doppelproblem: hier die laufende Arbeit des Lehrers, dort das Anliegen eines Schülers, das in die laufende Arbeit eingreift. Im ersten Beispiel widmete der Lehrer sich nahezu gleichzeitig der Leseübung und dem dazwischentretenden Kind. Im zweiten zog er seine Aufmerksamkeit vollständig von Suzanne und der Lesegruppe ab, ließ sich gänzlich von Mary in Anspruch nehmen und kümmerte sich erst dann wieder um Suzanne.

Es schien uns, als hätten die Zurechtweisungsfälle und die unprogrammgemäßen Auftritte der Schüler einen gemeinsamen Nenner: Beide stellten den Lehrer vor zwei Aufgaben gleichzeitig. Wir nannten dies überlappende Situationen. Und wir versuchten im folgenden, ihnen mit einer einfachen Frage beizukommen: Werden Lehrer beiden Situationen gerecht oder lassen sie sich ausschließlich von einer absorbieren? Und wenn es in dieser Hinsicht unterschiedliche Lehrerstile gibt: Entscheiden diese Differenzen über den Führungserfolg? Wir entwickelten ein Klassifikationsschema und sahen uns noch einmal die Video-Bänder an, um alle Fälle von Zurechtweisungen und Schülerauftritten nach dem darin erscheinenden Überlappungsverhalten des Lehrers zu werten und damit Antworten auf unsere Fragen zu erhalten.

Der Begriff der *Überlappung* steht in Verbindung mit dem, was ein Lehrer unternimmt, wenn er sich zur gleichen Zeit mit zweierlei Sachverhalten abgeben muß. Widmet er sich beiden simultan, oder verharrt er bei dem einen, oder läßt er sich von einem ganz in Anspruch nehmen, so daß er den anderen vernachlässigt? Solche „Überlappungs"-Fragen entstehen sowohl in Zurechtweisungsfällen als auch bei unvorhergesehenen Schülerauftritten.

Bei Zurechtweisungen stellt sich dann die Überlappungsfrage, wenn der Lehrer zum Zeitpunkt ihrer Vornahme von laufender Unterrichtsarbeit beansprucht wird. Übt er also gerade mit einer Lesegruppe, wenn er ein Fehlverhalten bei den Stillarbeitern bemerkt und dagegen einschreitet, so befindet er sich in einer Überlappungssituation; genauso, wenn er gerade Übungen abhält und in der Übungsgruppe Fehlverhalten auftritt. Er wird in diesen Fällen mit zwei Problemen konfrontiert: der Fortführung seiner Übungsarbeit und der Unterbindung von Fehlverhalten.

Eine Zurechtweisung schafft dann keine Überlappungssituation, wenn der Lehrer „frei" oder bereits mit Zurechtweisungen beschäftigt ist. Geht er durch die Klasse und überwacht die Stillarbeit oder sitzt er an seinem Pult, dann ist er „frei", d. h. er ist zu diesem Zeitpunkt nicht gerade in laufende Arbeit mit einer Gruppe oder Teilgruppe von Schülern verstrickt. Nimmt er in solchen „freien" Momenten Zurechtweisungen vor, so stellt sich für ihn lediglich ein Führungsproblem, nämlich das Fehlverhalten. Ähnlich verhält es sich, wenn der Lehrer eine Serie von Zurechtweisungen vornimmt bzw. ohnehin bereits im Zurechtweisen begriffen ist („John, sei still!", darauf: „Und Mary, du sollst auch still sein!", und: „Jim, setz dich hin!") — wenn also eine Zurechtweisung der anderen folgt, ohne daß diese Sequenz durch Wiederaufnahme der Arbeit unterbrochen wird; eine Zurechtweisung innerhalb dieser Sequenz schafft dann keine Überlappungssituation. Die Unterbindung von Fehlverhalten stellt hier das einzige Problem dar, d. h. der Lehrer ist zu diesem Zeitpunkt mit keiner anderen Aufgabe beschäftigt. Deshalb werden solche Zurechtweisungen mit Einzelproblem-Charakter nicht als Ereignisse gewertet, in denen Überlappung festzustellen wäre.

Überlappungsprobleme ergeben sich auch bei unvorhergesehenen Auftritten und „Einbringungen" von Schülern, wenn der Lehrer zur gleichen Zeit mit einer Schülergruppe arbeitet. Wenn etwa ein Kind von der Stillarbeitsgruppe zum Lehrer kommt, um ihm sein Heft zu zeigen, dieser aber gerade mit einer Lesegruppe übt, so konstituiert dieser Vorfall eine Überlappungssituation. Der Lehrer muß sich in diesem Moment um zweierlei kümmern: um die laufende Lesearbeit und um das Kind mit seinem Anliegen. War der Lehrer, genau wie bei den Zurechtweisungen, zum Zeitpunkt des Schülerauftritts „frei", dann stellte dieser Auftritt das einzige Problem dar. Schülerauftritte mit Einzelproblem-Charakter wurden ebenfalls nicht der Überlappung zugerechnet.

Die Bestimmungen zur Überlappung sollten der Beantwortung folgender Fragen dienen: Wenn der Lehrer zwei Problemen gleichzeitig konfrontiert wird, widmet er sich dann gegebenenfalls beiden oder jeweils nur einem von ihnen? Unser Interesse galt dabei nicht der Ermittlung dessen, wie er mit den Problemen fertig wurde, ob er sie erfolgreich oder erfolglos, klug oder unklug anging, sondern allein der Frage, ob seiner Handlungsweise zu entnehmen war, daß er beiden Problemen oder nur einem von ihnen seine *Aufmerksamkeit zuwandte;* wobei „Zuwendung von Aufmerksamkeit" in einer Bemerkung, einer Anweisung oder einem einfachen Blick bestehen konnte.

Die Bewertung von Überlappungsverhalten bei Zurechtweisungen wie auch bei Schülerauftritten erfolgte nach zwei Kategorien[2]: gewisse Überlappung und keine Überlappung.

Eine *gewisse Überlappung* war dann gegeben, wenn der Lehrer durch irgendeine Handlung zu erkennen gab, daß er während eines Zwischenfalles beiden sich stellenden Problemen Beachtung schenkte. Ein Beispiel: Der Lehrer hörte John beim Lesen zu, als Mary (aus der Stillarbeitsgruppe) nach vorne kam und sich, ein Heft in der Hand, neben ihn stellte. Der Lehrer blickte auf Mary, hörte John für etwa fünf Sekunden weiter zu, sagte dann zu Mary, sie solle „einen Moment" warten, und wandte sich wiederum zu John. — Der Lehrer hätte ebensogut sagen können, sie solle an ihren Platz zurückgehen, oder er hätte auch bloß eine Hand oder einen Finger erheben können, um ihr zu bedeuten, sie möge warten, damit das Ereignis nach unserer Definition eine gewisse Überlappung gezeigt hätte. Beispiel: Der Lehrer hörte zu, wie Mary aus der Lesegruppe vorlas, als sein Blick auf zwei Jungen fiel, die während der Rechenstillarbeit Papierflugzeuge falteten. *Er wandte sich wieder zu Mary, indem er sagte: „Lies weiter."* Dann stand er auf und ging auf die beiden Jungen zu ... Er hätte nun auch einfach noch einmal zur Lesegruppe *zurückblicken* können, nachdem er zu den Jungen hinübergegangen war: Auch dann wäre dieses Ereignis unter die Kategorie gewisse Überlappung gefallen. Jeder erkennbare Akt, der — egal, wie geringfügig er sein mochte — eine *gewisse* Aufmerksamkeit gegenüber beiden Problemen offenbar werden ließ, genügte, um in einer Überlappungssituation gewisses Überlappungsverhalten des Lehrers registrieren zu können.

Keine Überlappung fand nach unseren Begriffen dann statt, wenn der Lehrer einem der beiden überlappenden Probleme offensichtlich keine Beachtung schenkte. Er blieb dann entweder an seiner Ausgangsbeschäftigung „kleben", ohne irgendeine erkennbare Beachtung des auftretenden Kindes jenseits des für das Wissen um seine Präsenz erforderlichen Minimums; oder er ließ seine momentane Beschäftigung vollständig fallen und widmete sich gänzlich dem Auftritts- bzw. Fehlverhaltensproblem. Auf „totales Inanspruchgenommensein" durch Schülerauftritt oder Fehlverhalten wiesen hin: physisches Über-

---

[2] In der ersten Video-Recorder-Studie ließen sich zuverlässig sechs Kategorien von Überlappungsverhalten unterscheiden, die dann aber in der statistischen Auswertung zu „gewisser" und „keiner" Überlappung verschmolzen wurden. Bei der Auswertung der zweiten Studie verwandten wir dementsprechend lediglich diese beiden Kategorien.

wechseln von der laufenden Aktivität zu dem Bereich, in welchem das Fehlverhalten auftrat; Verhaltens- und Stimmungsumschwung (ruhig-aufbrausend,
freundlich-verärgert); unnötig langes Verweilen beim Fehlverhalten (allge-
meines und gegen die Störer gerichtetes „Nörgeln", „Wortschwälle"); ferner
alle ähnlichen Verhaltensweisen, die totalen Einsatz sowie vollständige Absorption durch Fehlverhalten und zur gleichen Zeit gänzliche Vernachlässigung
der laufenden Arbeit, d. h. keinerlei Anzeichen für die Beachtung letzterer
erkennen ließen.

Resultate zu Überlappung, Allgegenwärtigkeit und Führungserfolg

Die Produkt-Moment-Korrelationen zwischen den Lehrerstil- und den Füh-
rungserfolgsdimensionen (Fehlverhalten und Mitarbeit) für Still- wie für
Übungsarbeit erscheinen in Anhang 4.1. Die Resultate, die sich aus der Korrelation der verschiedenen Lehrerstil-Dimensionen miteinander ergaben, sind in
Anhang 4.2 dargestellt.

Die Ergebnisse zeigen, daß sowohl Allgegenwärtigkeit als auch Überlappung
in signifikantem Zusammenhang mit dem Führungserfolg stehen. In Übungssituationen korreliert Allgegenwärtigkeit auf einem Niveau von 0,615 mit
der Mitarbeits- und von 0,531 mit der Rate ausbleibenden Fehlverhaltens. In
Stillarbeitssituationen zeigt Allgegenwärtigkeit eine Korrelation von 0,307
mit der Mitarbeits- und von 0,509 mit der Rate ausbleibenden Fehlverhaltens.
Man kann also sagen, daß sich Allgegenwärtigkeit förderlich auf die Mitarbeit, insbesondere bei Übungen, und hemmend auf Fehlverhalten bei Übungen wie auch bei Stillarbeit auswirkt.

Überlappung weist in Übungssituationen eine Korrelation von 0,460 mit Mitarbeit und von 0,362 mit ausbleibendem Fehlverhalten auf. In der Stillarbeit
korreliert Überlappung auf einem Niveau von 0,379 mit ausbleibendem Fehlverhalten und von 0,259 mit Mitarbeit (was statistisch nicht ganz signifikant
ist). Überlappung hemmt demnach bei Übungs- wie bei Stillarbeit tatsächlich
die Entstehung von Fehlverhalten, nimmt aber nur im Rahmen von Übungen
Einfluß auf die Mitarbeit.

Die Korrelationsanalysen erbringen also den Nachweis, daß sowohl Allgegenwärtigkeit als auch Überlappung in Verbindung mit dem Führungserfolg
stehen. Allgegenwärtigkeit scheint von beiden Faktoren der wichtigere zu
sein, jedenfalls korreliert sie höher mit dem Schülerverhalten. (Dies war auch
in der ersten Video-Recorder-Studie festzustellen.) Beide Lehrerstil-Aspekte
korrelieren ferner miteinander, was soviel heißt, daß Lehrer, die stärkere Allgegenwärtigkeit demonstrieren, tendenziell zugleich diejenigen sind, die sich
beim gleichzeitigen Auftreten von zwei Problemen öfter aktiv um beide zu
kümmern scheinen. (Auch dies galt gleichermaßen in der ersten Video-Recorder-Studie.) Das aber wirft nun einige zusätzliche Fragen auf: Würde Allgegenwärtigkeit den Führungserfolg beeinflussen, wenn sie nicht mit Überlappung verknüpft wäre? Würde Überlappung den Führungserfolg beein-

flussen, wenn sie keine Korrelationen mit Allgegenwärtigkeit aufwiese? Könnte jede dieser Lehrerstil-Dimensionen eigenständig den Führungserfolg beeinflussen, ohne an die andere gebunden zu sein?

Der Sinn dieser Fragen läßt sich vielleicht an einem hypothetischen Beispiel verdeutlichen. Nehmen wir an, wir hätten eine Korrelation zwischen der Körpergröße von Footballspielern und dem Prozentsatz erfolgreicher Angriffe festgestellt: Größere Footballspieler würden einen höheren Prozentsatz erfolgreicher Angriffe erzielen. Und nehmen wir weiter an, dies träfe ebenso für das Körpergewicht zu — daß also schwerere Spieler mehr erfolgreiche Angriffe verzeichnen würden als leichtere Spieler. Aber angenommen, Größe und Gewicht würden miteinander korreliert und große Spieler wären tendenziell schwerer als kleine Spieler. Würden nun Größe oder Gewicht allein die Anzahl erfolgreicher Angriffe bestimmen können? — In der Statistik gibt es eine Methode, die es einem ermöglicht, die Auswirkungen der Körpergröße zu eliminieren, um so zu prüfen, ob das Gewicht für sich genommen mit erfolgreichen Angriffen zusammenhängt. Man könnte auch die Wirkungen des Gewichts ausklammern, um zu sehen, ob Größe als solche mit dem Prozentsatz erfolgreicher Angriffe korreliert. Dies liefe im wesentlichen darauf hinaus, daß man einfach allen Spielern die gleiche Körpergröße unterstellt und dann sieht, ob Differenzen im Gewicht mit erfolgreichen Angriffen korrelieren, oder allen Spielern gleiches Gewicht bescheinigt, um zu prüfen, ob Größe allein mit erfolgreichen Angriffen korreliert. Die hierfür verwendete statistische Methode heißt partielle Korrelation — sie partialisiert oder klammert die Wirkungen einer Variablen zugunsten der Wirkungen einer anderen aus.

Partielle Korrelationsanalysen dieser Art wurden für die verschiedenen Dimensionen des Lehrerverhaltens durchgeführt, die in diese Untersuchung Eingang gefunden hatten. Sie sind in Anhang 4.3 bis 4.6 dargestellt.

Wie lautet nun die Antwort auf die hypothetische Frage, ob Allgegenwärtigkeit und Überlappung auch für sich genommen wirksam werden könnten? Wenn man die Wirkungen der Überlappung auspartialisiert: Welche Folgen hat dies für die Korrelationen zwischen Allgegenwärtigkeit und Führungserfolg? Und wenn man die Wirkungen der Allgegenwärtigkeit von denen der Überlappung sondert: Was geschieht dann mit den Korrelationen zwischen Überlappung und Führungserfolg?

Eine Analyse der Ergebnisse mittels partieller Korrelationen deutet ganz allgemein darauf hin, daß Allgegenwärtigkeit, isoliert betrachtet, stärkere Beziehung zum Führungserfolg besitzt als Überlappung. Die Korrelation von 0,615 zwischen Mitarbeit und Allgegenwärtigkeit in Übungen vermindert sich auf 0,477 (immer noch signifikant), wenn die Wirkungen von Überlappung wegfallen. Im Gegensatz dazu sinkt die Korrelation von 0,460 zwischen Überlappung und Mitarbeit bei Übungen unter das Signifikanzniveau (0,146), wenn der Beitrag der Allgegenwärtigkeit fehlt. Für ausbleibendes Fehlverhalten in Übungssituationen bleibt die Korrelation mit Allgegenwärtigkeit immer noch signifikant (0,422), wenn die Wirkungen von Überlappung eliminiert sind; die Korrelation mit Überlappung bei Wegfall der Wirkungen von Allgegenwärtigkeit wird hingegen insignifikant (0,65). Ähnliche Resultate ergeben sich für die relative Bedeutung von Allgegenwärtigkeit und Überlappung für ausbleibendes Fehlverhalten in der Stillarbeit: Die Korrelation mit Allgegenwärtigkeit bleibt signifikant (0,380) auch nach dem Wegfall der Wirkungen von Überlappung, während die Korrelation mit Überlappung insignifikant (0,107) wird, sobald man die Wirkungen der Allgegenwärtigkeit eliminiert.

In Anbetracht der Resultate beider Video-Recorder-Studien darf man zu dem Schluß kommen, daß sowohl Allgegenwärtigkeit als auch Überlappungsverhalten des Lehrers in signifikanter Beziehung zu seinem Führungserfolg stehen, daß aber Allgegenwärtigkeit im Vergleich zur Überlappung dabei die größere Rolle spielt. Die Korrelationen von Allgegenwärtigkeit mit den Mitarbeits- wie auch mit den Werten für ausbleibendes Fehlverhalten fallen durchweg höher aus als die Korrelationen von Überlappungswerten mit dem Schülerverhalten. Überdies bleiben die Korrelationen zwischen Allgegenwärtigkeit und Führungserfolg selbst dann noch signifikant, wenn die Wirkungen von Überlappung wegfallen, wohingegen die Korrelationen zwischen Überlappung und Führungserfolg nach Wegnahme der Wirkungen von Allgegenwärtigkeit kein Signifikanzniveau mehr erreichen.

Beide Video-Recorder-Studien zeigen jedoch eine signifikante Verknüpfung von Überlappung und Allgegenwärtigkeit. Um es noch einmal zu wiederholen: Lehrer, deren Verhalten erkennen läßt, daß sie bei mehreren sich gleichzeitig stellenden Problemen jedem von ihnen ihre Aufmerksamkeit zuwenden, werden sich für ihre Zurechtweisungen tendenziell die richtigen Objekte heraussuchen und rechtzeitig gegen Fehlverhalten einschreiten — ehe es gravierendere Formen annimmt oder auf andere Kinder überzugreifen beginnt. Andererseits tendieren Lehrer, die sich bei mehreren zur Bewältigung anstehenden Problemen lediglich von einem ganz in Anspruch nehmen lassen, eher dazu, gegen die falschen Objekte oder zu spät gegen Fehlverhalten vorzugehen — nachdem sich das Betragen verschlechtert oder nachdem es andere Kinder in seinen Bann gezogen hat. Ferner erscheint ein *rechtzeitiges* Vorgehen gegen das *richtige* Objekt offenkundig wichtiger als die *Methode*, mit der man gegen Fehlverhalten vorgeht[3].

Wie könnte man nun die Beziehung zwischen Allgegenwärtigkeit und Überlappung interpretieren? Eine mögliche Interpretation besteht darin, daß man sagt, eine Ausdehnung der Reichweite aktiven Sich-Kümmerns — wie es durch Überlappung geschieht — *verhelfe* dem Lehrer zu besserer Informiertheit über die Vorgänge in der Klasse. Dieses Wissen ist notwendige Voraussetzung für Allgegenwärtigkeit. Überlappung funktioniert allerdings nur dann, wenn sie

---

[3] Vielleicht mag der Leser den Versuch unternehmen, diese Generalisierung z. B. auf die Bekämpfung der Straßenkriminalität zu extrapolieren.

in einem gewissen Verhalten resultiert, welches sich den Schülern mitteilt. Schüler erkennen Überlappungsdimensionen nicht systematisch, nehmen sie wahrscheinlich nicht einmal wahr. Was sie allerdings erkennen, was sie in gewisser Weise systematisch erfassen und worauf sie reagieren, ist das, was der Lehrer *tut*. Sie sehen, wie er sich ein falsches Kind vornimmt oder wie er zu spät eingreift, wobei sie dann zu dem wie immer expliziten oder impliziten Urteil kommen, der Lehrer wisse nichts von den wirklichen Vorgängen in der Klasse. Handelt er jedoch prompt und sucht sich dabei auch noch den Richtigen aus, dann halten sie ihn für jemanden, der „Augen im Hinterkopf" besitzt. Und wenn der Lehrer nach Auffassung der Schüler weiß, was vor sich geht, wird es ihm viel eher gelingen, arbeitsgerechtes Verhalten zu erzeugen und Fehlverhalten einzudämmen, als wenn er in ihren Augen ahnungslos ist. Überlappung korreliert daher zwar mit Allgegenwärtigkeit (indem sie zu Allgegenwärtigkeit verhilft), vermag aber im Gegensatz zu Allgegenwärtigkeit für sich genommen und von sich aus keinen Einfluß auf den Führungserfolg zu nehmen. Worin die theoretische Verbindung zwischen Überlappung und Allgegenwärtigkeit auch immer bestehen mag: Die Realität des Klassenzimmers legt nahe, daß beide zum Führungserfolg beisteuern müssen; und solange wir keine andere Methode kennen, mit der man sich Wissen um die Vorgänge in der Klasse verschaffen könnte, als eben die Anteilnahme an dem, was vorgeht, ist die Empfehlung an alle Lehrer zulässig, sie mögen sich manifestes Überlappungsverhalten und demonstrative Allgegenwärtigkeit aneignen.

3. Steuerung von Unterrichtsabläufen: Reibungslosigkeit und Schwung

Das Problem der Ablaufsteuerung

In den Klassen, die Eingang in unsere Video-Recorder-Studien gefunden hatten, wechselten die Lernaktivitäten — an denen entweder die ganze Klasse oder formell gebildete Gruppen teilnahmen — im Durchschnitt 33,2mal; dieser Berechnung lagen die Übergänge zu streng fachlichen Lernaktivitäten wie Rechnen und zu weniger fachspezifischen wie Zeichnen zugrunde. Übergänge zu nicht unmittelbar lernbezogenen Aktivitäten wie etwa zur Pause oder zu administrativen wie Milchgeldeinsammeln wurden nicht berücksichtigt.

Der Lehrer muß demnach in einem in sich geschlossenen Unterricht wechselvolle *Abläufe* kontrollieren: Er muß eine Vielzahl von Aktivitäten initiieren, in Gang halten, zu einem Ende führen. Manchmal bedeutet dies, daß er Kinder von einem Teil des Zimmers in einen anderen überwechseln lassen muß, wenn etwa eine Gruppe von ihren Plätzen zum Lesekreis umziehen soll. Manchmal bedeutet es auch psychisches Überwechseln oder Wechseln der Lernmittel, wenn die Kinder etwa von der Beschäftigung mit Rechenaufgaben zur Beschäftigung mit Rechtschreiben übergehen sollen, ohne dabei ihre Plätze zu verlassen.

Wie stellen Lehrer es an, den Aktivitätsfluß im Unterricht zu initiieren und in Bewegung zu halten? Bestehen in dieser Hinsicht faßbare Unterschiede zwischen den Lehrern, und wenn ja, führen diese Unterschiede dann zu entsprechenden Unterschieden in der Stärke der Mitarbeit und des Auftretens von Fehlverhalten? Lassen sich konkrete Verhaltensweisen von Lehrern angeben, die zur Messung der Fähigkeit, Unterrichtsabläufe zu steuern, geeignet erscheinen? Oder ist man hier eher auf subjektive Eindrücke und Bewertungen von „Ausgeglichenheit", „Sprunghaftigkeit", „Zähflüssigkeit" und „wirklicher Lebendigkeit" angewiesen?

Werfen wir einen Blick auf zwei einfache Übergänge von einer Aktivität zur anderen, um herauszufinden, ob sie uns gewisse Hinweise auf Verhaltensweisen von Lehrern vermitteln, die man vielleicht zur Spezifizierung einiger Aspekte der Steuerung von Unterrichtsabläufen verwenden könnte.

Fräulein Smith arbeitet mit der Gruppe der „Rockets" im Lesekreis, während die anderen Gruppen an ihren Plätzen stillarbeiten. Mary hat soeben ihren Lesevortrag beendet. Die Lehrerin sagt: „Schön, Mary. Und damit sind wir am Ende unserer Geschichte angelangt. Geht nun an eure Plätze zurück und macht eure Stillarbeit fertig." Sie schließt ihr Buch, schaut sich etwa drei Sekunden lang im Zimmer um und sagt dann: „So, jetzt dürfen die Bluebirds zum Lesekreis vorkommen."

Fräulein Jones beschäftigt sich mit den „Brownies" im Lesekreis, während die anderen Gruppen an ihren Plätzen stillarbeiten. John hat gerade zu Ende gelesen. Die Lehrerin schließt ihr Buch und sagt: „Gut, John. Geht nun alle an eure Plätze zurück und macht eure Aufgaben fertig." Und sie fügt sofort hinzu: „Cubs, jetzt seid ihr an der Reihe, bitte kommt vor zum Lesekreis!"

Es handelt sich hier um zwei normale Übergänge. Keiner von beiden hat etwas Spektakuläres, Dramatisches oder Ausgefallenes an sich. Jedesmal wechselt der Lehrer einfach die Lesekreis-Gruppen aus. Da wir aber auf der Suche nach Aspekten der Steuerung von Unterrichtsabläufen waren, fiel uns doch ein ganz bestimmter Unterschied auf. Fräulein Smith machte eine Pause und ließ ihre Augen etwa drei Sekunden lang durchs Klassenzimmer wandern, ehe sie die zweite Gruppe zum Lesekreis rief. Fräulein Jones verweilte nicht und blickte auch nicht forschend im Zimmer herum, ehe sie die zweite Gruppe aufrief. Man könnte sagen, Fräulein Smith habe ein paar Sekunden „verschwendet", indem sie umherblickte, bevor sie die nächste Gruppe aufrief. Fräulein Jones andererseits gab ihre Anweisungen sofort und ohne sich vorher über die momentane Beschäftigung der „Cubs" zu informieren. Wir nannten letzteres einen *unvermittelten Übergang* und beurteilten ihn als unharmonisch und sprunghaft. Besitzt solche Sprunghaftigkeit, wenn sie im Verhaltensstil des Lehrers dominiert, irgendwelche Relevanz für das Schülerverhalten? Ist sie „gut", weil sie Zeit sparen, oder „schlecht", weil sie Abruptheiten im Verhalten verursachen kann? Oder ist sie irrelevant?

Nehmen wir ein anderes Beispiel für einen Aspekt der Ablaufsteuerung: Der Lehrer wiederholt mit der ganzen Klasse bestimmte Rechenaufgaben. Richard hat soeben die letzte Aufgabe im Rechenbuch gelöst. Der Lehrer sagt: „Richtig, Richard." Darauf schließt er sein Rechenbuch mit den Worten: „Lassen wir jetzt das Rechnen und holen wir unsere Lesebücher heraus." Als die Kinder sich anschicken, die Bücher hervorzuholen, sagt der Lehrer: „Nun wollen wir einmal sehen: Wie viele von euch haben alle Aufgaben richtig? ... Sehr gut. Die meisten haben also alles richtig gemacht. In Ordnung, kommen wir nun zu unseren Lesebüchern." — Da wir uns doch für die Steuerung von Abläufen interessierten, ließen wir hier das Problem suggestiven Feedbacks und das demonstrativer Anerkennung außer acht und widmeten uns der einfachen Frage nach der Handlungsabfolge beim Lehrer: Abbrechen der Rechenübung, Beginnen des Leseunterrichts, Zurückkommen auf das Rechnen. Beeinträchtigt nun diese *thematische Unentschlossenheit* in irgendeiner bezeichnenden Weise die Reibungslosigkeit des Unterrichtsablaufs — und hat sie Folgen für das Schülerverhalten?

Die Verhaltensweisen des Lehrers, die im Zusammenhang mit der Dimension Reibungslosigkeit—Sprunghaftigkeit zu sehen sind, aktualisieren sich keineswegs nur an den Übergangsstellen. Auch innerhalb einer Übung kann der

Lehrer Reibungslosigkeit oder Sprunghaftigkeit in den verschiedensten Abstufungen erzeugen. Ein Beispiel: Der Lehrer führt eine mündliche Leseübung durch. Alle Kinder haben ihre Lesebücher vor sich liegen. Der Lehrer steht vor der Klasse, und Suzanne hat soeben einen Abschnitt zu Ende gelesen. Der Lehrer sagt: „Schön, das genügt. Mary, würdest du bitte weiterlesen?" Mary steht auf und beginnt zu lesen. Während der Lehrer zuhört, wandern seine Augen zufällig die Bankreihen hinunter; er geht auf eine Bank zu, an der ein Mädchen sitzt, und sagt: „Was soll denn das da auf dem Fußboden?" Dann hebt er eine auf dem Boden liegende Papiertüte auf, indem er bemerkt: „Was hat denn deine Lunchtüte hier zu suchen? Ihr wißt, daß ihr eure Lunchtüten in der Garderobe lassen sollt. Steck sie jetzt weg!" Er schaut sich forschend zwischen den anderen Bankreihen um und geht endlich wieder nach vorne, um Mary weiter beim Lesen zuzuhören.

Dieses Beispiel, das zeigt, wie ein Lehrer sich durch eine harmlose Papiertüte von seiner Hauptbeschäftigung ablenken läßt, vermag vielleicht eine weitere Spielart der Sprunghaftigkeit zu illustrieren. Wir nannten sie *Reizabhängigkeit*. Fallen solche reizabhängigen Verhaltensweisen des Lehrers unter die Kategorie Reibungslosigkeit—Sprunghaftigkeit, und wenn ja, erschweren sie dann die Mitarbeit und fördern sie Fehlverhalten? Oder dienen sie zur Vermittlung von Ordnungs- und Regelvorstellungen des Lehrers und verhindern deshalb Fehlverhalten, regen aber zur Mitarbeit an? Oder spielen sie überhaupt keine Rolle?

Da die Steuerung von Unterrichtsabläufen nun einmal zu den Aufgaben eines Schullehrers gehört, machten wir uns an die Untersuchung ihrer Affinität zum Schülerverhalten. Zur Messung der Dimension Reibungslosigkeit und Sprunghaftigkeit des Ablaufs unterschieden wir fünf besondere Formen des Lehrerverhaltens: Reizabhängigkeit, Unvermitteltheit, thematische Unentschlossenheit, thematische Inkonsequenz, Verkürzungen. Im nächsten Abschnitt dieses Kapitels sollen diese Kategorien mit den dazugehörigen Verhaltensformen ausführlicher dargestellt werden.

Ein anderer Aspekt betrifft das Moment der Flüssigkeit oder des Schwungs von Unterrichtsabläufen. Bleibt der Spannungsbogen erhalten? Schreiten die Lernaktivitäten in angemessenem Tempo voran? Oder ergeben sich Verzögerungen, Stauungen, Längen? Wichtiger noch: *Womit* treiben Lehrer den Unterricht voran oder lähmen sie ihn?

Sehen wir uns ein Beispiel für eine typische Verzögerung an. Der Lehrer beginnt mit einer Lektion, in der das Lesen der Uhrzeiten geübt werden soll. Er geht an die Tafel und sagt: „Ich habe hier verschiedene Uhrzeiten an der Tafel stehen, und ich hätte gerne, daß ihr sie mir dann auf den Uhren zeigt, die wir uns gleich basteln wollen." Margaret stöhnt leise auf. Der Lehrer wendet sich zu ihr und beginnt ganz *gemächlich*: „Nun, Margaret, du bist doch zur Schule gekommen, um etwas zu lernen, oder?" Er hält etwa drei Sekunden inne und schaut sie dabei unverwandt an. „Ist das denn so qualvoll, Margaret?" Wieder eine Pause. „Nein, ich glaube doch nicht. Deine Eltern möchten sicher, daß du ihnen bald die Uhrzeit nennen kannst." Pause. „Du wirst noch mal froh darüber sein, daß du die Uhrzeiten gelernt hast, Margaret. Du brauchst nicht die ganze Zeit herumzustöhnen, weil du die Uhr nicht lesen willst. Wenn nämlich deine Mutter sieht, daß du die Uhr lesen kannst, bekommst du vielleicht eine eigene Uhr." Darauf wendet sich der Lehrer an die ganze Klasse und sagt: „Wir wollen uns jetzt alle ganz gerade hinsetzen"; dann nimmt er die Lektion wieder auf.

Man kann wohl davon ausgehen, daß der Lehrer Margaret diesen Vortrag hielt, um damit allgemeinem Gestöhne vorzubeugen und um Margaret zum Lernen der Uhrzeiten zu motivieren. War es das, was er damit erreichte? Oder führt dieses Herumnörgeln, dieses *Überproblematisieren* eines Verhaltens zu Verzögerungen im Unterrichtsablauf, zu nachlassender Mitarbeit und vermehrtem Fehlverhalten?

Werfen wir doch noch einen Blick auf einen anderen häufig zu beobachtenden Vorfall. Der Lehrer fordert die „Thunderbirds" auf, ihre Plätze zu verlassen und zum Lesekreis zu kommen. Er sagt: „So, jetzt sind die Thunderbirds mit dem Lesekreis dran. John Jones, stehst du bitte mal auf?" John steht auf. „In Ordnung, John, du gehst jetzt ruhig an diesen Platz dort." John geht hinüber. „Mary, nun stehst du auf und setzt dich da drüben hin." Mary steht auf und geht zu ihrem Platz im Lesekreis. „Richard, jetzt bist du an der Reihe." Richard geht nach vorn. Dann wendet sich der Lehrer an Margaret und dirigiert sie zum Lesekreis. Dies geht so weiter, bis alle zehn „Thunderbirds" im Lesekreis sitzen, worauf der Lehrer vor der Gruppe Platz nimmt und mit der Leseübung beginnt.

Es ist anzunehmen, daß der Lehrer jedes Kind der Gruppe der „Thunderbirds" einzeln zum Lesekreis kommen ließ, um sie dadurch besser kontrollieren und mehr Ordnung in der Klasse halten zu können. Erfüllt die Methode diesen Zweck? Sie kann ebensogut als eine bestimmte Form der Verzögerung gelten, die wir *Gruppen-Fragmentierung* nannten. Resultiert diese in ihrer Eigenschaft, Abläufe zu verzögern, in verstärktem Fehlverhalten und verminderter Arbeitsbereitschaft?

Neben der Gruppen-Fragmentierung und der Überproblematisierung von Verhalten gab es eine Reihe weiterer Verzögerungsarten. Als gemeinsames Element lagen allen von ihnen Verhaltensweisen des Lehrers zugrunde, welche einem schwungvollen Unterricht im Wege standen. Im dritten Abschnitt dieses Kapitels sollen jene Verhaltensweisen noch näher bestimmt werden. — Wird sich nun zeigen, daß die Gewährleistung eines schwungvollen Unterrichtsablaufs — als ein weiterer Führungsaspekt — besondere Tragweite für das Schülerverhalten hat?

Dem Leser ist wahrscheinlich aufgefallen, daß die folgenden Kategorien zum Unterrichtsablauf nur die Fehler berücksichtigen, die Lehrern bei dessen Steuerung unterlaufen. Es gibt nämlich einen guten Grund für diese Klassifizierung von Fehlern, der darin besteht, daß die Erkennung und Systematisierung jener Lehrerverhaltensweisen, die den Aktivitätsfluß unterbrechen, leichter ist als die Bestimmung konkreter Verhaltensformen für einen effektiven Unterrichtsablauf. Wenn die Arbeit „so richtig läuft" und reibungslos vonstatten geht, gibt es dabei wenig am Lehrer zu „registrieren".

Wenn ein erfolgreicher Lehrer die Rechenstillarbeiter auffordert, zum Lesekreis zu kommen, und die Lesegruppe, an ihre Plätze zurückzukehren und sich mit ihren Rechenbüchern zu beschäftigen, dann kommen die Schüler der Aufforderung schnell und ohne jegliches Fehlverhalten nach. Es herrscht ein flüssiger Verkehr. Beide Schülergruppen versehen sich mit den entsprechenden Lernmitteln, nehmen ihre richtigen Plätze ein, machen sich an die vorgeschriebene Arbeit und zeigen im weiteren Verlauf ein arbeitsgerechtes Verhalten. Für den Außenstehenden sieht Klassenführung bei einem erfolgreichen Lehrer leicht aus, und es scheint ihm so, als „mache er überhaupt nichts". Schlecht geleitete Klassen dagegen bieten dem Beobachter viel mehr Gelegenheit, Sachverhalte zu erkennen (und zu klassifizieren), bei den Schülern wie bei den Lehrern.

Zur Erläuterung dieses Punktes mag eine Analogie dienen. Es läßt sich über die Spielweise eines exzellenten Geigers oder Basketballspielers relativ wenig sagen im Vergleich zu dem, was man über die Spielweise schlechter Geiger oder Basketballspieler alles sagen könnte. Dem Beobachter erscheinen die Verrichtungen der exzellenten Spieler leicht und mühelos, und er kann bei der Beschreibung dieser hervorragenden Leistungen auf nur sehr wenige konkrete Einzelhandlungen verweisen. Eine schlechte Leistung gibt dagegen viel mehr Stoff für Beschreibungen ab. Der schlechte Basketballspieler macht sichtbare Fehler, die sich systematisieren und zählen lassen: er verpaßt Wurfchancen, greift daneben, spielt zu lange oder zu kurze Pässe, macht Schrittfehler usw.; der schlechte Geiger spielt einen Ton zu hoch, setzt einen Aufstrich anstelle eines Abstrichs, bringt einen Ton zu früh oder zu spät, führt seinen Bogen nicht im Einklang mit den Bewegungen der Finger und so fort. Wollte man darangehen, die spielerischen Leistungen von Geigern zu messen, so wäre es leichter, die erkennbaren Fehler zu zählen als all das Richtige an ihrer Spielweise. Ähnlich ist es bei Lehrern leichter, die Fehler auszumachen, die sie bei der Steuerung von Unterrichtsabläufen begehen, als alle ihre möglichen richtigen Handlungen zu bestimmen.

Die Lehrer werden daher im folgenden nach beobachtbaren Verhaltensfehlern bei der Verlaufssteuerung bewertet. Zwei Kategorien fehlerhafter Steuerung sind: a) Verhaltensweisen, die *Sprunghaftigkeiten* im Ablauf erzeugen — von Lehrern vorgenommene Handlungen, welche die Reibungslosigkeit des Aktivitätsflusses in Frage stellen; und b) Verhaltensweisen, die *Verzögerungen* hervorrufen — Lehrerverhalten, welches dem Unterricht seinen Schwung nimmt. — Es folgen die Kategorien im einzelnen.

Messung von Sprunghaftigkeit (Gegensatz: Reibungslosigkeit)

Der Begriff der Sprunghaftigkeit umschreibt verschiedene, von Lehrern ausgehende Verhaltensweisen, die den reibungslosen Ablauf der Unterrichtstätigkeit gefährden. Er stützt sich auf wahrnehmbare Handlungen, an deren Zustandekommen der Lehrer *maßgeblichen Anteil* hat und die zu Stillstand oder lästigen Unterbrechungen des Aktivitätsflusses führen. Dabei kann es sich um kurze, vorübergehende Unterbrechungen oder relativ lange Episoden handeln. Ereignisse, die ohne Zutun des Lehrers die Reibungslosigkeit des Ablaufs stören und auf die er lediglich reagiert, wie etwa Unterbrechungen durch Feuerwehrsirenen, ein krankes Kind, Mitteilungen des Rektors, die meisten Fehlverhaltensfälle, unabsichtliches Husten usw. blieben bei der Klassifikation von Lehrerstilen unberücksichtigt. — In den folgenden Abschnitten werden nun die Kategorien behandelt, die unter dem Begriff der Sprunghaftigkeit zusammengefaßt sind.

Reizabhängigkeit

Reizabhängigkeit könnte man etwa der Zielgerichtetheit gegenüberstellen. Behält der Lehrer sein Unterrichtsziel im Auge oder läßt er sich leicht von ihm ablenken? Wenn seine Reizabhängigkeit akut wird, verhält sich der Lehrer, als besäße er keinen eigenen Willen: Er reagiert auf irgendeinen uneingeplanten und irrelevanten Stimulus, wie ein Eisenspan auf einen Magnet reagiert — er wird magnetisiert und von einer beliebigen Einzelheit zu Reaktionen verleitet, die ihn vom Strom der eigentlichen Lernaktivitäten abdrängen. Die Bedingungen für manifeste Reizabhängigkeit sind dann gegeben, wenn der Lehrer gerade mit einer Schülergruppe arbeitet, zufällig irgendeinen Reiz auffängt oder einer unbedeutenden und in keiner Beziehung zur laufenden Arbeit stehenden Begebenheit gewahr wird, sich durch diesen Stimulus aus dem Konzept bringen und in seinen Reaktionen darauf genügend innere Beteiligung erkennen läßt, daß man mit Recht behaupten kann, er werde davon bis zur Aufgabe seines Unterrichts absorbiert. Zur systematischen Feststellung, daß aktuelle Reizabhängigkeit vorliege, müssen demnach folgende situative Merkmale zusammentreffen:

1. Der Lehrer arbeitet gerade mit einer Schülergruppe — ist also *nicht* „frei";
2. ein Stimulus (das Verhalten eines Schülers oder ein Objekt) zieht „ganz zufällig" die Aufmerksamkeit des Lehrers auf sich (d. h. es trifft sich eben gerade so, daß der Lehrer an ihm vorbeigeht, ihn hört oder sieht);
3. der Stimulus ist weder störend noch stark;
4. der Lehrer reagiert auf diesen dergestalt, daß man berechtigterweise sagen kann, er werde von ihm *angezogen*, geradeso wie ein Magnet einen Eisenspan in sein Feld zieht; und
5. muß der Lehrer auf den stimulierenden Fall *eingehen* bzw. von ihm absorbiert und damit für einen merklichen Zeitraum von der laufenden Ar-

beit abgelenkt werden. (Eine Nebenbemerkung des Lehrers würde nicht ausreichen, um die Bezeichnung Reizabhängigkeit zu rechtfertigen.)

Hier einige Beispiele aktueller Reizabhängigkeit:

1. Der Lehrer gab gerade Erläuterungen zu einer Anweisung im Arbeitsbuch, während die Schüler zur gleichen Zeit Aufgaben im Buch lösten. Bei seinen Ausführungen ging er langsam durch die Bankreihen und sah sich die Arbeiten der Kinder an. Durch Zufall fiel sein Blick dabei auf den Fußboden, worauf er unvermittelt bemerkte: „Was macht das Papier da auf dem Boden? Wer hat das dort hingeworfen? Jimmy, heb es bitte auf!" Anschließend unterzog er den gesamten Fußboden einer Inspektion und fuhr danach mit den Erläuterungen zur Stillarbeit fort.

2. Der Lehrer erklärte gerade eine Rechenaufgabe, und die Schüler waren seinen Anweisungen entsprechend mit ihren Büchern beschäftigt. Er sah von der Tafel auf, machte plötzlich etwa sechs Schritte auf Jimmy zu (der sich beim Rechnen auf seinen linken Ellbogen gestützt hatte) und sagte: „Jimmy, setz dich gerade hin. Wie kannst du denn aufpassen und ordentlich schreiben, wenn du so nachlässig dasitzt! Setz dich jetzt mal ganz aufrecht hin!" Er brachte ihn dann mit leichter „Nachhilfe" zu einer geraden Haltung, sagte: „Schau, so ist es besser", ging an die Tafel zurück und machte sich, wieder an die ganze Klasse gewandt, an die Lösung der nächsten Rechenaufgabe.

3. Der Lehrer führte mit einer Teilgruppe Übungen durch. Er ging langsam auf ein Kind zu, das gerade etwas vortrug, als er am Aquarium vorbeikam. Plötzlich blieb er stehen und rief: „O je, ich habe ja ganz vergessen, den Fisch zu füttern!" Daraufhin langte er nach dem Fischfutter im Regal daneben und begann mit der Fütterung, indem er bemerkte: „Meine Güte, seht nur, wie hungrig er ist!" Dann wandte er sich an ein Mädchen: „Siehst du, Margaret, du hast ihn also doch zu füttern vergessen. Du kannst selbst sehen, wie hungrig er jetzt ist. Schau, wie schnell er sich sein Futter holt!"

Diese Beispiele erfüllen alle Bedingungen für das Vorliegen von Reizabhängigkeit:

1. Der Lehrer war nicht „frei", d. h. er arbeitete gerade mit Schülern.
2. Der Lehrer bemerkte nur „durch Zufall" das Papier auf dem Fußboden, den nachlässig dasitzenden Jungen, das Aquarium.
3. Der Stimulus beeinträchtigte in keiner erkennbaren Weise die Lerntätigkeit.
4. Der Stimulus löste die Reaktion des Lehrers aus — der Lehrer hatte ihn weder von sich aus erzeugt noch war er Teil seines Programms.
5. Der Lehrer *ging* auf den Auslöser *ein*, und zwar derart, daß ein Beobachter, der diesen Vorfall beschrieb, die Reaktion des Lehrers in der Regel als ein bedeutsames Element seines Verhaltens identifizierte: „Er hielt die Kinder dazu an, Papier aufzuheben"; „er brachte Jimmy dazu, sich gerade hinzusetzen"; „er fütterte den Fisch".

Belanglose Formen von Fehlverhalten dürften nach unserer Definition ebenfalls Situationen schaffen, in denen sich Reizabhängigkeit zeigen kann; es hängt davon ab, in welcher Weise eine Zurechtweisung vorgenommen wird, womit der Lehrer unmittelbar vor der Zurechtweisung beschäftigt ist und ob er sich von der laufenden Arbeit abhalten und ganz von der Zurechtweisung in Anspruch nehmen läßt — also zu diesem Zeitpunkt sein Lehrziel „hoffnungslos" aus den Augen verloren hat.

Unvermitteltheiten

Unvermitteltheiten bestehen im jähen „Hineinplatzen" des Lehrers in die Beschäftigungen der Schüler — sei es mit einer Anordnung, Feststellung oder Frage, und zwar in einer Art und Weise, als wollte er damit zeigen, daß seine eigenen Absichten oder Bedürfnisse die einzigen Determinanten für den Zeitpunkt seines Dazwischentretens darstellten. In einem solchen Fall gab es beim Lehrer kein Anzeichen (Innehalten, Sich-Umschauen) dafür, daß er sich etwa um die Bereitschaft der Gruppe, seine Mitteilung aufzunehmen, gekümmert oder ein Gefühl für diese besessen hätte. Plötzlichkeit sowie das Fehlen jeglicher beobachtbarer Anzeichen für die Sensibilität gegenüber der Empfangsbereitschaft der Zielgruppe sind eindeutige Merkmale von Unvermitteltheiten. Ein alltägliches Beispiel für Unvermitteltheit wäre etwa, wenn jemand in eine Unterhaltung zweier oder mehrerer Personen „platzt", ohne abzuwarten, bis man sich ihm zuwendet, oder zu versuchen, durch Zuhören und Verfolgung der Diskussion sich sachte in diese „hineinzufinden". Unvermitteltheiten bilden das Äquivalent (was ihre Sprunghaftigkeit angeht) zur situativen Reizabhängigkeit, mit dem Unterschied, daß sich Reizabhängigkeit durch einen von außen an den Lehrer herantretenden Stimulus aktualisiert, Unvermitteltheit hingegen vom Lehrer selbst ausgeht.
Unvermitteltheiten können etwa an Übergangsstellen auftreten. Ein Beispiel: Der Lehrer beschäftigt sich im Lesekreis mit Gruppe 1. John ist soeben mit Vorlesen drangewesen. Der Lehrer schließt rasch sein Buch und verkündet, ohne zuvor eine Pause eingelegt oder aufgeblickt zu haben: „Gruppe 2, ihr seid an der Reihe, zum Lesekreis zu kommen!"
Unvermitteltheiten können auch in laufenden Übungen vorkommen. Beispiel: Die „Eagles" saßen im Lesekreis. Zur Vorbereitung auf eine Geschichte über das Einkaufen berichteten die Kinder der Reihe nach von ihren Einkaufserfahrungen. Der Lehrer hatte sich vorgelehnt und sah Mary an, die gerade von Supermarktbesuchen mit ihrer Mutter erzählte. Sobald Mary geendigt hatte, meldeten sich drei Kinder, weil sie auch erzählen wollten. Der Lehrer drehte sich plötzlich zur Tafel um, ohne nach den übrigen Kindern geschaut oder zu Mary etwas bemerkt zu haben, und sagte: „Schaut an die Tafel. Da stehen einige neue Wörter, die in unserer nächsten Geschichte vorkommen werden. Jimmy, lies das erste vor, bitte!"

Thematische Inkonsequenzen

Thematische Inkonsequenz lag nach unserer Definition dann vor, wenn der Lehrer gerade mit einem Stoff begann oder ihn bereits behandelte, ihn dann aber einfach „in der Luft hängen" ließ, indem er zu einem anderen Stoff überwechselte. Für gewöhnlich nahm er den ursprünglichen Stoff danach wieder auf.

Zu Inkonsequenzen konnte es etwa an Übergangsstellen kommen. Ein Beispiel: Die „Rockets" hatten soeben im Lesekreis eine Geschichte zu Ende gelesen. Der Lehrer stand auf und lenkte seine Schritte zur Tafel, indem er sagte: „Sehen wir uns nun die Aufgaben dort an der Tafel an!" Auf halbem Wege blieb er stehen, drehte sich um, ging an sein Pult und machte sich an die Durchsicht irgendwelcher dort liegender Aufzeichnungen. Nach zehn Sekunden wandte er sich wieder den Aufgaben an der Tafel zu.

Auch in laufenden Übungen waren Inkonsequenzen zu verzeichnen. Beispiel: Der Lehrer kontrollierte gerade die Stillarbeitsergebnisse, wobei die Schüler nach der Reihe ihre Lösungen zu den Rechenaufgaben vorlasen. Nachdem Jimmy seine Lösung zur dritten Aufgabe vorgetragen hatte, sagte der Lehrer: „Das ist richtig", schaute sich um, sagte: „So, Mary, lies du bitte deine Lösung der vierten Aufgabe vor!" Während Mary aufstand, ließ er seine Augen durchs Zimmer wandern und bemerkte: „Ach herrje. Laßt uns mal nachsehen. Suzanne ist nicht da, oder? Weiß irgend jemand, warum Suzanne heute fehlt?"

Verkürzungen

Eine Verkürzung ist dasselbe wie eine thematische Inkonsequenz, nur daß der Lehrer im Falle einer Verkürzung die angefangene, dann fallengelassene Tätigkeit nicht wieder aufnimmt. Eine Verkürzung stellt sozusagen eine länger anhaltende thematische Inkonsequenz dar.

Thematische Unentschlossenheit

Thematische Unentschlossenheit wurde nur an Übergangsstellen registriert. Bei Übergängen gilt es, eine Aktivität zu einem Ende zu führen („Legt eure Rechtschreibsachen weg") und eine neue zu beginnen („Holt eure Arbeitsbücher heraus und schlagt Seite 190 auf"). Im Falle von Unentschlossenheit beendet der Lehrer seine Tätigkeit, beginnt mit einer anderen und kommt dann noch einmal auf die eingestellte Tätigkeit zurück. Ein Beispiel: „So", sagt der Lehrer, „alle packen jetzt die Rechtschreibsachen weg und holen ihre Rechenbücher heraus." Die Schüler verstauen ihre Rechtschreibunterlagen in ihren Pulten; als schon die meisten von ihnen ihre Rechenbücher vor sich liegen haben, fordert der Lehrer: „Ich möchte jetzt mal die Finger von denen sehen, die alles richtig geschrieben haben!"

Die Wertung des Lehrers hinsichtlich der von ihm erzeugten Reibungslosigkeit des Ablaufs ergab sich aus eins minus der Gesamtsumme der Gelegenheiten, bei denen sich Sprunghaftigkeit zeigte, geteilt durch die Anzahl der ausgewerteten Sechs-Sekunden-Einheiten. (Die Anzahl der gewerteten Einheiten stellt die Gesamtzeit dar. Der Dividend wurde von eins subtrahiert, um die Lehrer entsprechend unserer Annahme einzustufen, Reibungslosigkeit sei positiv — so daß also hohe Werte mit „gut" und niedrige mit „schlecht" gleichzusetzen wären.)

Bedeutung und Messung von Verzögerungen

Verzögerungen resultierten aus solchen vom Lehrer ausgehenden Verhaltensweisen, die in Übungen eindeutig den Arbeitsprozeß verlangsamten. Verzögerungen betreffen Verlaufscharakteristika, die zwar Reibungslosigkeit und Zielgerichtetheit aufweisen können, die aber klar behindernd wirken oder den Fortgang einer Lerntätigkeit mit Spannungen belasten. Sie lähmen die Bewegung und erzeugen Zähigkeit im Unterrichtsprozeß.

Wir unterschieden die Verzögerungen nach zwei Kategorien: Überproblematisierung und Fragmentierung. Im folgenden werden diese Kategorien inhaltlich bestimmt.

Überproblematisierung

Wir nannten es Überproblematisierung, wenn der Lehrer bei einem Problem verweilte und sich dabei in einem Handlungs- oder Redestrom erging, der bei weitem das übertraf, was im Hinblick auf das Verständnis der Schüler oder ihr Mitkommen im Unterricht notwendig gewesen wäre. Überproblematisierung rief seitens der Schüler im allgemeinen Reaktionen hervor wie: „Schon gut, schon gut, es reicht schon!" Sie konnte entweder dem Schülerverhalten oder der Arbeit gelten. Es folgen die zur Bestimmung von Überproblematisierung verwandten Kategorien:

1. *Überproblematisierung von Benehmen* („Nörgeleien") bezieht sich auf Verhaltensweisen des Lehrers, die das Betragen der Schüler zum Gegenstand haben. Diese Form der Überproblematisierung könnte man generell als „Nörgelei" oder „Predigt" charakterisieren; sie besteht in einer Beschäftigung mit schlechtem Betragen, die das Maß übersteigt, welches zu seiner Unterbindung bzw. zur Herstellung von Konformität adäquat wäre.
Beispiel: Der Lehrer schaut zu Richard hinüber und sagt: „Richard, laß die Unterhaltung!" Im Anschluß daran wechselt er das Ziel seiner Ansprache und wendet sich an die ganze Klasse: „Einige von euch arbeiten mit und andere überhaupt nicht. Mary zum Beispiel beteiligt sich, Jimmy auch. Mabel dagegen hat nicht zugehört. Ihr alle wißt doch, daß dies kein Spielplatz ist. Dies ist ein Klassenzimmer, und hier sollen wir lernen. Gute Mitschüler stören aber keine anderen Kinder, die lernen möchten, oder? Laßt

uns also alle zusammenarbeiten und gute Mitschüler sein und andere Kinder in Ruhe lassen. Ihr wißt doch, wie schwer einem das Lernen fällt, wenn gleichzeitig Krach gemacht wird!"

Dieser Vorfall wurde der Kategorie Überproblematisierung von Benehmen zugeordnet, weil er den Ablauf der Unterrichtstätigkeit verzögerte, wenn die Schüler dem Lehrer zuhörten, und weil wir davon ausgingen, daß die Schüler inhaltlich längst Bescheid wußten — nämlich daß es sich um ein Klassenzimmer handelte usw. Die Moralpredigten des Lehrers brachten daher keine Aufklärung, sondern waren eher als Nörgelei zu betrachten.

2. *Überproblematisierung von Verhaltenselementen* bezeichnet die Konzentration auf einen Teilaspekt einer umfassenden Verhaltenseinheit. Das „Halten einer Gabel" etwa ist Teil der umfassenderen Verhaltenseinheit „Essen". Ähnlich sind das „Halten eines Bleistiftes", „Durchlesen einer Aufgabe", „Niederschreiben einer Lösung" als Teile oder Elemente der Verhaltenseinheit „Lösen einer Rechenaufgabe" zu verstehen. Überproblematisierung von Verhaltenselementen wurde dann festgestellt, wenn sich der Lehrer mehr mit diesen Teilhandlungen als mit der Unterrichtsarbeit abgab, und zwar in einem Ausmaß, das die Erledigung der eigentlichen Aufgabe ganz aus dem Blickfeld geraten ließ. So verbreitete sich der Lehrer etwa darüber, wie man einen Bleistift halten, wo man ein Buch hinlegen, wie man sitzen, wie und wo man stehen, wohin man schauen sollte.

Beispiel: Zu Beginn einer Rechenübung hielt der Lehrer folgenden Vortrag: „Ich sehe, daß einige Kinder sehr nachlässig dasitzen. John, Mary. Ich kann einfach nicht begreifen, wie man in der Lage sein soll, ordentlich mitzudenken, wenn man herumhängt, als sei man zu faul oder gerade am Einschlafen. Setzt euch aufrecht hin jetzt, und zwar jeder von euch, richtig gerade, damit man sehen kann, daß ihr hellwach seid und eure Denkermützchen aufhabt. Mir gefällt es, wie Suzanne dasitzt. Und Harold…"

Ein Beispiel aus einer laufenden Übung: Die Schüler saßen im Lesekreis und lasen abwechselnd vor. Als Mary gerade beim Lesen war, unterbrach sie der Lehrer mit den Worten: „Paß mal auf, Mary, du kannst das noch viel besser machen. Heb mal deinen Kopf und dreh dich zu den anderen Kindern. So ist es besser. Und jetzt steh mal ganz gerade, als wenn du dich vor gar nichts fürchten würdest. Brust raus und weg vom Gesicht mit dem Buch. Schau mal, so!" Er stand auf und zeigte Mary, wie sie die Arme zu halten hatte, damit das Buch weiter von ihrem Gesicht entfernt war. Dann wandte er sich an die anderen Kinder der Lesegruppe: „Und ihr könnt viel bessere Zuhörer werden. Laßt uns also ebenfalls gerade sitzen. John, du kannst dich noch größer machen. Jimmy, du auch. So, ich glaube, wir sind jetzt alle bereit, lies also bitte weiter, Mary."

3. *Überproblematisierung von Arbeitsmitteln* wurde genannt, wenn der Lehrer den benötigten Arbeitsmitteln (Bleistiften, Büchern, Papier, Kreiden) übergroße Beachtung schenkte, die bis zum zeitweiligen Verlust der stoff-

lichen Orientierung führen konnte. Die Überproblematisierung von Arbeitsmitteln braucht nicht verbal zu geschehen; der Lehrer kann vielmehr einfach durch sein Verhalten zu großes Gewicht auf die Arbeitsmittel legen — durch bedächtiges, fast „zärtliches" Austeilen von vervielfältigten Blättern, einzeln an jedes einzelne Kind, wobei er die Prozedur deutlich in die Länge zieht und so erhebliche Wartezeiten verursacht; dies kann so weit gehen, daß die Aufmerksamkeit, welche die Schüler ihren Arbeitsmitteln zuwenden, für den Lehrer wichtiger wird als ihre Aufmerksamkeit gegenüber der Arbeit, für die sie eingesetzt werden sollen.

Ein Beispiel: Der Lehrer nahm gerade seine Arbeit mit einer Gruppe im Lesekreis auf, während die übrigen Kinder mit ihren Arbeitsbüchern stillarbeiteten. Er saß vor der Lesegruppe und fragte: „Nun, wer kann mir sagen, wie unser nächstes Kapitel heißt?" Noch bevor er ein Kind zur Beantwortung der Frage aufrief, blickte er zu den Stillarbeitern hinüber und bemerkte: „Warten wir, bis die Herrschaften von Gruppe 2 fertig sind und sich an ihre Arbeit begeben haben." (Die meisten waren allerdings bereits beim Schreiben.) Dann musterte er John, der ebenfalls der Stillarbeitsgruppe angehörte, und fragte in nörglerischem Ton: „Hast du deinen Bleistift gefunden?" John antwortete, was aber akustisch nicht zu verstehen war. Der Lehrer verließ darauf seinen Platz mit den Worten: „Mich würde interessieren, was du mit ihm gemacht hast." Er hielt zwei Sekunden inne und fuhr dann fort: „Hast du ihn aufgegessen?" Wieder eine Pause. „Was ist denn bloß mit ihm geschehen? Welche Farbe hatte er denn? Ohne Bleistift kannst du nicht arbeiten." Er ging zu seinem Pult, um einen Stift für ihn zu holen, sagte: „Ich werde dir einen Stift besorgen. Aber kümmere dich darum, daß er morgen früh wieder hier liegt. Erzähl mir dann ja nicht, daß du den auch noch verloren hast. Ich möchte ihn wie neu zurückhaben; und sieh zu, daß er gespitzt ist!" Danach kehrte der Lehrer zum Lesekreis zurück. Die Stift-Transaktion hatte 1,4 Minuten gedauert.

4. *Überproblematisierung von Lehrstoffen* gleicht der Überproblematisierung von Benehmen, nur daß hier eben statt des Schülerverhaltens der Lehrstoff den Gegenstand bildet. Bei der Überproblematisierung von Lehrstoffen erweitert der Lehrer seine Erklärungen und Weisungen über das hinaus, was für ein Verstehen seitens der meisten Schüler erforderlich wäre — bis die Schüler, wenn sie den Ausführungen des Lehrers folgen, dadurch faktisch an der Fortführung ihrer Arbeit gehindert werden.

Ein Beispiel: Zur Vorbereitung einer Stillarbeitsaufgabe, bei der die Schüler mit ihren Arbeitsbüchern rechnen sollten, erklärte der Lehrer ihnen die Addition mit der Zahl zwei. Er ging zu einer großen Wandkarte, auf welcher alle Zahlen nach der Reihe von eins bis hundert aufgeführt waren. Während er auf die ungeraden Zahlen zeigte, mußten sie die Schüler jedesmal mit dem Lehrer zusammen ausrufen: „Eins, drei, fünf, sieben, neun, elf, dreizehn, fünfzehn, siebzehn" und so fort bis neunundneunzig. — Ein anderes Beispiel: Die Schüler üben Schönschrift, und die meisten von ihnen schreiben gerade. Der Lehrer geht herum und sagt: „Denkt daran, daß unsere Os rund sind. Und klein wollen wir auch nicht schreiben. Wir wollten doch unsere Finger zu Hilfe nehmen, um die Abstände einzuhalten." Dann geht er auf Robert zu und spricht so laut, daß alle es hören können: „Du hast wohl nicht zugehört. Gefällt dir das denn, was du da geschrieben hast?" Pause. „Hast du es denn heute so eilig? Mach jetzt mal ein bißchen langsamer und warte auf die anderen. Lies es dir doch mal sorgfältig durch!" Pause. „Deine Buchstaben sind nicht groß genug. Wo doch Frau Wellman den ganzen letzten Monat davon geredet hat. Du fängst jetzt an, größer und langsamer zu schreiben! Du machst deine Buchstaben so klein, daß ich ja ein Vergrößerungsglas brauche, um sie lesen zu können. Du mußt sie so groß machen, daß andere Leute sie lesen und Freude an dem haben können, was du schreibst." Der Lehrer geht daraufhin nach vorne und wendet sich in unverändertem Ton an die ganze Klasse: „Es geht nicht darum, wie schnell, sondern wie schön ihr schreiben könnt. Laßt euch Zeit! Seht zu, daß an euren Buchstaben alles richtig ist. Das sieht jetzt viel besser aus, William." Er nähert sich Williams Platz, indem er fortfährt: „William nimmt sich Zeit. Ich sehe das an der Art, wie er schreibt." Diese Rede hatte 1,5 Minuten beansprucht.

Fragmentierung

Der zweite Verzögerungstyp bestand in der Fragmentierung. Fragmentierungen sind Verzögerungen, die der Lehrer dadurch verursacht, daß er eine Lernaktivität in verschiedene Teile zerfallen läßt, obwohl sie als geschlossene Einheit durchgeführt werden könnte. Solche Fragmente bestehen entweder aus einzelnen Gruppenmitgliedern (Gruppen-Fragmentierung) oder aus Teilen einer umfassenderen Verhaltenseinheit (Arbeitsmitteln oder Einzelhandlungen).

Wir unterschieden folglich nach zwei Kategorien:
1. *Gruppen-Fragmentierung;* sie wurde immer dann festgestellt, wenn der Lehrer einzelne Gruppenmitglieder allein und separat etwas tun ließ, was alle Mitglieder der Gruppe geschlossen und gleichzeitig hätten tun können. Bei diesem Verfahren entstanden in der Regel erhebliche Wartezeiten für einzelne Schüler und damit Verzögerungen im Unterrichtsablauf. Ein Beispiel: Der Lehrer hatte soeben die „Brownies" aus dem Lesekreis entlassen und war im Begriff, die „Rockets" (die Objektgruppe) von der Stillarbeit zum Lesekreis zu holen. Er erhob sich und sagte: „So, die Rockets packen nun ihre Stillarbeit weg und machen sich für den Lesekreis fertig!" (Die „Rockets" saßen an den Tischen 1 und 2.) „In Ordnung, alle Kinder von Tisch 1 stehen jetzt bitte auf!" Der Lehrer wartete, bis die Kinder von Tisch 1 aufgestanden waren und nun stehend an ihrem Platz verharrten. „Johnny, du kommst hierher." Johnny ging vor zum Lesekreis

und setzte sich. „Billy, nun kommst du ... Mary, jetzt du ... Suzanne, du ...; gut, nun stehen die Kinder von Tisch 2 auf ... Lemuel, komm bitte nach vorne ... Robert, nun du ..." und so fort, bis alle zehn „Rockets" im Lesekreis untergebracht waren.

Dieser Übergang wurde der Kategorie Gruppen-Fragmentierung zugeordnet, weil das Objekt der Anordnung aus einer Gruppe bestand und der Lehrer dieses Objekt in zehn einzelne Objekte aufsplitterte, womit er Wartezeiten für andere Gruppenmitglieder erzeugte und den Übergang von der Stillarbeit zum Lesen verzögerte. (Es sei darauf hingewiesen, daß abwechselndes Vorlesen oder Antwortgeben nicht unter diese Kategorie fiel, denn bei mündlichen Übungen sind es ja einzelne Schüler, die die Objekte und die jeweils handelnden Einheiten bilden. Im oben skizzierten Übergang stellt eine ganze Gruppe — die „Rockets" — das Weisungsobjekt des Lehrers dar.)

2. *Fragmentierung von Handlungseinheiten;* sie lag dann vor, wenn der Lehrer eine sinnvolle Handlungseinheit in ihre Komponenten zerlegte und sich dann vornehmlich mit diesen separierten Elementen beschäftigte, obwohl die Handlung als in sich geschlossene, ungebrochene Sequenz hätte abrollen können. Die Elemente bestanden entweder aus Arbeitsmitteln oder aus Einzelhandlungen.

Ein Beispiel: Der Lehrer war gerade im Begriff, von der Rechtschreibung zum Rechnen überzugehen; das sah folgendermaßen aus: „So viel für heute, jetzt schließen bitte alle ihre Rechtschreibbücher. Legt eure Rotstifte weg. Und nun macht die Bücher zu. Verstaut sie unter der Bank. Räumt sie aus dem Weg!" Er wartet. „So. Nehmt jetzt eure Rechenbücher heraus und legt sie vor euch auf die Bank. So ist es recht, wir wollen jetzt gar nichts als die Rechenbücher vor uns liegen haben. Und wir wollen uns ganz gerade hinsetzen. Müde Krieger können wir doch nicht gebrauchen, oder? Sehr schön. Nun nehmt eure schwarzen Stifte zur Hand und schlagt Seite 16 auf!"

Alle Verzögerungen wurden in Sechs-Sekunden-Intervalle unterteilt; eine Verzögerung, die genau sechs Sekunden dauerte, zählte als eine Einheit, eine von sieben bis zwölf Sekunden Dauer als zwei Einheiten und so fort. Die Wertung, die ein Lehrer für seine von ihm verursachten Verzögerungen erhielt, ergab sich aus der Gesamtzahl der Verzögerungseinheiten, die in seinen Übungen ermittelt wurden, geteilt durch die Gesamtzahl aller registrierten Einheiten. Der so erhaltene Wert wurde von eins subtrahiert, so daß der Lehrer mit dem höchsten Wert auch der — wie wir vorausgesetzt hatten — in dieser Hinsicht „beste" Lehrer war; der Lehrer mit dem zweithöchsten Resultat war danach der zweitbeste Lehrer und so fort.

Reibungslosigkeit und Schwung in ihrer Beziehung zum Schülerverhalten: Resultate

Wie aus Anhang 4.1 zu entnehmen ist, korrelieren sowohl Reibungslosigkeit als auch Schwung signifikant mit dem Schülerverhalten.

Im Rahmen von Übungen korreliert Schwung (d. h. das Fehlen von Verzögerungen) gleichermaßen mit der Mitarbeit (0,656) und mit dem Ausbleiben von Fehlverhalten (0,641). In der Stillarbeit korreliert Schwung mit ausbleibendem Fehlverhalten (0,490), nicht jedoch mit der Mitarbeit (0,198). Allgemein läßt sich sagen, daß Schwung in Übungssituationen stärkeren Einfluß auf das Schülerverhalten nimmt als bei der Stillarbeit. Vermeidung von Verhaltensweisen, welche den flüssigen Ablauf gefährden, scheint die bedeutendste Einzeldeterminante erfolgreicher Verhaltenssteuerung im Rahmen von Übungen zu sein.

Reibungslosigkeit wiederum weist signifikante Zusammenhänge mit dem Schülerverhalten sowohl in Übungen als auch in der Stillarbeit auf. Bei Übungen korreliert Reibungslosigkeit mit der Mitarbeit (0,601) sowie mit nicht vorhandenem Fehlverhalten (0,489). Bei der Stillarbeit korreliert sie auf einem Niveau von 0,382 mit Mitarbeit und von 0,421 mit dem Ausbleiben von Fehlverhalten. Wie beim Schwung ergeben sich auch hier tendenziell höhere Korrelationen für die Übungs- als für die Stillarbeit.

Schwung und Reibungslosigkeit korrelieren auch miteinander signifikant (0,745). Lehrer, die sprunghafte Abläufe verursachen, zeigen demnach zugleich Verhaltensweisen, die dazu angetan sind, Abläufe zu verzögern. Die Steuerung von Unterrichtsabläufen kann also als bedeutungsvolle und wichtige Dimension der Klassenführung angesehen werden.

Da Reibungslosigkeit und Schwung so stark miteinander korrelieren: Was geschieht, wenn man ihre jeweiligen Einflüsse auf statistischem Wege voneinander isoliert? Welche Korrelationen entstünden zwischen Schwung und Schülerverhalten, wenn man die Reibungslosigkeit konstant setzen würde (d. h. wenn man allen Lehrern hypothetisch die gleichen Werte für Reibungslosigkeit gäbe)? – In Übungssituationen bewirkt die Auspartialisierung von Reibungslosigkeit tatsächlich eine Verringerung der Korrelationen zwischen Schwung und Schülerverhalten. Es bleiben allerdings signifikante Abhängigkeiten bestehen: 0,391 für Mitarbeit und 0,476 für ausbleibendes Fehlverhalten. Eliminieren wir hingegen die Auswirkungen des Schwungs, so sinken die Korrelationen zwischen Reibungslosigkeit und Schülerverhalten in Übungen unter das Signifikanzniveau. Bei konstant gehaltenen Werten für Schwung ergeben sich bei der Übungsarbeit Korrelationen von nur 0,022 zwischen Reibungslosigkeit und ausbleibendem Fehlverhalten und von 0,222 zwischen Reibungslosigkeit und Mitarbeit. Schwung, für sich genommen, weist demnach stärkere Beziehungen zum Schülerverhalten in Übungen auf, als dies bei isoliert betrachteter Reibungslosigkeit der Fall ist.

Im Rahmen der Stillarbeit wiederum korrelieren weder Reibungslosigkeit noch Schwung signifikant mit dem Schülerverhalten, wenn man ihre gegenseitigen Einflüsse auspartialisiert. Mit anderen Worten: Selbst wenn signifikante Korrelationen zwischen Schwung und Reibungslosigkeit einerseits und dem Schülerverhalten andererseits bestehen, so handelt es sich doch um keine „reinen" Korrelationen — d. h. sie lassen sich nicht auf jeden einzelnen dieser Faktoren und deren selbständiges Wirken zurückführen. Die Korrelationen zwischen Reibungslosigkeit und Schülerverhalten bei der Stillarbeit sind vielmehr signifikant, weil gleichzeitig Schwung herrscht; Schwung und ausbleibendes Fehlverhalten in der Stillarbeit wiederum korrelieren signifikant, weil gleichzeitig Reibungslosigkeit gegeben ist.

Wenn man sich die Tatsache vor Augen hält, daß Lehrer, die Sprunghaftigkeiten vermeiden, auch ohne Behinderungen und Verzögerungen unterrichten, muß man zu dem Schluß kommen, daß die Dimension der Steuerung von Unterrichtsabläufen mit ihren Teilaspekten Schwung und Reibungslosigkeit eine erhebliche Rolle bei der Klassenführung spielt. Innerhalb dieser Dimension erscheint dabei die Aufrechterhaltung von Schwung durch Vermeidung von Handlungsweisen, die den Fortgang der Arbeit verzögern, noch wichtiger als die Sicherung eines reibungslosen Unterrichts durch Vermeidung abrupter Übergänge. Methoden der Steuerung von Unterrichtsabläufen scheinen ferner eine größere Bedeutung für die Kontrolle von Fehlverhalten zu besitzen als Methoden des Umgangs mit Fehlverhalten selbst. Außerdem haben die Methoden der Ablaufsteuerung den zusätzlichen Vorteil, daß sie — insbesondere im Rahmen von Übungen — die Bereitschaft zur Mitarbeit steigern können.

4. Aufrechterhaltung des Gruppen-Fokus: Gruppenmobilisierung, Rechenschaftsprinzip, Beschäftigungsradius

Das Problem der Wahrung eines Gruppen-Fokus

Der Lehrer an einer Schule beschäftigt sich selten (wie Tutoren das tun) nur mit einem einzelnen Kind. Mag er auch hin und wieder mit einem einzelnen Kind arbeiten, so liegt doch seine Hauptaufgabe in der Arbeit mit einer ganzen Gruppe von Kindern in ein und demselben Raum und zu ein und derselben Zeit. Manchmal besteht die Gruppe aus der gesamten Klasse, manchmal hat er mit einer Teilgruppe oder mehreren Teilgruppen zu tun (wenn er etwa mit einer Gruppe im Lesekreis arbeitet, während eine andere Gruppe bzw. andere Gruppen bei der Stillarbeit sind). Nach dieser ersten Definition seiner Aufgabe wäre es vielleicht fruchtbar, sich die Methoden des Lehrers zur Aufrechterhaltung eines Gruppen-Fokus einmal näher anzusehen.

Es folgt die kurze Beschreibung einer einzelnen Lese-Teilgruppe. Zehn Kinder haben als Lesegruppe in einem Halbkreis Platz genommen, Fräulein Smith sitzt vor ihnen und hält Schautafeln in der Hand. Auf jeder der Tafeln steht ein Wort. Die Lehrerin verkündet: „Heute wollen wir immer ein Wort lesen und dann versuchen, ein anderes Wort zu finden, das sich darauf reimen läßt. Fangen wir bei Richard an und gehen dann im Kreis herum.“ Fräulein Smith dreht sich zu Richard, der am rechten Ende des Halbkreises sitzt, hält ihm eine Papptafel entgegen und fragt: „Wie heißt dieses Wort, Richard?“ Richard antwortet: „Nest.“ Die Lehrerin: „Richtig. Nenne mir nun ein Wort, das sich auf ‚Nest‘ reimt!“ „Rest.“ „Sehr schön“, erwidert die Lehrerin. Sie wendet sich zu Mary, die links neben Richard sitzt, und zeigt ihr eine andere Tafel: „Nun, Mary, wie heißt dieses Wort?“ „Drachen“, sagt Mary. „Richtig“, bestätigt die Lehrerin. „Und nun sag mir ein Wort, das sich auf ‚Drachen‘ reimt!“ „Machen“, antwortet Mary. Die Lehrerin sagt: „Sehr schön“, nimmt wieder eine andere Tafel, beugt sich damit zu Ruth hinüber, die links neben Mary sitzt, und fragt: „Ruth, kannst du mir sagen, wie dieses Wort heißt?“ „Sonne“, antwortet Ruth. Die Lehrerin fährt mit der Befragung fort, bis jedes Kind ein Wort gelesen und ein Reimwort genannt hat.

Sehen wir uns eine andere Lehrerin an, die die gleiche Übung durchführt. Fräulein Jones sitzt vor der Lesegruppe. Sie hält einen Stapel Pappkarten in der Hand und fragt: „Wer kann mir das nächste Wort lesen?“ Sie macht eine Pause, hält eine Karte hoch, schaut gespannt in die Runde und sagt dann: „John.“ John antwortet: „Buch.“ Die Lehrerin: „Gut. Wer kann mir nun ein Wort nennen, das ganz ähnlich klingt?“ Wieder macht sie eine Pause, schaut sich um und ruft Mary auf. „Kuchen“, sagt Mary. Darauf fragt die Lehrerin:

„Wer findet ein Wort, das sich auf ‚Kuchen' reimt?" Sie blickt umher und ruft Richard auf, der mit „Suchen" antwortet.

Die beiden beschriebenen Übungen haben im wesentlichen den gleichen Inhalt — in beiden werden die Kinder aufgefordert, ein Wort zu lesen und ein passendes Reimwort zu finden. Nur in der Art, wie die Schüler drangenommen werden, unterscheiden sich die Übungen. Fräulein Smith ruft die Schüler nach vorher festgelegtem Schema auf; Fräulein Jones geht weniger kalkulierbar vor: Sie stellt eine Frage, wartet, schaut sich um und bestimmt dann erst einen Schüler, der antworten soll. In Fräulein Smiths Klasse wissen die Kinder, wer als nächster aufgerufen wird, in der Klasse von Fräulein Jones hingegen wissen sie es nicht. Führt dieser Sachverhalt dazu, daß die Kinder in Fräulein Jones Klasse besser aufpassen, mehr „auf dem Posten" sind?

Wir finden natürlich auch weniger divergierende Methoden des Aufrufens als die oben dargestellten; sie variieren von vollständig vorherbestimmten Reihenfolgen bis zu ganz und gar zufällig aufeinanderfolgenden Aufrufen. Frau Holly neigt zu dem Aufruf: „Suzanne, wieviel ist acht und vier?", während sie Suzanne dabei ansieht. Frau Hudson fragt eher: „Wieviel ist acht und vier?", schaut sich um, ruft dann einen Schüler auf. Frau Holly ruft also in der Regel schon auf, bevor sie noch die Frage gestellt hat; Frau Hudson zeigt dagegen die Tendenz, eine Frage zu stellen und erst dann aufzurufen.

Führen nun diese verschiedenartigen Aufrufmethoden zu unterschiedlich starker Mobilisierung der Schüler? Und beeinflußt diese wiederum ihr Benehmen? Die Dimension, die der Klassenführung angehört und die das Ausmaß bezeichnen soll, in welchem es dem Lehrer gelingt, die Schüler beim Vorgang des Aufrufens auf dem Posten zu halten, nannten wir *Gruppenmobilisierung*.

Betrachten wir den Gruppen-Fokus unter einem weiteren Aspekt. Frau Freundlich sitzt vor einer Gruppe von zwölf Kindern und führt mit ihnen eine Leseübung durch. Sie verwendet dabei ein großes Stück Pappe, auf welchem etwa 40 Wörter stehen. Sie sagt: „Gestern habe ich Albert versprochen, daß er heute die Wörter lesen darf. Morgen kommen dann vielleicht zwei andere Kinder dran. Auf geht's, Albert!" Sie deutet mit dem Zeigestock auf ein Wort und schaut zu Albert, der laut liest: „Wenn." Sie zeigt auf das nächste Wort, Albert liest: „Wagen." Dann sagt sie: „Und dieses hier, Albert?", indem sie auf das folgende Wort deutet. Albert liest: „Wasser." Dies geht so weiter, bis Albert alle 40 Wörter gelesen hat.

Dieses Verfahren bei der Durchführung einer Leseübung läßt sich nun einer Leseübung gegenüberstellen, wie sie Frau Nett veranstaltet. Zwölf Kinder sitzen in einem Halbkreis mit dem Gesicht zur Tafel, an die Frau Nett mit Druckbuchstaben einige Wörter geschrieben hat. Sie sagt: „Dieses Wort hier hatten wir gestern schon. Wie heißt es?" Sie schaut sich kurz um und ruft Richard auf. Richard liest: „Tag." Dann zeigt sie auf ein anderes Wort und ruft Mary auf. „Weg", liest Mary. Darauf die Lehrerin: „Und nun lesen wir *alle zusammen* die nächsten Wörter!" Die Schüler lesen unisono, während die

Lehrerin sich vorbeugt und aufmerksam in die Runde blickt. Zwischendurch bemerkt sie: „David, ich kann dich nicht hören. Lauter!" David liest lauter. Die Lehrerin sagt: „Schön, das genügt, Muriel", und sie zeigt dabei auf ein neues Wort, „wie heißt dies hier?" Muriel liest: „Arbeit." Dann sagt die Lehrerin: *Alle* lesen das nächste Wort!", lehnt sich nach vorne, spitzt die Ohren und schaut aufmerksam zu.

Wir wir gesehen haben, rief Frau Freundlich für die gesamte Ausspracheübung lediglich einen Schüler auf und ließ an ihrem Verhalten erkennen, daß sie sich ausschließlich um diesen kümmerte. Sie schenkte Albert damit bemerkenswerte individuelle Beachtung, vernachlässigte jedoch den Gruppen-Fokus. Frau Nett hingegen rief nicht nur mehr als einen Schüler auf, sondern widmete sich auch beim gemeinsamen Lesen mehreren Schülern gleichzeitig: Sie beugte sich vor, hielt Ohren und Augen auf, griff sich sogar David heraus, den sie nicht hören konnte, und forderte ihn auf, lauter zu lesen. Diese Gruppen-Fokus-Dimension nannten wir *Rechenschaftsprinzip.*

Ein Schüler, der aufgerufen wird, zeigt, was er weiß oder kann. Er muß also Rechenschaft ablegen: Der Lehrer erfährt, womit der Schüler sich beschäftigt, und der Schüler wiederum erfährt, daß der Lehrer über sein Tun im Hinblick auf die jeweils bestimmte Arbeit informiert ist. Wieviele Schüler der Gruppe bzw. Teilgruppe erfahren dies? Wievielen wird, mit anderen Worten, Rechenschaft abverlangt? Und: Beeinflußt die Anzahl derer, die zur Rechenschaft gezogen werden, den Umfang von Mitarbeit und Fehlverhalten?

Ein weiterer Aspekt des Gruppen-Fokus betrifft Verhaltensvorschriften für Schüler, die gerade nicht drangenommen werden. Er läßt sich vielleicht anhand eines Vergleichs von zwei verschiedenen Rechenübungen verdeutlichen.

In Fräulein Fultons Rechenübung hat jeder Schüler Täfelchen mit den Zahlen von eins bis zehn sowie ein Stück Pappe mit Schlitzen vor sich auf der Bank liegen. Die Lehrerin nennt eine Additionsaufgabe, etwa „acht und vier". Daraufhin versucht jedes Kind, die Täfelchen mit der richtigen Lösung in die Schlitze zu stecken, und zwar in den einen die Eins und in den rechts daneben liegenden die Zwei, um so die Summe „12" zu bilden. Dann ruft die Lehrerin: „Alle herzeigen!" — worauf jedes Kind seinen Pappkarton hochhält, damit sie seine Lösung sehen kann. Dieser Vorgang wiederholt sich bei allen Aufgaben, die in dieser Übung gestellt werden.

Frau Carter beteiligt die Schüler auf andere Weise an ihrer Übung. Frau Carter ruft Richard an die Tafel. Richard geht nach vorne, und sie sagt: „So, Richard, zeige uns, wie man acht und vier addiert!" Richard schreibt acht und vier und die Summe zwölf. Die Lehrerin: „Gut. Mabel, nun gehst du bitte an die Tafel." Mabel geht an die Tafel und rechnet die nächste Aufgabe, die ihr die Lehrerin gestellt hat.

Die beschriebenen Rechenübungen offenbaren Differenzen in dem, was wir als den *Beschäftigungsradius* bezeichneten. In Fräulein Fultons Übung waren alle Schüler, ob aufgerufen oder nicht, mit jeder gestellten Aufgabe aktiv bei der

Arbeit: Alle suchten Zahlen heraus und steckten sie in Schlitze. In Frau Carters Klasse war der Schüler an der Tafel der einzige, der aktiv werden mußte; während er die Aufgabe an die Tafel schrieb, hatten die in ihren Bänken verbliebenen Kinder lediglich stillzusitzen und zuzuhören.

Beschäftigungsradius heißt also jene Dimension der Gruppen-Fokusbildung, welche die Arbeitsanforderungen beschreibt, die dann, wenn ein Schüler aufgerufen wird, an die übrigen Kinder gestellt werden. Es gibt natürlich verschiedene Intensitätsgrade der von den nichtaufgerufenen Kindern verlangten Beteiligung an der Unterrichtsarbeit. Beim Lesen einer Geschichte etwa haben alle ein Buch, in dem sie still mitlesen können, während einer von ihnen mit Vorlesen dran ist. Nichtaufgerufene Schüler kontrollieren vielleicht ihre eigenen Aufgaben im Heft, während ein Schüler seine Lösungen vorträgt. Haben unterschiedliche Beschäftigungsradien bei der Durchführung von Übungen, die unterschiedlich starke gleichzeitige Beteiligung nichtaufgerufener Schüler involvieren, Folgen für das Verhalten der Schüler?

Die im folgenden näher ausgeführten Kategorien zur Aufrechterhaltung des Gruppen-Fokus basieren zum Teil auf gefühlsmäßigen Einsichten, zu denen wir bei der Beobachtung von Klassenzimmern und der Analyse der Filmmitschnitte gelangten, zum Teil auf dem Vergleich des Schullehrers und seiner Führungsaufgabe mit dem Tutor und seiner Arbeit mit einem einzelnen Kind. Danach steht der Tutor vor einer relativ einfachen Aufgabe, und das u. a. aus folgenden Gründen:

1. Ein Schüler, der mit einem Tutor arbeitet, wird ungleich mehr Gelegenheit zur aktiven Mitarbeit bekommen als Schüler in einer Klasse, die — mit Ausnahme des gerade Aufgerufenen — viel eher in eine passive, teilnahmslose Rolle gedrängt werden. Im Tutorium trägt oder führt der Schüler entweder aktiv vor, oder er ist aktiver Zuhörer in dem Sinne, daß er das direkte und einzige Objekt der Handlungen des Tutors darstellt.

2. Im Tutorium wird der Schüler sehr wahrscheinlich rege und auf dem Posten sein, da er weiß, daß er als einziger aufgerufen werden kann. In der Klasse dagegen wird der einzelne Schüler weniger gut aufpassen, da seine Chancen, dranzukommen, reduziert sind.

3. Im Tutorium wird der Schüler mit erhöhter Wahrscheinlichkeit kontrolliert und für seine Leistungen zur Rechenschaft gezogen. Der Tutor weiß zu jedem Zeitpunkt, was der Schüler tut, und der Schüler wiederum weiß um dieses Wissen des Tutors.

Um das Problem der Gruppen-Fokusbildung in den Griff zu bekommen, versuchten wir nun, den Grad zu messen, bis zu welchem Lehrer die Situation im Klassenzimmer der eines Tutoriums — mit den obengenannten Kriterien — angleichen. Wir entwickelten dazu das folgende Kategoriensystem, dessen Geltungsbereich auf Übungssituationen beschränkt bleiben sollte; es umfaßte dreierlei: a) den Beschäftigungsradius — zur Charakterisierung des Unterrichtsaufbaus im Hinblick darauf, wie stark sich die Gruppenmitglieder an den Aktivitäten beteiligen müssen; b) die Gruppenmobilisierung – zur Ermittlung dessen, wie gut es dem Lehrer gelingt, die Schüler auf dem Posten zu halten; und c) das Rechenschaftsprinzip – zur Bestimmung des Umfangs, in welchem der Lehrer die Gruppenmitglieder Rechenschaft über ihre Leistungen ablegen läßt.

Messungen der Fähigkeit, den Gruppen-Fokus zu wahren, erfordern ein Verfahren, das recht anders aussieht als das bei der Messung von Allgegenwärtigkeit, Überlappung und Ablaufsteuerung angewandte. Im Gegensatz zu Allgegenwärtigkeit und Überlappung steht der Gruppen-Fokus in keiner Verbindung zu ganz bestimmt gearteten Ereignissen. Allgegenwärtigkeit offenbart sich nur bei Zurechtweisungen, Überlappung bei Zurechtweisungen und unvermittelten Schülerauftritten. Ein Gruppen-Fokus kann dagegen bei den verschiedensten Gelegenheiten sichtbar werden, die durchgängig in allen Übungen zu finden sind: der Reihenfolge, in der aufgerufen wird, der Zahl der Schüler, die drangenommen werden, der Intensität, mit welcher der Lehrer zuhört, den Verhaltensvorschriften für nichtaufgerufene Schüler sowie bei einer Vielzahl anderer Methoden und Verhaltensweisen des Lehrers.

Eine weitere Besonderheit der Wertung von Gruppen-Fokusbildung besteht darin, daß der Gruppen-Fokus im Gegensatz zu vielen anderen Dimensionen keine Merkmale aufweist, die eine Entweder/Oder- bzw. Richtig/Falsch-Aussage zulassen. Bei Allgegenwärtigkeit trifft der Lehrer mit seiner Zurechtweisung den Richtigen oder den Falschen, und er nimmt diese zur richtigen oder falschen Zeit vor. Bei Zurechtweisungen wie auch in anderen Überlappungssituationen zeigt der Lehrer entweder überlappendes oder nicht überlappendes Verhalten. Der Gruppen-Fokus beglückt den Forscher leider nicht mit solchen klaren Alles-oder-Nichts-, Schwarz-oder-Weiß-Alternativen. Ist es ein Fehler, die Schüler nach vorherbestimmter Reihenfolge aufzurufen, oder ist es „fair", weil dann alle Schüler gleich oft drankommen? Ist es „schlecht" von Frau Freundlich sich in der Leseübung auf Albert zu konzentrieren, weil dies das Rechenschaftsprinzip auf Albert beschränkt, oder ist es vielmehr wünschenswert, weil Albert dadurch individuelle Aufmerksamkeit zuteil wird? Ist es gut, die Schüler im Ungewissen darüber zu lassen, wer aufgerufen werden soll, weil dies die Schüler zur Wachsamkeit anhält, oder ist es abzulehnen, weil es zuviel Spannung erzeugen kann?

Im Gegensatz zu anderen Dimensionen zeigt sich der Gruppen-Fokus in einem Kontinuum über die gesamte Länge einer Übungsstunde. Der Beschäftigungsradius kann sogar innerhalb jeder Übung wechseln. Bei einer Rechenübung mag der Lehrer von der Kontrolle der Aufgaben im Heft zur Darlegung einer neuen Rechenart übergehen; bei einer Leseübung mag er vom abwechselnden Vorlesenlassen zur Analyse der in einigen neuen Wörtern vorkommenden Lautverbindungen schreiten: Jedesmal kann dabei die Ausprägung des Gruppen-Fokus variieren, und zwar in Abhängigkeit von dem Stil, in welchem der Lehrer diese Übungsteile durchführt. Es liegen hier also wesentlich kompliziertere Sachverhalte vor als beispielsweise bei der Wertung von Ablaufsteuerung, wo ganz bestimmte Lehrerverhaltensweisen registriert und abgestoppt werden: Der Lehrer fährt unvermittelt dazwischen, läßt Themen fallen und nimmt sie wieder auf, zersplittert Gruppen, nörgelt ...

Bei der Wertung der Faktoren, die bei der Aufrechterhaltung des Gruppen-Fokus relevant werden, ergab sich also einmal das Problem, die Untersuchung auf das gesamte Kontinuum von Übungen auszudehnen, und zum anderen, die Bewertung an spezifischen, konkreten Verhaltensweisen festzumachen. Es wurden deshalb Wertungen für bestimmte Perioden anstatt für bestimmte Ereignistypen vorgenommen, und zwar erfolgte diese Wertung anhand von 30-Sekunden-Intervallen. Sie stützte sich allerdings für jedes Zeitintervall erneut auf ganz bestimmte, konkrete Verhaltensweisen. Dadurch stand die Wertung dieser Intervalle nicht unter dem direkten Einfluß (wie etwa bei Bewertungsskalen) von vorangegangenen Intervallen oder Rahmenwerten, die aus der Untersuchung anderer Klassen resultierten. Die Existenz von Video-Bändern, die es den Forschern erlaubten, sich dieselben Intervalle nach Wunsch immer wieder vorzuspielen, machte dieses Verfahren möglich.

Um dem Leser die Bedeutung der drei Gruppen-Fokus-Dimensionen näherzubringen und ihm eine Vorstellung davon zu geben, wie wir ein globales Kontinuum zusammen mit der Spezifizierung konkreter Verhaltensweisen in den Griff zu bekommen versuchten, seien die Kategorien nun im einzelnen dargestellt — mag diese Darstellung dem Leser auch mehr bieten als er vielleicht über die Kategorien zu wissen begehrt.

Bedeutung und Messung des Beschäftigungsradius'

Übungen finden in einem bestimmten formalen Rahmen von Lernmitteln und Arbeitsanforderungen statt. Der Begriff des Beschäftigungsradius' sollte dazu dienen, den Grad der Teilnahme zu ermitteln, die von den nichtaufgerufenen (also nicht vorlesenden, antwortenden, etwas zeigenden) Schülern zu jedem bestimmten Zeitpunkt verlangt wurde. Wodurch sollen die übrigen Schüler am Unterricht teilnehmen, wenn einer gerade vorträgt oder vorführt? Wir unterschieden folgende Kategorien:

Starke Teilnahme

Starke Beteiligung von Nichtaufgerufenen wurde festgestellt, wenn folgende Bedingungen vorlagen:

1. Anhaltende gleichzeitige aktive Teilnahme aller Gruppenmitglieder. Um dieser zu entsprechen, muß von allen Schülern simultan eine wirkliche individuelle Leistung verlangt werden, welche die aktive, sichtbare Handhabung irgendeines Arbeitsmittels einschließt. Als Beispiel hierfür sei auf Fräuleins Fultons Rechenübung verwiesen. (Gemeinsames Antworten aller —

d. h. wenn ein Lehrer alle Schüler auffordert, eine Frage unisono zu beantworten — wurde hier *nicht* berücksichtigt.)

2. Eine Mischung aus gleichzeitig-aktiver und gleichzeitig-passiver Teilnahme. Bei gleichzeitig-passiver Teilnahme trägt ein Schüler vor bzw. führt etwas aus, während alle anderen zu einer wie immer gearteten gleichzeitigen Leistung oder kognitiven Anstrengung angehalten sind, wobei unter letzterer mehr als ein simples Heraussuchen verstanden werden soll. Beispiele: Verschiedene Kinder rechnen Aufgaben an der Tafel, während alle anderen die gleichen Aufgaben in ihren Arbeitsbüchern oder auf vervielfältigten Blättern mitrechnen; oder: Ein Kind liest eine Geschichte vor, während die übrigen leise mitlesen und nach einer bestimmten Problematik in der Geschichte forschen müssen, zu der sie nachher befragt werden sollen.

Gemäßigte Teilnahme

Als gemäßigte Teilnahme wurde bezeichnet, wenn die nichtaufgerufenen Gruppenmitglieder sich lediglich gleichzeitig-passiv zu beteiligen hatten. Beispiel: Die Kinder einer Lesegruppe sollen eine Geschichte leise mitlesen, mit der Anweisung, irgendein Wort, Bild, eine Zahl oder eine Begebenheit ausfindig zu machen (einfaches Heraussuchen).

Lehrervortrag mit Übungen

Unter diese Kategorie fielen Beschäftigungsradien, die dadurch gekennzeichnet waren, daß der Lehrer vortrug oder demonstrierte, während sich die Schüler sporadisch in gleichzeitig-aktiver Form beteiligten. Der Lehrer durchsetzte also in diesen Fällen seine Vorträge oder Erläuterungen mit Perioden aktiver, alle Schüler einschließender Übungsarbeit.

Schwache Teilnahme

Damit charakterisierten wir Beschäftigungsradien, bei denen nur selten gleichzeitige Beteiligung gefordert wurde: Ein Kind trägt vor, während die anderen lediglich zusehen und zuhören. Als Beispiel dient Fräulein Carters Rechenübung.

Negativer Beschäftigungsradius

Negative Beschäftigungsradien wurden festgestellt, wenn die Art, in welcher der Lehrer eine Übung durchführte, die effektive Ausführung der gestellten Aufgabe seitens der Schüler ausschloß. Dies war dann der Fall, wenn der Lehrer mehrdeutige oder widersprüchliche Anordnungen traf (indem er etwa die Schüler aufforderte, Rechenaufgaben in ihren Büchern zu lösen, während er gleichzeitig an die Tafel ging und dort ganz andere Aufgaben erläuterte) oder wenn vom Lehrer vorgenommene Handlungen den Schülern die Bewältigung ihrer zugewiesenen Aufgaben erschwerte (d. h. wenn der Lehrer sich in einem irrelevanten Redestrom erging, während die Schüler abwechselnd ihre Lösungen im Arbeitsbuch vortragen sollten).

Nichtbeschäftigung

Nichtbeschäftigung war nach unserer Definition dann gegeben, wenn die Aufgabe der Schüler während einer Übung vornehmlich in untätigem *Warten* bestand. Diese leeren Wartezeiten konnten durch Rückzug des Lehrers hervorgerufen werden (indem er etwa von der Unterredung mit einem dazwischentretenden Schüler „absorbiert" wurde und dabei die Übungsgruppe vollständig sich selbst überließ, ohne sie vorher mit Anweisungen oder Aufgaben, denen während seiner „Abwesenheit" nachzukommen wäre, versorgt zu haben); sie konnten auch durch den formal vorgegebenen Beschäftigungsradius entstehen (etwa: Jedes Kind hat seine eigene, individuelle, also von denen der anderen unterschiedene Aufgabe, trägt sie individuell vor und hat danach lediglich zu warten, bis alle Kinder mit ihren individuellen Vorträgen an der Reihe waren).

Bedeutung und Messung der Gruppenmobilisierung

Der Begriff der Gruppenmobilisierung betrifft das Ausmaß, in welchem der Lehrer nichtaufgerufene Schüler in die Übungsarbeit miteinzubeziehen, sie bei Aufmerksamkeit, bei der Stange, „auf dem Posten" zu halten versucht. Alle Handlungsweisen des Lehrers, die seine Bemühungen darum erkennen lassen, nicht nur beim aufgerufenen Schüler selbst Aufmerksameit und Beteiligung zu erzielen, wurden als Merkmale für Gruppenmobilisierung betrachtet. Zur Bewertung des einzelnen Lehrers im Hinblick auf seine Mobilisierungsbemühungen gelangten wir durch Auszählung konkreter positiv und negativ mobilisierender Verhaltensweisen.

Merkmale positiver Gruppenmobilisierung

Auf positive Gruppenmobilisierung deuten jene Verhaltensweisen des Lehrers, die geeignet sind, nichtaufgerufene Schüler während des Vortrags eines anderen Schülers oder vor dem neuerlichen Aufrufen eines Schülers auf dem Posten zu halten. Merkmale für positive Gruppenmobilisierung waren:

1. Alle Methoden, die vor dem Aufrufen eines Schülers „Spannung" erzeugen sollen: Pausieren, Sich-Umschauen, um die Schüler vor dem Aufruf zu „sammeln"; die Ankündigung: „Nun wollen wir doch mal sehen, wer ...", ehe der Aufruf an einen Schüler ergeht.
2. Das Verfahren, die Schüler in Ungewißheit darüber zu halten, wer als nächster aufgerufen wird; Schüler „nach dem Zufallsprinzip" aufzurufen, so daß kein Schüler weiß, ob er nun als nächster drankommt oder nicht.
3. Häufiges Aufrufen von wechselnden Schülern oder Wahrung des Gruppen-Fokus durch eingestreute „Unisono"-Antworten; durch die Ankündigung: „Laßt uns unsere Denkermützchen aufsetzen; jetzt wird's spannend!"; durch die Aufforderung an die Gruppe, sich zu melden, ehe der Aufruf ergeht.

4. Handlungen, die den nichtaufgerufenen Schülern zu verstehen geben, daß sie im Zusammenhang mit den Ausführungen des Aufgerufenen ebenfalls drankommen können: etwa dann, wenn der Vortragende einen Fehler macht; Signale, mit denen der Lehrer den Schülern im voraus andeutet, daß er sie unmittelbar anschließend zum Inhalt des Vorgetragenen befragen wird.
5. Einbeziehung neuen, ungewöhnlichen oder reizvollen Materials (ein Arbeitsmittel oder eine Fragestellung mit hohem Aufmerksamkeitswert).

Merkmale negativer Gruppenmobilisierung

Als Merkmale negativer Gruppenmobilisierung galten Lehrerverhaltensweisen, welche die Teilnahme der Nichtaufgerufenen an der Übungsarbeit reduzierten, wenn ein Schüler vortrug oder ein neuer Schüler aufgerufen werden sollte. Solche Verhaltensweisen erzeugten geringere Aufmerksamkeit bei den nichtaufgerufenen Schülern, als dies in normalen Routineübungen der Fall war.
Merkmale negativer Gruppenmobilisierung lieferten:

1. Lehrer, die ihren Aufmerksamkeitsschwerpunkt von der Gruppe auf den vortragenden Schüler verlagern, von dessen Ausführungen sie sich vollständig in Anspruch nehmen lassen; oder die eine neue Frage und ihr anschließendes Augenmerk nur auf den neu Aufgerufenen ausrichten, ohne erkennbare Anzeichen dafür, daß sie sich einer Gruppe gegenübergestellt wissen.
2. Lehrer, die im voraus bestimmen, wer drankommt, und zwar noch ehe sie überhaupt die entsprechende Frage stellen.
3. Lehrer, die die Schüler nach vorherbestimmter Reihenfolge drannehmen. Die Schüler wissen also bereits im voraus, daß sie in der Reihe von rechts nach links vorlesen sollen, daß der Schüler linksaußen zuerst liest, dann sein Nachbar, dann dessen Nachbar und so fort. (Im Gegensatz zur Zufallsauswahl weiß ein Kind bei dieser Reihenfolge schon einige Zeit vorher, wann es und wann es nicht aufgerufen wird.)

Wertung von Gruppenmobilisierung

Jedes registrierte 30-Sekunden-Intervall werteten und ordneten wir global nach fünf verschieden starken Ausprägungen von Gruppenmobilisierung. Sie war danach:

1. *Stark:* Ein Intervall zeigte starke Gruppenmobilisierung, wenn es drei oder mehr positive und keine negativen Merkmale aufwies.
2. *Mäßig:* Ein Intervall zeigte mäßige Mobilisierung, wenn es zwei verschiedene positive und keine negativen Merkmale enthielt.
3. *Schwach:* Diese Wertung erhielten Intervalle, die nur ein einziges positives Merkmal aufwiesen.
4. *Nicht vorhanden:* Intervalle, die weder positive noch negative Merkmale enthielten oder bei denen Gruppenmobilisierung als rein mechanisch oder eindeutig künstlich beurteilt wurde.
5. *Negativ:* Negative Gruppenmobilisierung fand sich in Intervallen, die ein oder mehr negative Merkmale enthielten[1].

---

[1] Wenn ein Intervall sowohl positive als auch negative Merkmale enthielt, wurde das vorherrschende Merkmal zur Bezeichnung des Intervalls verwandt und das weniger oft vertretene dem nächsten Intervall „gutgeschrieben".

Bedeutung und Messung des Rechenschaftsprinzips

Der Ausdruck Rechenschaftsprinzip umschreibt das Ausmaß, in welchem der Lehrer die Schüler während der Übungsstunden für ihre Arbeitsleistung zur Rechenschaft und zur Verantwortung zieht. Dies impliziert Handlungen des Lehrers, die darauf angelegt sind, in Erfahrung zu bringen, womit sich die Schüler tatsächlich beschäftigen, und die den Schülern in erkennbarer Weise mitteilen, daß er über ihr Tun informiert ist. Die Intensität, mit welcher der Lehrer dieses Wissen zu erlangen und mitzuteilen bemüht ist, gibt den Umfang der Rechenschaft an, die er von den Schülern verlangt. Die Bewertung des Lehrers im Hinblick auf seine Befolgung des Rechenschaftsprinzips ergibt sich aus der Zahl der Schüler, die er zur Rechenschaft zieht; sein Verlangen nach Rechenschaft kann sich dabei von keinem bis auf alle Mitglieder einer Gruppe erstrecken. (Es ist in der Tat möglich, daß sie von „keinem" verlangt wird, denn ein Lehrer kann sich so verhalten, daß er nicht einmal den Ausführungen eines aufgerufenen Schülers gegenüber Beachtung erkennen läßt — indem er etwa ganz und gar mit der Fischfütterung beschäftigt ist, während ein Kind aus der Lesegruppe vorliest.)

Das geläufigste Mittel zur Erlangung von Informationen stellt für den Lehrer die Aufforderung an die Schüler dar, Aufgaben vorzulegen oder vorzuführen, die im Verlauf der Übung behandelt werden, sowie die Kontrolle dieser Darbietungen. Die Anzahl der Schüler, deren Leistungen kontrolliert werden, dient als Grundlage für die Ermittlung des jeweils geltend gemachten Rechenschaftsprinzips.

Merkmale für das Rechenschaftsprinzip

Im folgenden finden sich die Verhaltensweisen, die bei der Beurteilung des vom Lehrer durchgesetzten Rechenschaftsprinzips zu berücksichtigen sind:

1. Der Lehrer fordert die Schüler auf, die Arbeitsmittel, an welchen ihre Leistungen bzw. Antworten zu ersehen sind, so hochzuhalten, daß er sie ohne weiteres erkennen kann.
2. Der Lehrer fordert Unisono-Antworten und läßt durch sein Verhalten gleichzeitige aktive Beobachtung des Schülervortrags erkennen.
3. Der Lehrer beteiligt andere Schüler an den Ausführungen des aufgerufenen Schülers. (Er sagt etwa: „Jimmy, du paßt auf, wie Johnny diese Aufgabe löst und sagst mir dann, was er richtig oder falsch gemacht hat!")
4. Der Lehrer bittet Schüler, die ihr Wissen vorführen wollen, um Handzeichen und fordert einige von ihnen zur Vorführung auf.
5. Der Lehrer geht durch die Klasse und kontrolliert während des Vortrags eines Schülers die Arbeiten der nichtaufgerufenen Schüler.
6. Der Lehrer nimmt einen Schüler dran und kontrolliert seine Ausführungen.

Auswertung der Merkmale für das Rechenschaftsprinzip

Anhand der oben aufgeführten Merkmale — oder auch aller sonstigen Anzeichen dafür, daß der Lehrer das Arbeitsverhalten der Schüler kontrollierte — erstellten wir globale Wertungen für das vom Lehrer geltend gemachte Rechenschaftsprinzip; wir stützten uns dabei auf den Anteil der Gruppenmitglieder, der innerhalb eines gegebenen 30-Sekunden-Intervalls kontrolliert wurde. Das Rechenschaftsprinzip konnte folgendermaßen durchgesetzt werden:

1. *Stark:* Diese Wertung erhielten Lehrer, wenn sie alle Gruppenmitglieder individuell kontrollierten; wenn sie z. B. alle Schüler aufforderten, ihre Arbeitsmittel hochzuhalten, so daß ihre Ergebnisse klar zu sehen waren, und wenn sie dabei durch Kommentare oder andere Signale erkennen ließen, daß sie auf korrekte bzw. unkorrekte Ausführungen achteten. – Die Wertung wurde auch dann gegeben, wenn der Lehrer die Gruppe der Aufgerufenen wie auch einige der Nichtaufgerufenen oder jedenfalls mindestens die Hälfte aller Gruppenmitglieder individuell kontrollierte; wenn er z. B., während eine Reihe von Schülern an der Tafel Aufgaben lösten und dabei individuelle Kontrolle erfuhren, gleichzeitig auch die Arbeiten der Schüler im Auge behielt, die auf ihren Plätzen verblieben waren.

2. *Mäßig:* Mäßige Ausprägung des Rechenschaftsprinzips wurde in Fällen festgestellt, wo der Lehrer 25 bis 50 Prozent der Gruppenmitglieder individuell oder die Gruppe als ganze kontrollierte; wenn er z. B. zwischen aufgerufenen und nichtaufgerufenen Schülern pendelte und dabei die sichtbaren Arbeitsergebnisse von mindestens 25 Prozent der Gruppe kontrollierte; oder wenn er zu Unisono-Antworten bzw. -Berichtigungen aufrief und diese dann überprüfte; oder wenn er mindestens 25 Prozent der Gruppenmitglieder anhand von individuell gegebenen Antworten kontrollierte.

3. *Schwach:* Diese Wertung wurde gegeben, wenn der Lehrer weniger als 25 Prozent der Gruppe individuell kontrollierte oder Unisono-Antworten forderte, ohne daß dabei eine Kontrolle von Einzelleistungen erkennbar wurde; wenn der Lehrer z. B. durch die Klasse ging und einige Schüler bei der einen, dann einige andere bei der nächsten Aufgabe usw. kontrollierte; oder wenn er herumging und sich die Aufzeichnungen von Nichtaufgerufenen ansah, während er dem Vortrag eines Schülers folgte; oder wenn er nur den Schüler kontrollierte, den er drangenommen hatte; oder wenn er zum Unisono aufrief, sein Verhalten dann aber jeden Hinweis darauf vermissen ließ, daß er die dargebotenen Leistungen überprüfte.

4. *Nicht vorhanden:* Das Rechenschaftsprinzip wurde als nicht vorhanden betrachtet, wenn sich beim Lehrer keinerlei Anzeichen für eine wirkliche Kontrolle der einzelnen Schülerleistungen finden ließen; wenn etwa ein Schüler vortrug und der Lehrer dabei einfach durch die Klasse wanderte, ohne in irgendeiner Weise Aufmerksamkeit für die Ausführungen des Vortragenden oder für die Arbeiten der übrigen Schüler zu bekunden; oder wenn er den Ausführungen des aufgerufenen Schülers nicht folgte; oder wenn er zu Unisono-Antworten aufrief, ihnen dann aber keine Beachtung schenkte; oder wenn der Lehrer um Handzeichen oder um „Ja"- oder „Nein"-Antworten bat, mit denen er richtige oder falsche Ausführungen beurteilt haben wollte, aber keine kontrollierbaren Wissensdemonstrationen verlangte.

Ein zusätzliches Maß für die Ausprägung des Rechenschaftsprinzips

Außer mit Hilfe der obengenannten Verhaltensmerkmale bewerteten wir die Durchsetzung des Rechenschaftsprinzips auch danach, wie viele verschiedene Schüler drangenommen wurden. Jedesmal, wenn während einer Übungsstunde ein neues, anderes Kind aufgerufen wurde, registrierten wir dies und waren damit in der Lage, die Zahl der verschiedenen Kinder zu ermitteln, die innerhalb der Übung individuelle Kontrollen erfuhren. Wir nahmen dann Wertungen vor, die sich auf die Anzahl verschiedener aufgerufener Schüler pro Minute stützten und erhielten so einen weiteren Maßstab für die beim jeweiligen Lehrer anzutreffende Ausprägung des Rechenschaftsprinzips.

Wertung der Gruppen-Fokus-Dimensionen

Mit Ausnahme des Aufrufens von wechselnden Schülern, das fortlaufend registriert wurde, ermittelten wir die verschiedenen Gruppen-Fokus-Dimensionen anhand von 30-Sekunden-Intervallen, wobei jede Übung in Einheiten von 30 Sekunden aufgeteilt und jede dieser Einheiten für sich gewertet wurde.

Die Berechnung der Werte für den Beschäftigungsradius erfolgte durch die Aufsummierung der Intervalle mit „starker Teilnahme", „gemäßigter Teilnahme" und „Lehrervortrag mit Übungen" und der Teilung dieser Summe durch die Gesamtsumme der klassifizierten Intervalle. Je größer dann die Anzahl dieser Intervalle gegenüber den Intervallen mit „schwacher Teilnahme", „negativem Beschäftigungsradius" und „Nichtbeschäftigung", desto höher war die Wertung, die ein Lehrer für seinen Beschäftigungsradius erzielte.

Für das Rechenschaftsprinzip erhielten wir einen Wert, indem wir die Intervalle mit „starker" und „mäßiger" Ausprägung addierten und die Summe durch die Gesamtzahl der Intervalle dividierten. Ein zweiter Wert ergab sich aus der Anzahl wechselnder aufgerufener Schüler pro Minute.

Die Berechnung der Werte für Gruppenmobilisierung erfolgte durch bestimmte Gewichtung jedes klassifizierten Intervalls. Ein Intervall mit „starker" Gruppenmobilisierung erhielt fünf Punkte, Intervalle mit „mäßiger" vier, mit „schwacher" drei, Intervalle ohne feststellbare Mobilisierung zwei, mit „negativer" einen Punkt. Diese Punktwerte wurden addiert und durch die Anzahl aller bewerteten Intervalle geteilt, um auf diese Weise zu einem Wert für die Mobilisierungsbemühungen des Lehrers zu gelangen.

Gruppen-Fokus-Dimensionen in ihrer Beziehung zum Schülerverhalten: Resultate

Für den Beschäftigungsradius und seine Werte ergaben sich *keine* signifikanten Korrelationen mit Mitarbeit oder Fehlverhalten, weder in Übungs- noch in Stillarbeitssituationen. Es sei an dieser Stelle noch einmal nachdrücklich darauf hingewiesen, daß sich die Bewertung des Beschäftigungsradius' auf den formal vorgegebenen Rahmen der verschiedenen Übungen stützte, also *nicht* die Art und Weise berücksichtigte, in welcher der Lehrer dann tatsächlich an die Durchführung der Übungen heranging. Demnach standen für den Unterricht entweder Arbeitsmittel (Bücher, Karten, vervielfältigte Blätter) zur Verfügung, mit denen sich nichtaufgerufene Schüler während des Vortrags eines anderen Schülers zu beschäftigen hatten, oder es war dies eben nicht der Fall; war der Unterrichtsaufbau auf eine Kombination von Lehrervortrag und Übungen angelegt oder war er es nicht usw. Die Werte für den Beschäftigungsradius gehen also auf den offiziell festgelegten Rahmen zurück, der die Arbeitsmittel und die Rolle der nichtaufgerufenen Schüler bestimmte. Sie berücksichtigen nicht den faktischen Umgang des Lehrers mit diesen formalen Rahmenbedingungen.

Man darf zu dem Schluß kommen, daß die vorgegebenen Beschäftigungsradien als solche nicht nennenswert am Zustandekommen von Mitarbeit und an der Eindämmung von Fehlverhalten beteiligt sind. Was das Schülerverhalten angeht, so scheint die Art und Weise, in welcher der Lehrer einen formalen Beschäftigungsradius ausnutzt, von größerer Bedeutung als der Beschäftigungsradius selbst.

Gruppenmobilisierung steht dagegen in signifikanter Beziehung zum Schülerverhalten. In Übungen korreliert sie auf einem Niveau von 0,603 mit der Mitarbeit und von 0,442 mit ausbleibendem Fehlverhalten. In der Stillarbeit zeigt Gruppenmobilisierung nur eine schwache Korrelation (0,290; $p = 0,05$), und zwar lediglich mit nichtvorhandenem Fehlverhalten.

Demnach läßt sich also sagen, daß Lehrer, denen es durch Verhaltensweisen, die die Schüler mobil und auf dem Posten halten, gelingt, den Gruppen-Fokus zu wahren, bessere Erfolge bei der Stimulierung von Mitarbeit und der Verhinderung von Fehlverhalten erzielen als Lehrer, die den Gruppen-Fokus nicht in gleicher Weise aufrechterhalten. Dieser Lehrerstil-Aspekt macht sich noch stärker im Rahmen von Übungen als bei der Stillarbeit bemerkbar.

Auch das Rechenschaftsprinzip zeigt Verknüpfungen mit dem Schülerverhalten. Wir unterschieden dabei zwei Wertungen, von denen die eine auf globale Beurteilungen spezifischer Verhaltensmerkmale zurückging (Kontrollgänge durch die Reihen der Nichtaufgerufenen, Einbeziehung von Nichtaufgerufenen in die Wissensdemonstrationen usw.), die andere dagegen aus der Zählung der verschiedenen aufgerufenen Schüler resultierte. Beide Wertungen korrelieren in gleicher Richtung und annähernd gleicher Stärke mit Mitarbeit und Fehlverhalten. Wir verwandten demzufolge lediglich den einfacheren Maßstab, weshalb die in diesem Buch wiedergegebenen Korrelationen sich ausschließlich auf die Anzahl verschiedener Aufgerufener als Maß für das Rechenschaftsprinzip stützen.

Die Korrelationen zwischen Rechenschaftsprinzip und Schülerverhalten erreichten nur bei Übungen Signifikanzniveau: 0,494 für Mitarbeit und 0,385 für ausbleibendes Fehlverhalten. Danach hängt also bei Übungen in der Tat viel davon ab, ob die Lehrer der Gruppe demonstrieren, daß sie über das mit der laufenden Arbeit verbundene Tun ihrer Mitglieder Bescheid wissen. Der Lehrer kann dies entweder dadurch zeigen, daß er mit genügender Häufigkeit immer wieder andere Schüler aufruft, oder indem er andere Verhaltensweisen an den Tag legt — etwa während eines Schülervortrags auch den Nichtaufgerufenen seine Aufmerksamkeit zuwendet —, die der Gruppe sein Wissen um ihr Tun vor Augen führen[2].

Die Korrelation zwischen Rechenschaftsprinzip und Gruppenmobilisierung erreichte mit 0,494 ebenfalls Signifikanzniveau. Lehrer, die in den Wertungen für Gruppenmobilisierung berücksichtigte Verhaltensweisen zeigen, tendieren danach außerdem zur Durchsetzung des Rechenschaftsprinzips. Beide Faktoren implizieren ein Verhalten, welches Aufrechterhaltung des Gruppen-Fokus sowie Anzeichen dafür erkennen läßt, daß eine Absorption durch einzelne Personen bis zur Vernachlässigung der Übungsgruppe nicht stattfindet.

Gruppenmobilisierung erscheint als die von beiden bedeutsamere Gruppen-Fokus-Dimension. Nicht nur, daß sich zwischen Gruppenmobilisierung und Schülerverhalten höhere Korrelationen ergeben, sondern diese Korrelationen bleiben auch dann signifikant, wenn die Auswirkungen des Rechenschaftsprinzips durch partielle Korrelationen eliminiert sind: Gruppenmobilisierung korreliert dann auf einem Niveau von 0,475 mit Mitarbeit (vorher 0,603) und von 0,313 (vorher 0,442) mit ausbleibendem Fehlverhalten. Eliminiert man den Beitrag der Gruppenmobilisierung, so ergibt sich eine Korrelation von 0,283 (vorher 0,494) zwischen Rechenschaftsprinzip und Mitarbeit; die Korrelation mit dem Ausbleiben von Fehlverhalten wird statistisch insignifikant (0,213; vorher: 0,385). Obwohl also beide Dimensionen die Bereitschaft zur Mitarbeit steigern und Fehlverhalten einschränken, scheint es doch noch wichtiger zu sein, daß man die Schüler auf dem Posten hält und mobilisiert, als daß man sie kontrolliert. Lehrer, die sichtbares Verhalten erfolgreich steuern, zeigen indessen die Tendenz, beiden Dimensionen gerecht zu werden.

---

[2] Das Rechenschaftsprinzip könnte als Äquivalent für Allgegenwärtigkeit gesehen werden, mit dem Unterschied, daß letzteres sich auf das mitgeteilte Wissen um arbeitsgerechtes und fehlerhaftes Verhalten bezieht, das Rechenschaftsprinzip hingegen auf das mitgeteilte Wissen über die arbeitsmäßigen Leistungen der Schüler im Rahmen bestimmter Übungen.

5. Programmierte Überdrußvermeidung

Unsere nächste Frage gilt der Eigenart der Aktivitäten, die im Unterrichts-programm vorgesehen sind. Was sollen die Schülergruppen tun — welche Abfolge von Tätigkeiten hält der Lehrer für sie bereit? Steht die Eigenart des Unterrichtsprogramms in irgendeiner Beziehung zu Mitarbeit und Fehlver-halten?

Um die erste Frage beantworten zu können, müßte man Curriculum-Analysen durchführen, was eindeutig Größenordnung und Gegebenheiten dieser Studie übersteigen würde. Außerdem unterrichtete man innerhalb der untersuchten Schularten nach genau demselben allgemeinen Curriculum und benutzte für die verschiedenen Klassen gleicher Höhe dieselben grundlegenden Bücher und Materialien. Es fanden sich allerdings sogar zwischen Parallelklassen ein und derselben Schule Unterschiede hinsichtlich dessen, wie die Lehrer ihre didakti-schen Schwerpunkte setzen, wie sie die Unterrichtsaktivitäten anordnen und wie sie über die allgemeinen Curricularprinzipien der jeweiligen Schule hin-aus verfahren.

In den Video-Recorder-Studien wurde grob nach zweierlei Lernaktivitäten unterschieden: Übungen und Stillarbeit. Das Schülerverhalten differierte zwi-schen diesen beiden Arbeitsformen. In Übungen, unter aktiver Leitung des Lehrers, gab es mehr Mitarbeit und weniger Fehlverhalten als im Rahmen der Stillarbeit, wo die Schüler mit ihrer Arbeit größtenteils sich selbst über-lassen waren.

Die Korrelationen zwischen Lehrer- und Schülerverhalten fielen für Übungen und Stillarbeiten unterschiedlich hoch aus. Der vom Lehrer ausgehende Schwung korrelierte zum Beispiel stärker mit Mitarbeit in Übungssituationen als mit Arbeitsbereitschaft in der Stillarbeit. Programmierte Abwechslung kor-relierte andererseits stärker mit der Mitarbeit bei Stillarbeiten als bei Übun-gen. Übungs- und Stillarbeit haben je ihre besonderen Idealkombinationen von Lehrerstilmerkmalen für erfolgreiche Verhaltenssteuerung.

Läßt sich nun — neben der groben Unterscheidung von Stillarbeits- und Übungsaktivitäten — den Unterrichtsprogrammen sonst etwas entnehmen, was für das Verhalten der Schüler relevant werden könnte? Die Video-Aufzeich-nungen erlauben nicht die Messung gewisser Merkmale eines Aktivitätenpro-gramms, wie sie gemeinhin angeführt werden: Interessantheit, Lebensnähe, Einbau von Schwierigkeitsgraden, Berücksichtigung des kindlichen Entwick-lungsstandes und dergleichen. Wir versuchten trotzdem, einige standardisier-bare Kategorien für diese Programme zu entwickeln, in deren Reichweite sich Unterschiede zwischen den Klassen auftaten.

Unsere Dimensionen der Programmierung von Aktivitäten betrafen das Problem des psychischen Überdrusses. Kurt Lewin[12] definiert den Überdruß als die veränderte Valenz einer Tätigkeit aufgrund von Wiederholung. Untersuchungen zeigen, daß reine Wiederholung nicht nur die Valenz einer Tätigkeit verändert, sondern zugleich die Arbeitsqualität herabsetzt. Wiederholung erzeugt einen Wechsel von positiver (Gefallen) zu negativer (Ablehnung) Valenz. Mit zunehmender Wiederholung wird die Tätigkeit immer weniger positiv und immer mehr negativ besetzt. Der so entstehende Überdruß stellt demnach eher einen Prozeß dar als einen fest umrissenen Ist-Zustand. Je nach der Häufigkeit der Wiederholungen und der entsprechenden Verminderung positiver bzw. Erhöhung negativer Valenz treten verschiedene Überdruß-Stadien auf. So kann man etwa eine Tätigkeit zwar immer noch mögen, aber sie doch auch schon teilweise satthaben (man mag sie eben einfach weniger als vor der Wiederholung).

Anwachsender Überdruß ruft des weiteren berechenbare Veränderungen im sichtbaren Verhalten hervor: Spontane Variation der Tätigkeit; Minderung der Arbeitsqualität; steigende Fehlerzahl; und: wachsenden Bedeutungsverlust oder zunehmende Sinnentleerung der Tätigkeit. Ein Beispiel für den Bedeutungsverlust: Ein Schüler soll fünfzigmal den Satz schreiben: „Ich darf nicht reden." Anzeichen von Überdruß machen sich bemerkbar, als der Schüler beginnt, eine Spalte „Ichs", dann eine Spalte „Darfs" usw. anzufertigen. Der Satz verliert damit seine Bedeutung: Er wird nicht mehr vollständig hingeschrieben, sondern es werden stattdessen Wortlisten angelegt.

Sichtbare Anzeichen für abflauende Begeisterung oder wachsendes Unbehagen an der Tätigkeit offenbaren sich in der Tendenz des Betreffenden, seine Arbeit zu vernachlässigen und immer mehr von ihr wegzustreben oder „das Feld zu räumen". In seinem Verhalten deutet sich dies etwa an durch öfteres und immer längeres Pausieren, häufigeres Herumschauen, Fluchtversuche (Knüpfen der Schuhbänder, Bleistiftspitzen, Kämmen, sichtbare Unruhe usw.). Diese verhaltensmäßigen Anzeichen für langsam wachsenden Überdruß dürften in entsprechend verringerten Mitarbeits- bzw. erhöhten Fehlverhaltenswerten ihren Niederschlag finden.

Messung des Überdruß-Potentials in Unterrichtsprogrammen

Es sollte vielleicht zunächst darauf hingewiesen werden, daß uns die Video-Recorder-Studien keine Daten an die Hand gaben, mit denen wir Überdruß unmittelbar hätten messen können. Es standen uns also weder für das Überdruß-Potential der Aktivitäten noch für die Überdruß-Symptome bei den Schülern direkte Maßeinheiten zur Verfügung. Wir konnten mithin lediglich versuchen, einige indirekte Hinweise zu bekommen, um herauszufinden, ob die Vermeidung von Repetitivität irgendwelche Folgen für die Mitarbeits- und Fehlverhaltenswerte hatte.

132

Die wesentlichste Variable bei der Beeinflussung der Überdruß-Rate bildet das Gefühl des Vorankommens. Überdruß stellt sich nicht oder nur sehr langsam ein, wenn das Gefühl herrscht, es würden Fortschritte erzielt; denn die Grundbedingung für die Erzeugung von Überdruß ist Repetitivität: dasselbe wieder und wieder zu tun, ohne irgendwo anzukommen. Werden Fortschritte empfunden, so hat man nicht das Gefühl, es werde wiederholt, und verspürt folglich keinen Überdruß. Leider gestatten die Filmmitschnitte keine Aussagen darüber, ob und in welchem Umfang die Schüler Fortschritte oder Repetitivität empfanden.

Des weiteren fehlten uns direkte Maßeinheiten für Überdruß-Anzeichen im Verhalten. Wir hatten einzelne Schüler nicht mit dem Teleobjektiv festgehalten, um auf diese Weise Daten zu gewinnen, die uns Auskunft gegeben hätten über den Zeitpunkt, zu dem sie ihre Arbeiten zu variieren begannen; den Umfang und die Häufigkeit dieser Variationen; die Fehlerrate und -größe; die Häufigkeit und Länge von Pausen sowie über andere Äußerungen der jeweils vorhandenen Überdrußstärke.

Die nachfolgenden Versuche, programmierte Überdrußvermeidung mit dem Schülerverhalten in Zusammenhang zu bringen, müssen sich daher auf grobe und indirekte Maßwerte für Überdruß-Potentiale in Unterrichtsprogrammen und Überdruß-Anzeichen im Verhalten beschränken.

Dauer der Aktivitäten

Eine der Fragen zu den programmierten Aktivitäten eines Schultages befaßt sich mit der zeitlichen Länge der Aktivitäten. Ein geläufiger Begriff mit implizitem Bezug zur Erscheinung des Überdrusses ist dabei die „Aufmerksamkeitsspanne" – die Zeitspanne, innerhalb derer ein Schüler aktiv bei der Sache bleiben kann, ehe er sich langweilt, unruhig wird und den Wunsch nach Aufgabe der Tätigkeit zu entwickeln beginnt.

Nun lieferten uns die Video-Bänder in der Tat die Daten für die Bestimmung der Dauer von Unterrichtsaktivitäten. Wir maßen dreierlei: die durchschnittliche Zeit, die auf alle Unterrichtseinheiten verwandt wurde, die durchschnittliche Dauer von mündlichen Übungen und die durchschnittliche Dauer von Stillarbeiten.

Dann stuften wir die Lehrer danach ein, wie lange sie die Schüler im Durchschnitt bei einer Aktivität festhielten. Die drei so erhaltenen Bewertungen korrelierten wir mit Mitarbeit und Fehlverhalten bei Übungen wie bei der Stillarbeit.

Keine der Korrelationen zwischen der Dauer von Unterrichtsaktivitäten und Schülerverhalten erreichte Signifikanzniveau. Die Durchschnittsdauer der Aktivitäten insgesamt korrelierte weder mit Fehlverhalten noch mit Mitarbeit bei der Still- oder Übungsarbeit (vier Korrelationen). Die durchschnittliche Übungslänge korrelierte nicht mit Mitarbeit noch mit Fehlverhalten bei Übungen (zwei Korrelationen). Auch die durchschnittliche Dauer von Stillarbeiten ergab weder Korrelationen mit Mitarbeit noch mit Fehlverhalten bei der Stillarbeit (zwei Korrelationen). Alle Korrelationen waren praktisch gleich null. Vorprogrammierung von Aktivitäten im Hinblick auf die „Aufmerksamkeitsspanne", wenn dies einfach als Festlegung der Dauer von Unterrichtseinheiten verstanden wird, stellt demnach keine bedeutende Dimension der Klassenführung dar. Die auf eine Tätigkeit verwandte Zeit taugt nicht einmal zu einer indirekten Messung des Führungsproblems „Überdruß".

Fortgang der Aktivitäten: positive und negative Merkmale

Auf der Suche nach einer anderen indirekten Maßeinheit für Überdrußvermeidung trafen wir Feststellungen darüber, ob Lehrer Verhaltensweisen zeigten, die möglicherweise im Zusamenhang mit Wiederholungsüberdruß oder einem Gefühl des Vorankommens zu sehen waren. Unternimmt der Lehrer während einer Übung irgend etwas außerhalb der üblichen Routine, was geeignet wäre, entweder klare Empfindungen von Repetitivität oder von Fortschritten in der Unterrichtsaktivität zu wecken?

Die Klasse der Merkmale zum Fortgang der Aktivitäten umfaßte drei Kategorien:

1. *Routine* herrschte nach unserer Definition, wenn der Lehrer in bezug auf Fortschritt oder Wiederholung Verhaltensweisen normaler, üblicher Art und Ausprägung zeigte: Er unternahm in seinen Übungen weder speziell etwas zur Weckung von Fortschrittsempfindungen noch zeichnete er sich durch besondere Repetitivität aus. — Merkmale für das Vorliegen von Routine waren: abwechselndes Drannehmen von Schülern beim Lesen einer Geschichte; wechselndes Aufrufen von Schülern zur Lösung von Aufgaben im Buch; Durchgehen von Wortlisten, Sätzen, Aufgaben; mechanische Routineanerkennungen von Schülervorträgen durch ein „Weiter", „Ja"; positive Beurteilungen *aktueller* Ausführungen durch ein „Sehr schön", ein „Das ist sehr gut, Jimmy". Solche Routinemethoden, bei denen Schüler im Wechsel aufgerufen werden, bei denen eine Reihe von Punkten in einer Geschichte oder im Arbeitsbuch durchgegangen, die Qualität eines gerade beendeten Schülervortrags gewürdigt wird und dergleichen mehr, sind gewöhnliche Durchschnittsverhaltensweisen von Lehrern bei der Durchführung einer Übung — sie wecken weder besondere Fortschrittsgefühle noch bewirken sie ungewöhnliche Repetitivität.

2. *Positive Merkmale* wurden dann festgestellt, wenn der Lehrer etwas unternahm, was über seine unmittelbaren Pflichten hinausging, um damit einem Schüler bzw. einer Gruppe das Gefühl zu vermitteln, man käme voran und erreichte etwas mit seiner Arbeit. (Normale Anerkennungen, Würdigungen oder Belobigungen unmittelbar vorangegangener Ausführungen wurden *nicht* zu den positiven Merkmalen, sondern zur Routine gerechnet.) — Positive Merkmale waren: Explizites Aufbauen auf der Arbeit vom Vortage: „Gestern haben wir gelernt... und nun wollen wir sehen, ob wir...“; Hin-

weisen auf reale Fortschritte, die zwischen der aktuellen Leistung und vorangegangener Arbeit gemacht wurden: „Heute hast du zwei richtige Aufgaben mehr als gestern"; klare Anreicherung des Unterrichts oder seine Durchsetzung mit wirklich herausfordernden, gleichwohl erfüllbaren Sonderaufgaben, die zur Inganghaltung der laufenden Aktivität beitragen und das Gefühl von Repetitivität mindern.

3. *Negative Merkmale* wurden registriert, wenn der Lehrer eine Erklärung oder Vorführung öfter als für ihre Klarheit notwendig wiederholte oder wenn er einen bzw. mehrere Schüler eine Ausführung wiederholen ließ, die bereits korrekt gewesen war. Beispiel: Der Lehrer ließ die Schüler einzelne Wörter von Schautafeln ablesen. Ein Schüler mußte ein Wort aussprechen, dann ein anderer dasselbe Wort, dann wieder ein anderer dasselbe, bis jedes Kind im Lesekreis dasselbe Wort vorgelesen hatte.

Wir klassifizierten das Lehrerverhalten für jedes 30-Sekunden-Intervall der jeweiligen Übung als routiniert, positiv oder negativ. Es wurde auf vier verschiedene Weisen gewertet: a) nach dem Prozentsatz von Intervallen mit positiven Merkmalen; b) nach dem Prozentsatz von Intervallen mit negativen Merkmalen; c) nach dem Verhältnis von positiven zu negativen plus neutralen Merkmalen; und d) nach dem Verhältnis von negativen zu positiven plus neutralen Merkmalen.

Dieser Versuch zur Gewinnung gewisser indirekter Maßwerte für die Überdrußvermeidung war nicht erfolgreich. Es gab einfach nicht genügend Variationsbreite bei den Bewertungen, welche die verschiedenen Lehrer erhielten, als daß ihre Korrelation mit dem Schülerverhalten gerechtfertigt gewesen wäre. Bei allen Lehrern wurde fast ausschließlich Routine registriert; nur in sehr wenigen Fällen fanden sich klare Hinweise seitens des Lehrers auf Fortschritte oder Repetitivität. Zum Beispiel ermittelten wir bei 27 von 49 Lehrern über die ganze Länge aller ihrer Übungen lediglich zwei oder noch weniger 30-Sekunden-Intervalle, in denen negative Merkmale auftauchten. Mit anderen Worten: Die meisten Lehrer hielten sich in Übungen nicht einmal eine Minute bei Beschäftigungen auf, die wir als unnötig repetitiv erachtet hatten. Ebenso selten waren Unternehmungen des Lehrers außerhalb der Routine, die den Schülern ein besonderes Gefühl des Vorankommens vermitteln sollten.

Valenz und Herausforderung

Die Kategorie Valenz und Herausforderung sollte Feststellungen darüber ermöglichen, was Lehrer bei dem Versuch unternehmen, Überdrußerscheinungen auf dem Wege einer Verstärkung der Attraktivität und des Herausforderungscharakters von schulischen Aktivitäten zu begegnen. Unser Interesse galt also direkten Versuchen des Lehrers, bei den Schülern mehr Begeisterung, Arbeitsbereitschaft oder Neugierde auf den Unterricht zu wecken.

Valenz und Herausforderung wurden systematisch an allen Überleitungsstellen gewertet. Was vermittelte der Lehrer außer den normalen Anweisungen und Informationen, um damit motivationale Anstöße zur Inangriffnahme der nachfolgenden Arbeit zu geben? Spezielle Anstöße konnten etwa dadurch erfolgen, daß der Lehrer a) echte Freude und Begeisterung zeigte; daß er b) durch eine Ankündigung darauf hinwies, die nachfolgende Aufgabe besitze besondere positive Valenz (indem er etwa sagte: „Und jetzt kommt etwas lustiges; ich weiß, daß es euch Spaß machen wird"); oder daß er c) darauf hinwies, die Aufgabe stelle eine besondere intellektuelle Herausforderung dar. Beispiel: „Jetzt wird's vertrackt, ihr werdet also eure Denkermützchen aufsetzen müssen!"

Die Wertung von Valenz und Herausforderung erfolgte durch die Berechnung des Prozentsatzes von Überleitungen, bei denen der Lehrer solche motivationalen Anstöße gab. Überleitungen, die wir in dieser Hinsicht für mechanisch oder „unecht" befanden oder die faktisch weder einigermaßen freudig erregten noch intellektuell herausforderten, wurden dabei nicht berücksichtigt.

Die Bemühungen um Wahrung der positiven Valenz von Lernaktivitäten erwiesen sich als ziemlich erfolgreich in der Stimulierung von Mitarbeit und der Eindämmung von Fehlverhalten sowohl bei Übungen als auch bei der Stillarbeit. Zwischen den Werten von Valenz und Herausforderung und dem Schülerverhalten ergaben sich Korrelationen von 0,308 bis 0,372; sie waren also recht schwach, lagen aber noch im statistischen Signifikanzbereich.

Abwechslung

Als nächstes versuchten wir, uns dem Problem der Überdrußvermeidung durch die Entwicklung eines Maßstabes für den Abwechslungsreichtum in Unterrichtsprogrammen zu nähern. Da Überdruß als Folge dessen zu sehen ist, daß man „dasselbe wieder und wieder tun" muß, dürfte Abwechslung wohl mit der Überdrußrate zusammenhängen. Je größer die Vielfalt der Aktivitäten pro Zeiteinheit, desto langsamer sollte demnach Überdruß aufkommen. Bildet der Umfang programmierter Abwechslung eine bedeutsame Determinante erfolgreicher Klassenführung?

Um diese Frage beantworten zu können, brauchen wir einen Maßstab für Abwechslung. Das heißt aber zugleich, daß wir bestimmen müssen, wie sehr sich eine Aktivität von einer anderen unterscheidet. Das Lösen von Rechenaufgaben in Stillarbeit bedeutet einen gewissen Wechsel, wenn vorher in Stillarbeit Rechtschreiben geübt wurde. Gleichwohl bestehen einige Ähnlichkeiten zwischen beiden Aktivitäten: Die Schüler sitzen, schreiben, bleiben am selben Platz usw. Offensichtlich sind die sich ergebenden Veränderungen beim Übergang von „Rechtschreibstillarbeit" zu „Pause auf dem Hof" größer als die beim Übergang von „Rechtschreib-" zu „Rechenstillarbeit". Jedenfalls würden wahrscheinlich die meisten Schüler sagen, daß ein größerer Unterschied zwischen Rechtschreiben und großer Pause besteht als zwischen Rechtschreiben und Rechnen; oder, anders ausgedrückt: Die meisten Schüler würden finden, daß Rechtschreiben eher dem Rechnen als der Pause im Hof ähnelt. Um diese Urteile hinlänglich begründen und quantifizieren zu können, müßte man näher bestimmen, inwiefern sich die Aktivitäten zugleich ähneln und unterscheiden; man müßte demnach in der Lage sein, anzugeben, daß x Ähnlichkeiten und y Differenzen zwischen ihnen bestünden. Man könnte dann sagen, es gäbe x Differenzen zwischen Rechtschreiben und großer Pause gegenüber y Differenzen zwischen Rechtschreib- und Rechenstillarbeit. Ein solches Verfahren wäre vielleicht nicht erschöpfend im Sinne der Erfassung aller Aspekte, unter denen man Aktivitäten beschreiben könnte, doch würde es genügen, um die relative Anzahl der Differenzen zwischen verschiedenen Tätigkeiten zu messen — vorausgesetzt, daß dabei relevante Tätigkeitsaspekte Berücksichtigung fänden.

Bei der Entwicklung eines kategorialen Rahmens für Abwechslung brachten wir dieses Verfahren zur Anwendung. Jede Unterrichtsaktivität wurde auf acht Kriterien hin untersucht. Die Zahl der Unterschiede zwischen den einzelnen Aktivitäten ließ sich dann durch Auszählung der Kriterien feststellen, hinsichtlich derer sie voneinander abwichen. Bei der Beschreibung der Aktivitäten stützten wir uns auf die Kategorien: thematischer Inhalt; innerer Verhaltensmodus; Darbietungsweise des Lehrers; Art der Arbeitsmittel; Gruppenanordnung; Eigenverantwortlichkeit des Schülers; äußerer Verhaltensmodus; Standort[1]. Es folgen die Kategorien im einzelnen.

Inhalt meint die Bezeichnung der jeweiligen Aktivität, das, was aus der Sicht des Schülers gerade „dran" war: Es wurde gerechnet, Rechtschreibung geübt, gelesen, Geographie betrieben usw. Wir verwandten folgende Kategorien:

— Geschichtenlesen, -erfinden, -erzählen (strukturell verschiedene Anforderungen)
— Phonetische Übungen: Wörter, Wortklänge, Wortbedeutungen (Beanspruchung der mechanischen, durch Übung erworbenen Fähigkeit des Wiedererkennens)
— Grammatik, Satzbau, Stilübungen
— Rechtschreiben
— Schönschreiben; Abschreiben
— Rechnen
— Geographie
— Gegenwartskunde
— Naturkunde
— Durchsichten und Besprechungen
— Verschiedenes (unbestimmter, aber vom Vorangegangenen unterschiedener Inhalt; Verwendung eigener Arbeitsmittel)
— Kunst
— Musik
— Poesie und Drama
— Vorzeigen und Besprechen von mitgebrachten Gegenständen

---

[1] Die meisten dieser Kategorien wurden von Barker und Wright entlehnt, die sie zur Charakterisierung von Handlungssituationen verwenden. Wegen ihrer speziellen Beziehung zur Handlungssituation im Klassenzimmer wurden zusätzliche Kategorien wie „thematischer Inhalt" oder „Darbietungsweise des Lehrers" gebildet.

— Informelle Diskussion (ohne Verbindung zu einer der anderen Kategorien)
— Spiele (ohne Verbindung zu einer der anderen Kategorien); Sport
— Ruhepausen, Wartezeiten, Routineangelegenheiten
— Füllsel (falls vorhanden; sie stellen keine Arbeit für alle Schüler dar, sondern Beschäftigungen nach Wahl für diejenigen, die mit ihren regulären Stillarbeitsaufgaben fertig sind.)

Innerer Verhaltensmodus bezieht sich auf Art und Umfang der zur Bewältigung einer Aufgabe erforderlichen intellektuellen Tätigkeit. Wie groß ist die intellektuelle Herausforderung, die eine Aufgabe mit sich bringt? In unserem Klassifikationsschema erscheint intellektuelle Herausforderung von unten nach oben ansteigend arrangiert; es umfaßt die folgenden Kategorien:

1. Die Aufgabe erfordert lediglich Ausdauer oder Aufmerksamkeit; die Schüler sollen einfach nur zuhören oder etwas abschreiben (Wörter, Sätze, Zahlen).
2. Die Aufgabe verlangt die Erprobung bzw. den Gebrauch einer spezifischen Fertigkeit: einfaches Lautlesen; phonetische Übungen; einfaches Heraussuchen oder Benennen; Zusammenzählen; Anmalen.
3. Die Aufgabe erfordert Begriffsvermögen, selektives Wiedererkennen oder Gedächtnis: Wiedererinnerung von Teilen einer Geschichte; Lesen mit gleichzeitigem „Forschen" nach bestimmten Sachverhalten; schriftliche oder mündliche Beantwortung von Fragen, die mehr als einfaches Heraussuchen verlangen.
4. Die Aufgabe erfordert Denk- und Abstraktionsvermögen: Rätselaufgaben, Textaufgaben, Klassifikationsübungen beim „Lesen mit Aufgaben".
5. Die Aufgabe verlangt Kreativität; die Schüler sollen sich individuell ausdrücken oder individuell produktiv werden. Aufgabenbeispiel: „Male ein Bild zu dem Teil der Geschichte, der dir am besten gefällt."

Darbietungsweise des Lehrers beschreibt die vorherrschende Lehrertätigkeit innerhalb der jeweiligen Unterrichtseinheit. Dies konnte sein:

— Vorführung oder Vergabe von Routineinstruktionen
— Durchführung von Tests
— Vorlesen einer Geschichte oder Vorsingen eines Liedes
— Einüben, Abfragen und stoffliche Schulung
— zwanglose Besprechung und Beratung mit den Schülern
— Herumwandern, Überwachung, Kontrolle von Arbeitsunterlagen (wie es bei überwachter Stillarbeit zu beobachten ist)
— Zuschauen und Beobachtung
— Beschäftigung mit einer anderen Gruppe (dies trifft bei nichtüberwachter Stillarbeit zu, wenn der Lehrer zur gleichen Zeit mit einer anderen Teilgruppe Übungen durchführt — meistens mit Lesegruppen im Lesekreis).

Arbeitsmittel, die im Unterricht verwandt wurden, klassifizierten wir primär nach normal/gebräuchlich auf der einen und einzigartig/selten auf der anderen Seite. Wir gliederten nach folgenden Kategorien:

1. Normale (Stifte, Papier, Bücher) oder keine Arbeitsmittel.
2. Standardarbeitsmittel, die allen Schülern zur Verfügung stehen oder gerade nur von einem Teil der jeweils untersuchten Gruppe benutzt werden, wie z. B. Tafel, Land-

karten, graphische Darstellungen; oder auch in allgemeinem Gebrauch befindliche Arbeitsmittel, die nur hin und wieder eingesetzt werden, wie einmal wöchentlich benutzte Lesebücher, Liederbücher, Perlen und Murmeln für Lernspiele, Malbücher.
3. Ungewöhnliche Arbeitsmittel (nur je einmal vertreten), die zur Standardausrüstung des jeweiligen Klassenzimmers gehören, wie z. B. Plattenspieler, Atlanten, Diagramme.
4. Ungewöhnliche Arbeitsmittel (je einmal vorhanden), die nicht die ganze Woche hindurch verfügbar sind, wie z. B. mitgebrachte Gegenstände, Projektoren, Magazine.

Gruppenanordnung betrifft die Frage, ob der Schüler zur jeweiligen Zeit einer die ganze Klasse umfassenden Gruppe oder einer kleineren Teilgruppe angehörte. Wir bildeten die Kategorien:

1. Mitglied der Teilgruppe A, B, C oder D.
2. Mitglied der Klasse als Ganzes.
3. Mitglied wechselnder Teilgruppen.

Eigenverantwortlichkeit des Schülers bezieht sich auf die vom Schüler vorwiegend eingenommene Rolle bei der Festsetzung der Gangart, in der eine Aktivität voranschreitet. Die Kategorien hierfür:

1. Der Schüler verhält sich passiv und/oder hört zu.
2. Der Schüler liest vor, beantwortet Fragen des Lehrers oder ist dazu aufgefordert; er hat mit Arbeitsmitteln umzugehen, während der Lehrer Fragen stellt, muß z. B. im Wechsel mit anderen Schülern an die Tafel, wenn gerade die Kontrolle von Rechenaufgaben Unterrichtsgegenstand ist.
3. Der Schüler bestimmt eigenmächtig Zeit, Ort und Tätigkeit im Rahmen eines vorgegebenen Themas.
4. Der Schüler beteiligt sich an gemeinsamen Aktivitäten, informellen Diskussionen, Spielen.
5. Der Schüler beteiligt sich an der Festsetzung der Gangart für mindestens einen anderen Schüler, etwa wenn die Schüler mit Schautafeln oder bei Gruppenprojekten paarweise arbeiten sollen.

Äußerer Verhaltensmodus beschreibt das vorherrschende sichtbare Gruppen- bzw. Teilgruppenverhalten, das von Stillsitzen bis zu lebhafter Aktivität reichen konnte. Wir klassifizierten:

1. Lesen, Zuhören, abwechselndes Vorlesen.
2. Schreiben, Buchstabenausziehen, Heftdurchsicht, Zeichnen auf kleinem Raum.
3. Großflächiges Zeichnen.
4. Hantieren mit Arbeitsmitteln bzw. kleine Muskelbewegungen des Körpers: Arbeit mit Papptafeln, mit Rechenbrettern, Schreiben an der Tafel, Teilnahme an Lernspielen.
5. Gehen, Laufen, große Muskelbewegungen.

Standort betrifft die räumliche Position der Schüler. Es wurden unterschieden:

1. Eigene Bank.
2. Gruppierung um den Lehrer herum.
3. Sonstiger Standort innerhalb des Klassenzimmers.
4. Außerhalb des Klassenzimmers.

Wertung von Abwechslung

Jede Aktivität klassifizierten wir nach allen acht Kriterien. Wenn eine Schülerteilgruppe von der Rechenstillarbeit zum Lesekreis überwechselte, wurden sowohl Stillarbeit als auch Leseübung nach den gleichen Kriterien gewertet. Wir erfaßten so alle Aktivitäten eines Schultages in der Reihenfolge ihres Auftretens. Veränderungen zwischen je zwei aufeinanderfolgenden Tätigkeiten konnten dabei ein bis acht Kriterien betreffen. Wir errechneten also die Summe der Differenzen zwischen zeitlich benachbarten Aktivitäten.

Für jede Klasse wurde eine eigene Summe ermittelt, welche wir dann durch die Gesamtzeit teilten, die diese Aktivitäten beansprucht hatten. Der so erhaltene Wert stellt eine Kombination aus Vielfalt und Gegensatz dar: Der Wert für Abwechslung erhöht sich (der Dividend wird kleiner), je vielfältiger die Aktivitäten sind und je größer die Anzahl der Differenzen zwischen zeitlich aufeinanderfolgenden Tätigkeiten ist. Jene Werte repräsentieren demnach weniger die durchschnittliche Dauer von Aktivitäten als vielmehr die Durchschnittsdauer von Aktivitäten, bei denen sich nichts verändert. Ein Wert von zehn bei Stillarbeit konnte z. B. bedeuten, daß die Stillarbeit zehn Minuten dauerte, oder daß sie zwanzig Minuten dauerte, aber zwei Veränderungen einschloß, oder daß sie dreißig Minuten mit drei Veränderungen innerhalb dieser Zeit beanspruchte und so fort. Gemessen werden sollte also nicht Zeit als solche, sondern der Abwechslungsreichtum pro Zeiteinheit. Hielt der Lehrer Beschäftigungen für Schüler bereit, die mit ihrer vorgeschriebenen Stillarbeit fertig waren, so wurden diese „Füllsel" ebenfalls in der Wertung für Abwechslung berücksichtigt. Wir machten dabei geltend, daß die Bereitstellung von erlaubten Beschäftigungen für Schüler, welche die offiziell gestellten Aufgaben erfüllt haben, der Überdrußvermeidung dient.

Erste Befunde zu Abwechslung

In der ursprünglichen Video-Recorder-Studie wurden 30 Klassen je einen halben Tag lang aufgenommen, wobei sowohl die oberen als auch die unteren Elementarschulklassen Berücksichtigung fanden. Alle Messungen und Korrelationen wurden für emotional gestörte und für nichtgestörte Kinder separat analysiert.

Bei der Korrelation der Abwechslungswerte mit dem Schülerverhalten erhielten wir 64 verschiedene Ergebnisse, was dem Umstand zuzuschreiben war, daß wir gesonderte Tabellen angelegt hatten: für Stillarbeit und für Übungen; für die ersten beiden und für die dritten bis fünften Klassen; für Fehlverhalten und für Mitarbeit; für emotional gestörte und für nichtgestörte Kinder.

Es fanden sich keine signifikanten positiven Korrelationen zwischen dem Abwechslungsreichtum eines Schulvormittags und dem Schülerverhalten. Von 64 Korrelationen waren 26 negativ und drei positiv auf einem Niveau von 0,05, was genausogut durch Zufall zustande gekommen sein konnte.

Dieses Fehlen jeglicher signifikanter Korrelationen zwischen programmierter Abwechslung und Mitarbeit oder ausbleibendem Fehlverhalten stellte uns vor ein Rätsel und zwang uns zu einem neuerlichen Überdenken des Sachverhalts. Dabei fiel uns auf, daß unsere Wertung von Abwechslung gleichermaßen Lernaktivitäten wie auch solche Tätigkeiten einschloß, die nicht eigentlich zum Unterricht gehören. Man könnte sagen, daß Pausen und andere nicht-unterrichtliche Bestandteile des Schulalltags ein gewisses Äquivalent zu „Kaffeepausen" am Arbeitsplatz bilden. Sie sind nicht Teil der Arbeit, sondern zeitweilige Rückzüge aus ihr. Solche Unterbrechungen der Arbeit mögen die Arbeitssituation insgesamt erträglicher machen, aber sie bewirken keine Veränderungen in der Valenz der Arbeit selbst: Das Unbehagen daran, „immer und immer wieder Schrauben anziehen" zu müssen, dürfte sich durch eine damit unzusammenhängende Kaffeepause nicht verringern. Abwechslung innerhalb der eigentlichen Arbeit dagegen könnte möglicherweise die Überdruß-rate senken.

Wir nahmen daher eine neuerliche Wertung von Abwechslung auf der Grundlage rein schulspezifischer Aktivitäten vor: solcher Aktivitäten, die wohl die meisten Schüler mit dem Lernen oder der Entwicklung von Fertigkeiten verbinden (Lesen, Rechnen, Natur-, Sozialkunde usw.). Aktivitäten ohne direkten Lernbezug, wie Ruhezeiten, körperliche Übungen, normale Spiele und Pausen wurden von der Wertung ausgeschlossen.

Die Korrelationen zwischen genereller lernbezogener Abwechslung (Übungen plus Stillarbeit) und Schülerverhalten fielen höher aus als diejenigen zwischen Schülerverhalten und Abwechslung bei allen Tätigkeiten insgesamt. Von 64 Korrelationspaaren erzielten 59 höhere Resultate, wenn lediglich lern-spezifische Vielfalt als Maßstab für Abwechslung genommen wurde. Und alle Korrelationen — von einigen wenigen negativen für die höheren Klassen abgesehen — waren positiv. Allerdings ergaben sich nur für die Stillarbeit signifikante Korrelationen, und dies auch nur für die ersten und zweiten Klassen oder dann, wenn man alle Klassen zusammennahm. Für sich betrachtet erreichte keine der Korrelationen für die höheren Klassen Signifikanzniveau.

Wir machten uns daher an die Ermittlung von Abwechslungswerten nur für Stillarbeiten und korrelierten diese mit dem Schülerverhalten bei der Stillarbeit. Für die ersten und zweiten Klassen ergab sich eine Korrelation von 0,827 (N = 11) zwischen Abwechslung bei der Stillarbeit und Mitarbeit und eine Korrelation von 0,973 für ausbleibendes Fehlverhalten. Für die dritten bis fünften Klassen ergaben sich negative Korrelationen — 0,667 für Mitarbeit und — 0,667 für ausbleibendes Fehlverhalten (N = 9).

Diese erste Analyse deutet darauf hin, daß Unterrichtsprogrammierung zur Vermeidung von Überdruß mittels lernbezogener Abwechslung eine relevante Dimension der Klassenführung darstellt. Die Programmierung eines Schultages unter diesem Aspekt dürfte indessen für kleinere Kinder andere Überlegungen erfordern als für die größeren. Es ist durchaus möglich, daß fühlbarer Lernfortschritt als Überdrußvermeidungsfaktor bei den älteren eine bedeutendere Rolle als bei den jüngeren spielt. Erlebte Vielfalt dürfte dagegen relativ stärker bei den Kleinen ins Gewicht fallen. Die Älteren brauchen wahrscheinlich Aktivitäten von ausreichender Länge, um so die Erfahrung von Fortschritt und der Beherrschung eines Stoffes machen zu können.

Es sei darauf hingewiesen, daß alle anderen in der ersten Video-Recorder-Studie untersuchten Lehrerstil-Dimensionen keine Differenzen zwischen jüngeren und älteren Schülern erkennen ließen. Reibungslosigkeit, Allgegenwärtigkeit und Überlappung korrelierten sowohl für die ersten und zweiten als auch für die dritten bis fünften Klassen in gleicher Richtung und annähernd gleicher Stärke mit der Mitarbeit, dem Ausbleiben von Fehlverhalten und der Ansteckung durch Fehlverhalten.

Die Resultate zu Abwechslung können bis jetzt nur als provisorische angesehen werden. Wegen der Altersdifferenzen und der Differenzen zwischen Still- und Übungsarbeit, die uns zu separater Behandlung von Arbeitsformen und Klassen nötigten, stand uns nur jeweils eine sehr kleine Anzahl von Fällen für die Korrelationen zur Verfügung. In der zweiten Video-Recorder-Studie nahmen wir lediglich erste und zweite Klassen einen vollen Schultag lang auf. Wir entschlossen uns zu diesen ganztägigen Aufnahmen, um damit die Wahrscheinlichkeit zu erhöhen, für alle Klassen sowohl Stillarbeits- als auch Übungssituationen mitschneiden zu können.

Resultate zu Abwechslung aus der zweiten Video-Recorder-Studie

Abwechslung wurde in der gleichen Weise gewertet wie bei der ersten Video-Recorder-Studie, allerdings mit einer Abweichung, nämlich der etwas stärkeren Gewichtung der Rolle innerer Verhaltensmodi. Jeder Aktivität, die keine intellektuelle Anstrengung verlangte, wie etwa das Abschreiben von Wörtern oder Zahlen, wurde ein Wert von minus eins beigelegt. Einen zusätzlichen Punkt für Abwechslungsreichtum erhielten Aktivitäten mit intellektueller Herausforderung, die über den einfachen Gebrauch von Fertigkeiten hinausging: Aktivitäten, welche Abstraktionsvermögen oder Kreativität erforderten. Einer solchen Wertung liegt die theoretische Überlegung zugrunde, daß Aktivitäten, die lediglich Ausdauer verlangen, schneller Überdruß aufkommen lassen als Aktivitäten, die das Denk- und Urteilsvermögen beanspruchen.

Die Korrelationen zwischen programmierter lernbezogener Abwechslung und Schülerverhalten sind in Anhang 4.1 wiedergegeben. Sie stimmen im wesentlichen mit den Befunden aus der ersten Studie überein. Abwechslungsreiche Stillarbeit korreliert mit dem Stillarbeitsverhalten auf einem Niveau von 0,516 für Mitarbeit und von 0,276 für ausbleibendes Fehlverhalten. Abwechslungsreiche Stillarbeit korreliert sogar höher mit der Arbeitsbereitschaft bei Stillarbeit als jede andere einzelne Lehrerstil-Dimension. Mehr noch: Eine Analyse mittels partieller Korrelationen enthüllt, daß die Korrelation zwischen Abwechslung und Mitarbeit im Rahmen der Stillarbeit nicht schwächer wird, wenn man die Wirkungen aller anderen Lehrerstil-Dimensionen eliminiert.

Programmierte Abwechslung zeigt keine Korrelationen mit dem Verhalten in Übungen. Wirkungen, die von der Abwechslung auf das Übungsarbeitsverhalten ausgehen mögen, werden von den Wirkungen anderer Lehrerstil-Dimensionen und dem Vorherrschen routinierter Unterrichtsabwicklung, wie sie bei allen Lehrern in Übungen zu beobachten war, in den Schatten gestellt. Die Tauglichkeit des Routineunterrichts zur Erzeugung angemessenen Schülerverhaltens erscheint allerdings dann fraglich, wenn der Unterrichtsablauf durch Verzögerungen ins Stocken gerät oder durch Sprunghaftigkeiten auseinandergerissen wird.

6. Abschließende Bemerkungen

Die vorangegangenen Untersuchungen stellten Versuche dar, Lösungen für ein praktisches Problem des Schullehrers zu finden — das Problem der Disziplin im Klassenzimmer. Wie sollte der Lehrer mit einem Schüler verfahren, der sich schlecht benimmt? Da jedoch der Lehrer mit einer ganzen Gruppe von Schülern zu Rande kommen muß, wurde die Frage neu formuliert, und zwar im Hinblick auf die gruppenspezifischen Wirkungen von Disziplinierungsmaßnahmen. Wir nannten sie den *Wellen-Effekt*. In welcher Weise beeinflußt die Methode des Lehrers, nach der er mit einem sich schlecht betragenden Schüler verfährt, *andere* Schüler in der Klasse?

Der Autor möchte nun noch einmal zusammenfassen, was er als Ergebnis seiner eigenen und der Bemühungen seiner zahlreichen Mitarbeiter gelernt hat. Seine Lernerfahrungen betreffen gleichermaßen die Forschungsmethodologie wie die Verhaltenssteuerung im Klassenzimmer.

Als erstes erhob sich die Frage, ob es überhaupt einen Wellen-Effekt gibt. Werden Schüler, die nicht Objekt eines disziplinarischen Vorfalles sind, gleichwohl von ihm betroffen? Und wenn ja: Wie sieht diese Betroffenheit aus? — Die zweite Frage war, ob unterschiedliche Qualitäten von Zurechtweisungen auch verschiedenartige Effekte erzeugen. Zieht zum Beispiel eine ärgerliche Zurechtweisung andere Wellen-Effekte nach sich als eine Zurechtweisung ohne spürbare Verärgerung? — Voruntersuchungen lieferten affirmative Ergebnisse zu beiden der oben gestellten Fragen. Systematische, während der ersten Vorschulwoche angestellte Beobachtungen sowie Experimente mit College-Studenten, High-School- und Elementarschülern deuteten *alle* auf die Existenz eines Wellen-Effektes hin; ferner zeigten sie *alle*, daß Variationen in den Zurechtweisungsqualitäten verschiedenartige Wellen-Effekte zur Folge hatten. In der Vorschul-Studie beispielsweise gab es eindeutige Belege für das Vorhandensein von Wellen-Effekten, die außerdem durch Klarheit, Festigkeit und Verärgerung, mit denen der Lehrer seine Zurechtweisungen vornahm, beeinflußt waren. Klare Zurechtweisungen erzeugten mehr arbeitsgerechtes Verhalten und weniger Fehlverhalten seitens der beiwohnenden Schüler als Zurechtweisungen, denen es an Klarheit fehlte. Mit Festigkeit vorgenommene verursachten die gleichen Wellen-Effekte wie klare Zurechtweisungen, dies allerdings nur bei den Schülern, die zu diesem Zeitpunkt selbst Fehlverhalten oder teilnehmendes Interesse an Fehlverhalten gezeigt hatten. Ärgerliche und/oder punitive Zurechtweisungen riefen Arbeitsunterbrechungen und sichtbare emotionale Verstörung hervor, hatten aber keinen Einfluß auf Konformität oder Fehlverhalten der beiwohnenden Schüler. Damit lernten wir zugleich, daß

Verärgerung keine Intensivierung von Festigkeit, sondern eine andere Qualität darstellt, die ihre eigenen Wellen-Effekte produziert.

Die Resultate aus der Vorschul-Studie erhielten keine Bestätigung durch eine ähnliche, in einem Camp durchgeführte Untersuchung. Im Camp fanden sich keine erkennbaren Wellen-Effekte — noch hatten Variationen in den Zurechtweisungsmethoden der Betreuer irgendwelche Folgen für die Reaktionen der anwesenden Lagerbewohner. (Die einzige Zurechtweisungsqualität, die etwas bewirkte, war hohe Attraktion vermittels Neuheit: Wenn ein Betreuer Jim zurechtwies und dabei von einer Wassermelonen-Party sprach, dann schenkte John dem Vorfall ein wenig mehr Beachtung als sonst; in seinem Konformitäts- bzw. Fehlverhalten änderte sich indessen nichts.)

Die Differenzen zwischen den Vorschul- und Camp-Studien erklärten sich zum Teil aus der Tatsache, daß die Untersuchungen in verschiedenen Milieus stattgefunden hatten. Interviews enthüllten, daß Kinder unterschiedliche Vorstellungen von schlechtem Betragen in Camp-, Elternhaus- und Schulmilieus und je unterschiedliche Beziehungen dazu haben. Die Arten der Vergehen, welche sie für Zuhause, Camp und Schule anführen, weichen stark voneinander ab. Kinder unterscheiden auch jeweils andersgeartete Konsequenzen für Vergehen in Camp, Elternhaus und Schule. Beispiele für einige der Differenzen: Zu Hause konzentriert sich schlechtes Betragen mehr als in der Schule auf das Zerschlagen von Gegenständen, in der Schule dagegen eher als zu Hause auf Regelverletzungen; Vergehen im Camp haben aggressiveren Charakter als Vergehen in der Schule. Überdies fassen Kinder die Rollen von Eltern, Lehrern und Lagerbetreuern in Fällen schlechten Betragens als ganz verschiedene auf. Es zeigen sich u. a. folgende Differenzen: Eltern haben zu leiden (sorgen sich, müssen Reparaturen bezahlen), Lehrer dagegen nicht; Eltern strafen angeblich härter und eher körperlich, während Lehrer mehr dazu neigen, auf reale Konsequenzen aufmerksam zu machen.

Milieu-Differenzen offenbaren sich ferner in der Art und Weise, wie Kinder Lagerbetreuer und Lehrer beschreiben. Was sie bei der Beschreibung der einen Rolle hervorheben, unterscheidet sich von dem, was ihnen bei der anderen wichtig erscheint. Bei Betreuern etwa werden vorwiegend „Gratisverteiler"-Qualitäten betont („schenkt uns Süßigkeiten"), während Lehrer nur selten in dieser Dimension beschrieben werden. Die Befunde lehrten uns, daß Beziehungen zwischen Erwachsenen und Kindern — Disziplinierung ist ein Teil solcher Beziehungen — nicht unabhängig von dem Milieu, in welchem diese Beziehungen entstehen, und von der typischen Rolle, die die erwachsene Bezugsperson in diesem Milieu innehat, interpretiert werden können. Ein Verständnis von Lehrer/Schüler-Beziehungen muß auf Untersuchungen von Lehrern in Schulsituationen gegründet sein. Nichts berechtigt uns, von Studien über Eltern in häuslicher Umgebung, Berater in ihren Sprechzimmern, Psychotherapeuten in Kliniken oder Jugendleiter an Erholungsstätten zu Schlußfolgerungen für die Lehrer/Schüler-Beziehung in der Schule zu kommen.

Wir erhielten des weiteren differierende Befunde aus Experimenten mit simulierten Klassen und aus Interviews und Fragebögen, die sich auf reale Schulsituationen bezogen. In simulierten Schülergruppen oder auch in richtigen Klassen, in denen ein zu experimentellen Zwecken eingesetzter Lehrer erstmalig unterrichtete, erzeugten verschiedenartige Zurechtweisungsmethoden *tatsächlich* unterschiedliche Wellen-Effekte. Schwerpunktmäßig arbeitsbezogene Zurechtweisungen etwa („Du kannst nicht lernen, wenn du mit Büroklammern herumspielst") zogen günstigere Wellen-Effekte nach sich als Methoden mit personalem Schwerpunkt („Ich mag keine Kinder, die mit Büroklammern spielen").

Im Gegensatz dazu zeigten Interviews mit High-School-Schülern über ihre reale Unterrichtssituation, daß Qualitäten von Zurechtweisungsmethoden in *keiner* Beziehung zu Wellen-Effekten standen. Wellen-Effekte traten *allerdings* im Zusammenhang mit der fachlichen Lernmotivation des Schülers und mit seiner Zuneigung zum Lehrer auf. Die dauerhafte Variable Motivation war verknüpft mit arbeitsbezogenen Wellen-Effekten wie der Neigung zu besserem Benehmen nach der Zurechtweisung eines anderen Schülers. Die dauerhafte Variable Zuneigung zum Lehrer ließ mit Wertschätzungsurteilen verbundene Wellen-Effekte auftreten, die etwa seine Fairneß zum Gegenstand hatten. Diese dauerhaften Variablen oder auch persönlichen Bindungen korrelierten *nicht* mit Wellen-Effekten in Experimenten.

Der Gegensatz zwischen den Resultaten aus Interviews und Experimenten vermittelte uns eine weitere Einsicht: Wir lernten, daß die inneren Bindungen einer Versuchsperson im Experiment anderer Natur sind als die in realen Lebenssituationen gewachsenen Bindungen. Wir sahen ferner, daß simulierte Rahmenbedingungen uns etwas über die Psychologie erster Eindrücke verraten können. Solche erstmaligen Wahrnehmungen und Reaktionen dürften sich erheblich von den Wahrnehmungen und Reaktionen bei ähnlichen Ereignissen innerhalb eines Kontinuums realer Situationen unterscheiden.

Diese Erkenntnisse über Qualitäten und Determinanten von Wellen-Effekten führten uns zu einem mehr ökologisch orientierten Ansatz beim Studium von Problemen der Klassenführung. Wir entschlossen uns zu Videoaufzeichnungen natürlicher Unterrichtssituationen. Dabei leitete uns eher eine allgemeine Wißbegierde als die Absicht, irgendwelche Hypothesen zu überprüfen. Die Video-Bänder sollten uns das Studium aller Vorgänge ermöglichen und nicht bloß dessen, was sich der Wahrnehmung besonders aufdrängte, von Interesse war oder mit vorhandenen Hypothesen übereinstimmte. Überdies konnten Video-Bänder immer wieder abgespielt werden und damit die Messung einer Vielzahl gleichzeitig auftretender Variablen wie auch von zur Zeit der Datensammlung noch gar nicht in Betracht gezogenen Variablen möglich machen.

Eine Analyse von Zurechtweisungsfällen in den aufgenommenen Klassen ergab, daß die Qualitäten der Zurechtweisung in *keiner* Beziehung zu Schülerreaktionen standen. Dieser Befund galt sowohl für die unmittelbare Reaktion der Schüler auf eigentliche Zurechtweisungen als auch für den Umfang des in einer Klasse auftretenden Fehlverhaltens und der Ansteckung durch Fehlverhalten insgesamt.

Diese letztere Erkenntnis nötigte uns zum Umlernen insofern, als wir nun die Ausgangsfrage durch andere Fragen zu ersetzen hatten. Fragen zur Disziplinierungstechnik wurden eliminiert, an ihre Stelle traten Fragen zur Klassenführung im allgemeinen. Mitarbeit wurde zu einer zusätzlichen Variablen neben Fehlverhalten. Und der Vorbeugung von Fehlverhalten wurde in unseren weiteren Forschungen Priorität vor dem Umgang mit Fehlverhalten eingeräumt.

Alle Klassen erhielten dementsprechend Wertungen für Mitarbeit und Fehlverhalten. Klassenführung wurde definiert als die Beschäftigung mit dem äußerlich sichtbaren Verhalten von Schülern, für welches offene Anzeichen von Mitarbeit und Fehlverhalten maßgeblich waren. Welche Lehrerhandlungen korrelierten mit diesen Verhaltensweisen?

Wir ermittelten einige Lehrerstil-Dimensionen, die signifikante Korrelationen mit dem Schülerverhalten erbrachten. Sie stellten sich dar als:

1. *Allgegenwärtigkeit und Überlappung;* diese Dimensionen betreffen die Fähigkeit des Lehrers, den Schülern mitzuteilen, daß er über ihr Verhalten informiert sei, sowie seine Fähigkeit, bei zwei gleichzeitig auftretenden Problemen beiden simultan seine Aufmerksamkeit zuzuwenden.
2. *Reibungslosigkeit und Schwung;* beide Parameter messen die Fähigkeit des Lehrers, den Unterrichtsablauf bei Übungen und an Übergangsstellen zu steuern.
3. *Gruppenmobilisierung und Rechenschaftsprinzip;* diese Aspekte betreffen die Fähigkeit des Lehrers, in Übungen den Gruppen-Fokus zu wahren (Gegensatz: Völliges Aufgehen in der Beschäftigung mit einem einzelnen Schüler).
4. *Valenz und intellektuelle Herausforderung.*
5. *Abwechslung und Herausforderung bei der Stillarbeit;* diese Dimension bezieht sich auf die Programmierung von Lernaktivitäten mit Abwechslung und intellektuellem Herausforderungscharakter insbesondere im Rahmen von Stillarbeiten.

Die Stärke der Korrelationen zwischen den obengenannten Lehrerstil-Dimensionen und dem Schülerverhalten variiert in Abhängigkeit davon, ob sie für Fehlverhalten oder Mitarbeit, für Übungs- oder Stillarbeit ermittelt wird.

Es besteht daher die Möglichkeit, konkrete Aspekte des Lehrerverhaltens aufzuzeigen, die zu Führungserfolgen im Klassenzimmer beitragen. Diese Techniken der Klassenführung gelten gleichermaßen für emotional gestörte Kinder in regulären Klassen wie für nichtgestörte Kinder, für Jungen wie für Mädchen. (Wir fanden bei der Verhaltenswertung keine durchgängigen Unterschiede zwischen Jungen und Mädchen; auch konnten wir nicht entdecken, daß Führungserfolgswerte mit der proportionalen Verteilung von Jungen und Mädchen in den untersuchten Klassen korrelierten.) Unsere Techniken der Klassenführung gelten für Gruppen und nicht nur für einzelne Kinder. Sie repräsentieren Techniken zur Schaffung einer effektiven schulischen Ökologie, eines effektiven Lernmilieus. Es sei darauf hingewiesen, daß alle diese Techniken ohne Punitivität oder Restriktivität auskommen.

Indem wir die Gruppenführungstechniken ins Zentrum unserer Untersuchungen rückten, versuchten wir, über simplifizierende Slogans wie „ein gutes Verhältnis herstellen" oder „die Dinge interessant machen" sowie über die vornehmliche Beschäftigung mit Eigenschaften wie „Freundlichkeit", „Wärme", „Geduld", „Verständnis", „Kinderliebe" und ähnlichen Attributen des Menschen im allgemeinen hinauszugelangen. Solche wünschenswerten Eigenschaften allein werden zur Führung einer Klasse nicht ausreichen. Klassenführung als Aufgabe verlangt die Anwendung einer komplizierten Technologie zur Entwicklung überdrußvermeidender Lernprogramme; zur Vorprogrammierung von Lernfortschritt, intellektueller Herausforderung und Abwechslung beim Lernen; zur Auslösung und Sicherung eines reibungslosen, schwungvollen Unterrichtsablaufs; zur simultanen Kontrolle von mehreren gleichzeitigen Vorgängen; zur rückkoppelnden Beobachtung verschiedenster Ereignisse; zur Adressierung von Handlungen an die richtigen Objekte; zur Wahrung eines Gruppen-Fokus; und zweifellos zur Steuerung noch anderer Faktoren, die in dieser Untersuchung unberücksichtigt blieben.

Die Beherrschung von Klassenführungstechniken sollte nicht als Selbstzweck angesehen werden. Sie stellen allerdings ein notwendiges Instrumentarium dar. Ihre Beherrschung erweitert den individuellen Handlungsspielraum. Sie ermöglicht Alternativen. Der Besitz von Fertigkeiten zur Führung einer Gruppe erlaubt es dem Lehrer, seine Lehrziele zu erreichen — mangelnde Führungskunst schafft Barrieren.

Eine Konzentration auf Gruppenführungstechniken widerspricht nicht dem Interesse am einzelnen. Gerade die Beherrschung der Gruppenführung befähigt den Lehrer, individuelle Unterschiede systematisch zu berücksichtigen und damit einzelnen Kindern zu helfen. In einem Klima der Arbeitsbereitschaft ohne störendes Fehlverhalten können verschiedene Schülergruppen mit verschiedenen Dingen beschäftigt sein, während der Lehrer frei ist, um nach Belieben einzelnen Schülern beizustehen.

Man könnte auch sagen: Die Beherrschung der Gruppenführungstechniken enthebt den Lehrer fortan seiner Führungssorgen.

Literatur

1. Alden, Elizabeth (1960): *The Effects on Non-Target Classmates of the Teacher's Use of Expert Power and Liking Power in Controlling Deviant Students*. Dissertation, Wayne State University.
2. Barker, Roger C., und Herbert F. Wright (1954): *Midwest and Its Children*. Evanston: Row, Peterson & Company, Seite 532.
3. Biddle, B. J. (1954): *An Application of Social Expectation Theory to the Initial Interview*. Dissertation, University of Michigan.
4. Coburn, H. H. (1954): *An experimental Comparison of Relationship-Centered and Problem-Centered Counseling*. Dissertation, Wayne State University.
5. Fenn, A. H (1954): *An Experimental Investigation of the Meanings of Understanding in the Counseling Relationship*. Dissertation, Wayne State University.
6. Heider, Fritz (1958): *The Psychology of Interpersonal Relations*. New York: John Wiley & Sons, Inc. Seite 332. (Dt. Übers.: *Die Psychologie der zwischenmenschlichen Beziehungen*. Stuttgart: Klett, i. Vorb.)
7. Kounin, Jacob S., und Sylvia Obradovic (1968): Managing Emotionally Disturbed Children in Regular Classrooms: A Replication and Extension. *J. special Educ.*, 2: 129—135.
8. Kounin, Jacob S., Wallace V. Friesen und A. Evangeline Norton (1966): Managing Emotionally Disturbed Children in Regular Classrooms. *J. educ. Psychol.*, 57: 1—13.
9. Kounin, Jacob S., und Paul V. Gump (1961): The Comparative Influence of Punitive and Nonpunitive Teachers upon Children's Concepts of School Misconduct. *J. educ. Psychol.*, 52: 44—49.
10. Kounin, Jacob S., Paul V. Gump und James J. Ryan (1961): Explorations in Classroom Management. *J. of Teacher Education*, 12: 235—247.
11. Kounin, Jacob S., N. Polansky, H. Coburn und A. Fenn (1956): Experimental Studies of Clients' Reactions to Initial Interviews. *Human Relations*, 9: 265—293.
12. Lewin, Kurt (1935): *A Dynamic Theory of Personality: Selected Papers*. New York: McGraw-Hill, Inc. Seite 286.
13. Ofchus, Leon T. (1960): *Effects on Non-Target Classmates of Teachers' Efforts to Control Deviant Behavior*. Dissertation, Wayne State University.
14. Osborn, Donald Keith (1962): Saliencies in Students' Perceptions of Teachers. Dissertation, Wayne State University.
15. Polansky, Norman, und Jacob S. Kounin (1956): Clients' Reactions to Initial Interviews. *Human Relations*, 9: 237—264.

Verteilung der Reaktionen beiwohnender Vorschulkinder auf Zwischenfälle mit klaren und unklaren Zurechtweisungen

	Keine Reaktion	Verhaltens-bruch	Konfor-mität	Non-konfor-mität	Ambi-valenz	Ins-gesamt
Zurecht-weisung mit großer Klarheit	62 (63.5)*	31 (25.9)	24 (16,2)	13 (21)	10 (13.5)	140
Zurecht-weisung mit wenig Klarheit	122 (120,5)	44 (49.1)	23 (30.8)	48 (40)	29 (25.5)	266
Insgesamt	184	75	47	61	39	406

* Alle Werte in Klammern stellen die theoretischen Häufigkeiten dar.
$\chi^2 = 77,76$ p $< 0,001$

Verteilung der Reaktionen beiwohnender Vorschulkinder auf Zurechtweisungs-fälle, wenn sie vor der Zurechtweisung Fehlverhalten, Verbundenheit mit Fehlverhalten oder kein Fehlverhalten zeigten

	Keine Reaktion	Verhal-tens-bruch	Konfor-mität	Non-konfor-mität	Ambi-valenz	Ins-gesamt
Beiwohner mit Fehlverhalten	4 (20.8)*	3 (8.5)	12 (5.3)	11 (6.9)	16 (4.4)	46
Beiwohner verbunden mit Fehlverhalten	24 (33.6)	18 (13.7)	9 (8.6)	13 (11.1)	10 (7.1)	74
Beiwohner frei von Fehlverhalten	156 (129.6)	54 (52.8)	26 (33.1)	37 (43)	13 (27.5)	286
Insgesamt		75	47	61	39	406

* Alle Werte in Klammern stellen die theoretischen Häufigkeiten dar.
$\chi^2 = 13,37$ p $< 0,01$

Differenzen in den Inhalten von Verfehlungen und ihren Konsequenzen zwischen Elternhaus, Schule und Camp

Inhalt		p-level
1. Objekte:		
erwachsene Bezugsperson	E > S > C	.001
(Betreuer, Vater/Mutter, Lehrer)		
andere Kinder	C > S > E	.001
2. Verfehlungstypen:		
körperliche Angriffe	C > S > E	.01
Zerstörung von Gegenständen	E > S > C	.05
mangelnde Anpassung	S > E > C	.01
3. Personen, die Schaden erleiden:		
erwachsene Bezugsperson	E > S & C	.001
andere Kinder	C > S > E	.001
4. Vergelter:		
erwachsene Bezugsperson	S > E & C	.01
5. Art der Vergeltung (ggf.):		
persönliche Strafe	E > S	.01
reale Konsequenzen	S > E	.01
6. Inhalt der Vergeltung:		
körperliche Bestrafung	E > C > S	.001
Bedrohung des Ichs	S > E & C	.001

(N = 170)
E = Elternhaus; S = Schule; C = Camp

Differenzen in den Dimensionen von Verfehlungen und ihren Konsequenzen zwischen Elternhaus, Schule und Camp

Dimensionen		p-level
1. Realitätsgrad der angegebenen Verfehlungen	C = unrealistisch S = mittlerer Realitätsgrad E = hoher Realitätsgrad	.001
2. Ernsthaftigkeit der Verfehlung aus der Sicht des Kindes	C̄ & E = banal S = mäßig	.001
3. Ernsthaftigkeit der Verfehlung aus der Sicht des Forschers	C & E = banal S = mäßig	.02
4. Beweggründe des Übeltäters	C = böser Vorsatz E = unspezifisch S = Absicht	.001
5. Ich-Verträglichkeit der Vergehen	C = Ich-fremd E = „Zufälle" S = Ich-verträglich	.001
6. Realitätsgrad der Konsequenzen	C = unrealistisch S = hoher Realitätsgrad	.05
7. Ernsthaftigkeit der Konsequenzen für andere	C = bedeutend S & E = unbedeutend	.02
8. Aus der Vergeltung entstehende Nachteile für den Übeltäter	C = gering S = mäßig E = schwer	.01
9. Destruktivität	E & C > S	.001
10. Gegen Sachen gerichtete Destruktivität	E > C & S	.01
11. Gegen Personen gerichtete Destruktivität	C > E & S	.01

(N=170)
E=Elternhaus; S=Schule; C=Camp

Frageschema des High-School-Interviews*

Name	Datum
Geschlecht	Zeit
Schule	Interviewer

Einleitung: Mein Name ist . . . , und ich komme von der Wayne State University. Wir versuchen, in Erfahrung zu bringen, wie ein guter Unterricht aussehen sollte, damit wir dann später wissen, wie man die Schulen besser machen kann. Wir glauben, daß wir das vielleicht herausfinden können, wenn wir Schüler wie dich fragen, wie sie sich einen guten Unterricht vorstellen. Wir wollen damit niemanden kontrollieren — weder dich noch irgendeinen Lehrer (wir kennen sie nicht einmal) oder eine Schule oder sonst jemanden. Alles, was du sagst, wird unter uns bleiben. Du wirst uns also am besten helfen können, wenn du uns so offen wie möglich sagst, wie du über den Unterricht denkst, den du kennengelernt hast. Okay?

I.

a) Welche Fächer hast du zur Zeit?

1.   3.

2.   4.

b) Wie du weißt, will man doch in einigen Fächern unbedingt etwas lernen, und andere sind einem wieder ziemlich egal. Wie ist es jetzt bei deinen Fächern: In welchen möchtest du gern etwas lernen? Nehmen wir . . . (Nr. 1 von I. a), Nr. 2 usw.; hinter jedem Fach soll die angegebene Motivationshöhe vermerkt werden).

es ist mir egal	ich möchte ganz gern etwas lernen	ich möchte unbedingt etwas lernen
.	.	.

c) Wie gerne wollen die anderen Kinder lernen? Nehmen wir die Kinder in . . . (Nennung des HoM-Fachs); und jetzt die Kinder in . . . (Nennung des GeM-Fachs).

es ist ihnen egal	sie möchten ganz gern etwas lernen	sie möchten unbedingt etwas lernen
.	.	.

d) Wie oft fühlst du dich in . . . (HoM-Fach) zu Unsinn aufgelegt? Und in . . . (GeM-Fach)?

praktisch immer	manchmal	praktisch nie
.	.	.

Warum (Unterschied)?

---

* HoM-Fach meint das Fach, für welches der Schüler die höchste Lernmotivation angab; GeM-Fach meint entsprechend das Fach, dem der Schüler die geringste Lernmotivation entgegenbringt. Das Interview wurde mit jedem Schüler einmal für sein HoM-Fach und dann noch einmal für sein GeM-Fach durchgeführt.

e) Wie oft machen die anderen im allgemeinen Unsinn in ... (HoM-Fach)? Und in ... (GeM-Fach)?

praktisch **immer**   manchmal   praktisch nie

.   .   .

Warum (Unterschied)?

II.

Wir wollen gern herausfinden, was passiert, wenn sich jemand im Unterricht schlecht aufführt. Wie du selbst weißt, benimmt sich doch auch in den besten Klassen mal jemand schlecht. Dieses schlechte Benehmen kann nun ein wirklich ernstes Vergehen darstellen oder ganz belanglos sein. Der Lehrer hat daraufhin vielleicht nur mit den Fingern geschnalzt, hat den Störer angeschaut, vielleicht hat er ihn auch gerügt oder irgendwie bestraft.

a) Versuche nun, dir das letzte Mal vorzustellen — an das du dich noch gut erinnern kannst —, wo der Lehrer in ... (HoM-Fach) irgendein schlechtes Betragen im Unterricht abstellen wollte. Erzähl mir den Vorfall; wir fangen am besten damit an, daß du mir sagst, wo du gerade gewesen bist und was du gemacht hast, bevor das passierte. Dann erzählst du mir, was der betreffende Schüler getan und was der Lehrer gemacht und gesagt hat.

Zur Information für den Interviewer:
Die oben verlangte Beschreibung sollte dem Leser eine bildliche Vorstellung dessen ermöglichen, was sich zwischen Lehrer und Störer abgespielt hat: Ihre räumlichen Positionen; ggf. den Positionswechsel des Lehrers, seine Gesten, Körperhaltung, seinen Gesichtsausdruck, seinen Tonfall und den Wortlaut seiner Bemerkungen.

b) Was tat der Schüler, nachdem der Lehrer eingeschritten war?
(fügte sich sofort, zögernd, trotzig — oder fügte sich nicht)

c) Was glaubst du, warum der Lehrer einschritt — etwas dagegen unternahm?

d) Der Lehrer hätte die verschiedensten Dinge tun können. Warum handelte er nach deiner Meinung *so* und nicht anders?

e) Wie fandest du das, was der Lehrer machte?

f) Was für ein Gefühl hattest du nach dem Vorfall, *insgesamt* gesehen?

g) Hat sich wegen dieses Vorfalls etwas in deiner Einstellung zu dem Lehrer geändert?

h) (Falls sich nichts geändert hat:) Nun, manchmal *ändern* wir zwar nicht unsere Meinung, die wir von jemandem haben, aber wir werden *sicherer* oder *unsicherer* in unserer Meinung, die wir schon vorher hatten. In welcher Weise hat dich der Vorfall in deiner Ansicht über den Lehrer bestärkt oder auch weniger bestärkt?

i) Wie aufmerksam bist du dem Unterricht gefolgt, bevor dies passierte?

überhaupt nicht   normal   so aufmerksam wie möglich

.   .   .

j) (Wenn er weniger als zu 75 Prozent aufmerksam war:) Womit warst du gerade beschäftigt? (z. B. mit Tagträumereien, der Beobachtung anderer, Reden, Zuschauen beim Fehlverhalten)

k) (Vorgegebene Antwortmöglichkeiten)

1. War der Betreffende ein Junge   oder ein Mädchen   ?

2. Wie gut kennst du den (die-)jenige(n)?
   .... kenne ihn/sie sehr gut *und* .... mag ihn/sie sehr gern
   .... ganz gern .... mag ihn/sie nicht
   .... kenne ihn/sie ganz gut *und* .... mag ihn/sie .... leidlich
   .... mag ihn/sie nicht
   .... kenne ihn/sie nicht gut.
   (Wenn ihm der Schüler *gut* bekannt war:) Veränderte dieser Vorfall deine Meinung über ihn/sie?
   (Wenn ihm der Schüler *nicht gut* bekannt war:) Was fiel dir an ihm/ihr auf oder welchen Eindruck bekamst du von ihm/ihr bei dem Vorfall?

3. Wie falsch fandest du das, was der Schüler getan hatte?

   überhaupt nicht falsch   ziemlich falsch   ganz falsch
   .   .   .

---

4. (Hier nur *eine* der Freilassungen markieren)
   Konnte der Schüler etwas für das, was er getan hatte? .... (Wenn ja:) Tat er es, um den Lehrer damit zu ärgern oder zu reizen .... oder tat er es einfach so .... ?

5. Wenn man sich mal ansieht, was der Schüler angestellt hat: Findest du, der Lehrer habe zuviel Aufhebens von der Sache gemacht oder eher zu wenig dagegen unternommen?

viel zu wenig	etwas zu wenig	ungefähr richtig verhalten	etwas zu viel	viel zu viel
.	.	.	.	.

---

6. Hat der Lehrer die Sache irgendwie mit Humor genommen?
   ja, unbedingt   ....
   ein wenig   ....
   überhaupt nicht   ....
   (Wenn Humor angegeben wird, aus der Beschreibung jedoch nicht ersichtlich geworden ist:)
   Was fandest du daran humorvoll?

7. Wie energisch ist der Lehrer eingeschritten?
   .... äußerst energisch; nichts hätte ihn zurückhalten können
   .... ziemlich energisch
   .... nicht sehr energisch; schien nicht allzusehr darum bekümmert
   .... überhaupt nicht energisch; als wenn es ihm *im Grunde* egal gewesen wäre.

156

8. War der Lehrer:

.... sehr verärgert
.... ziemlich verärgert
.... leicht gereizt oder mißmutig
.... ruhig, ohne jede Gereiztheit

9. Verhielt sich der Lehrer deiner Meinung nach fair?

äußerst unfair	weder besonders fair noch unfair	äußerst fair
.	.	.

10. Wie groß war deine Aufmerksamkeit für den Unterricht nach dem Vorfall im Vergleich mit deiner Aufmerksamkeit vorher?

paßte sehr viel *weniger* gut auf	etwa gleichbleibend	paßte sehr viel *besser* auf
.	.	.

11. Hattest du das *Bedürfnis*, dich jetzt deinerseits gut zu benehmen, nachdem dies passiert war?

nein, ich wollte mich auch schlecht benehmen	ich wollte mich einigermaßen gut benehmen	ja, ich wollte mich unbedingt gut benehmen
.	.	.

12. (Wenn die Antwort in 11. auf Konformität hinweist:) Aber hattest du nicht trotzdem irgendwie Lust, dich ebenfalls schlecht aufzuführen, nachdem dies geschehen war?

nein	vielleicht ein bißchen	doch, Lust hätte ich schon gehabt
.	.	.

(Wenn in 11. oder 12. irgendeine Tendenz zu schlechtem Betragen angegeben wird, soll weitergefragt werden: Was hast du dann getan / hättest du tun wollen?)

13. Manchmal bringen solche Dinge ein wenig unsere Gefühle durcheinander. Fühltest du dich unwohl oder ungemütlich oder vielleicht auch leicht peinlich berührt durch den Vorfall?

.... ja, unbedingt .... etwas .... nein
(Bei „ja" oder „etwas" soll das zutreffende Gefühl unterstrichen und danach gefragt werden, warum sich dieses Gefühl einstellte.)

14. Warst du eher auf der Seite des Lehrers oder auf der des Schülers?

ganz auf der Seite des Schülers	auf keiner Seite	ganz auf der Seite des Lehrers
.	.	.

III.

a) Wie begegnet der Lehrer in ... (HoM-Fach) allgemein schlechtem Betragen im Unterricht?

b) Hat dich das, was sich da abspielte, in irgendeiner Weise überrascht?

.... nein
.... ein wenig
.... ja, sehr

(Nicht, wenn nein:)

.... nur von der Handlungsweise des Schülers überrascht
.... nur von der Handlungsweise des Lehrers überrascht
.... von der Handlungsweise des Schülers und des Lehrers überrascht

Warum warst du überrascht?

IV.

Wie du weißt, gelten die Bemühungen des Lehrers zum Teil seiner Lehrtätigkeit und zum Teil der Aufrechterhaltung der Ordnung in der Klasse und der Kontrolle des Schülerverhaltens. Wie oft nun muß dieser Lehrer — verglichen mit den meisten anderen — dafür sorgen, daß Ruhe und Ordnung herrscht?

muß nie für Ordnung sorgen	muß manchmal für Ordnung sorgen	muß sehr oft für Ordnung sorgen	muß praktisch *immerzu* für Ordnung sorgen
.	.	.	.

V.

Nehmen wir an, ein Freund von dir versucht herauszufinden, ob er diesen Lehrer (HoM-Fach) für ... (Bezeichnung des Faches) bekommen wird oder nicht. Was würdest du ihm über den Lehrer erzählen? Wie würdest du ihn beschreiben? (Bei mehrdeutigen Angaben wie „hart", „gut" soll nachgefragt werden, damit klar wird, ob sie sich auf die *Person,* ihre Eigenschaften bei der *Verhaltenskontrolle* oder auf ihren *Unterricht* beziehen.)

VI.

(Vorgegebene Antwortmöglichkeiten)

Für HoM-Fach (Rotstift) und GeM-Fach (Bleistift) ist jeweils die gleiche Skala zu benutzen; Differenzen von mehr als 5 cm soll durch weitere Fragen nachgegangen werden.

Einleitung: Wir sind uns bewußt, daß du erst ein paarmal den Unterricht besucht hast und deshalb über manche Dinge noch gar nichts genaues sagen kannst. Aber schildere uns einfach, wie es dir bis jetzt zu sein scheint.

1. Wenn du von dem ausgehst, was sich bis jetzt so getan hat — wieviel glaubst du, in .... (HoM-Fach oder GeM-Fach) lernen zu können? Vergleiche mit deinen anderen Fächern.

sehr viel weniger als in den anderen	etwa gleich viel	sehr viel mehr als in den anderen
.	.	.

Warum dieser Unterschied?

2. Wieviel hast du im Fach .... gelernt? Vergleiche mit deinen anderen Fächern.

sehr viel weniger als in den anderen	etwa gleich viel	sehr viel mehr als in den anderen
.	.	.

3. Wie gerne beteiligst du dich in .... (HoM- oder GeM-Fach) am Unterricht?

viel weniger gern als in anderen Fächern	so gern wie in anderen Fächern	sehr viel lieber als in anderen Fächern
.	.	.

Warum dieser Unterschied?

4. Wie benimmst du dich normalerweise in diesem Fach?

sehr schlecht	weder gut noch schlecht	sehr gut
.	.	.

Warum?

5. Wie gerne magst du den Lehrer?

mag ihn überhaupt nicht	weder gern noch ungern	mag ihn sehr gern
.	.	.

Warum?

6. Es gibt doch Lehrer, mit denen du gerne über deine Fragen oder Ansichten in .... (HoM- oder GeM-Fach) redest. Bei anderen kommst du wiederum gar nicht erst auf den Gedanken. Würdest du nun gerne mit dem Lehrer über irgendeine Frage oder ein Problem in .... (HoM- oder GeM-Fach) sprechen?

wäre der *Letzte*, mit dem ich sprechen würde	würde weder besonders gern noch besonders ungern mit ihm sprechen	wäre der *Erste*, mit dem ich sprechen würde
.	.	.

Warum?

7. Würdest du gerne mit deinem Lehrer in .... (HoM- oder GeM-Fach) über irgendwelche persönlichen Probleme sprechen?

wäre der *Letzte*, mit dem ich sprechen würde	würde weder besonders gern noch besonders ungern mit ihm sprechen	wäre der *Erste*, mit dem ich sprechen würde
.	.	.

Warum?

8. Wie gut kennt sich der Lehrer deiner Meinung nach in seinem Fach aus?

fast gar nicht; zu wenig für diese Klasse	gerade gut genug für diese Klasse	sehr gut; mehr als gut genug für jede Klasse
.	.	.

Warum?

9. Wie gut kann dieser Lehrer mit einer Klasse umgehen?

furchtbar schlecht; könnte niemals mit einer Klasse fertig werden	weder gut noch schlecht	bestens; kann sehr gut mit einer Klasse umgehen
.	.	.

Warum? (Genaue Angabe von Gründen, wenn Extreme genannt wurden)

10. Manchmal lassen sich die Schüler vom Lehrer und seinem Unterricht „mitreißen", manchmal auch gar nicht. Wie gut machen die Schüler in .... (HoM- oder GeM-Fach) mit?

machen überhaupt nicht mit	machen einigermaßen mit	machen sehr gut mit
.	.	.

11. (Wenn in 10. weniger als „einigermaßen"): Manchmal kann man das Gefühl bekommen, die Klasse habe sich gegen den Lehrer verbündet. Stimmt das in .... (HoM- oder GeM-Fach)?

jeder ist für sich; kein Zusammenhalt	ein gewisser Zusammenhalt gegen den Lehrer	Zusammenhalt aller gegen den Lehrer
.	.	.

Häufigkeit der Bezugnahme auf bestimmte Aspekte bei der Beurteilung der zur Unterbindung schlechten Betragens verwandten Methode des Lehrers

Bei der Beurteilung (Billigung bzw. Miß-billigung) angesprochene Aspekte	hoch motivierte Schüler		gering motivierte Schüler		Anzahl Insges.	Prozent Insges.
	Anzahl	Prozent	Anzahl	Prozent		
Keine Bezugnahme auf best. Aspekte	81	64.8	74	59.2	155	62.0
Fairneß	12	9.6	19	15.2	31	12.4
Effektivität	20	16.0	7	5.6	27	10.8
Angemessenheit der Intensität	6	4.8	20	16.0	26	10.4
Sonstige Aspekte	6	4.8	5	4.0	11	4.4
Insgesamt	125	100.0	125	100.0	250	100.0

Häufigkeit und prozentuale Verteilung der dem Lehrer unterstellten Gründe für sein Einschreiten bei einem Fehlverhalten

Unterstellte Gründe für sein Einschreiten	hoch motivierte Schüler		gering motivierte Schüler		Anzahl Insges.	Prozent Insges.
	Anzahl	Prozent	Anzahl	Prozent		
Wiederherstellung bzw. Erhaltung günstiger Lernbedingungen	63	50.4	60	48.0	123	49.2
Wahrung von Recht und Gerechtigkeit	24	19.2	18	14.4	42	16.8
Abreaktion eigener Gefühle	12	9.6	24	19.2	36	14.4
Mehrdeutige Angaben	18	14.4	17	13.6	35	14.0
Geltendmachung der eigenen Autorität	6	4.8	4	3.2	10	4.0
Sonstige Gründe	2	1.6	2	1.6	4	1.6
Insgesamt	125	100.0	125	100.0	250	100.0

Häufigkeit und prozentuale Verteilung der dem Lehrer unterstellten Gründe für seine so-und-nicht-anders-geartete Behandlung des Fehlverhaltens

Unterstellte Gründe für die vom Lehrer getroffene Wahl der Zurechtweisungsmethode	hoch motivierte Schüler		gering motivierte Schüler		Anzahl Insges.	Prozent Insges.
	Anzahl	Prozent	Anzahl	Prozent		
Limitierung der Folgen	59	47.2	30	24.0	89	35.6
Abreaktion eigener Gefühle	18	14.4	30	24.0	48	19.2
Mehrdeutige Angaben	19	15.2	27	21.6	46	18.4
Sicherung des Lernklimas	7	5.6	8	6.4	15	6.0
Strafabsicht	5	4.0	10	8.0	15	6.0
Geltendmachung der eigenen Autorität	6	4.8	8	6.4	14	5.6
Wohlwollen	5	4.0	1	.8	6	2.4
Abschreckung anderer	2	1.6	4	3.2	6	2.4
einzig richtige Möglichkeit	3	2.4	2	1.6	5	2.0
Wahrung von Recht und Gerechtigkeit	1	.8	3	2.4	4	1.6
Keine Angaben	0	0.0	2	1.6	2	.8
Insgesamt	125	100.0	125	100.0	250	100.0

Differenzen in den Schülerreaktionen auf Zurechtweisungsfälle zwischen hoch (HoM) und gering (GeM) motivierenden Fächern

Art der Reaktionen	N*	p-level	Tendenz der Differenzen
A. Verhalten der Beiwohner			
1. Konformität/Nonkonformität	250	.01	HoM = Neigung zu Konformität
			GeM = Neigung zu Nonkonformität
(2. Aufmerksamkeit vorher	250	.01	HoM = stärker)
3. Aufmerksamkeit nachher	240	.10	HoM = vermehrt
4. Unbehaglichkeit	250	NS	GeM = vermindert
B. Urteile über den Vorfall			
1. Parteinahme für Lehrer/Störer	250	.01	HoM = für den Lehrer
2. Fairneß-Urteile	249	.001	HoM = positiv
3. Angemessenheit der Lehrerreaktion	241	.05	HoM = Bestätigung
			GeM = Verneinung („übertrieben")
4. Billigung/Mißbilligung	240	.01	HoM = Billigung
C. Urteile über das Fehlverhalten			
1. Störwirkung des Fehlverhaltens	250	.05	HoM = Hervorhebung
2. Ernsthaftigkeit des Fehlverhaltens	250	NS	
D. Wahrnehmung der Zurechtweisung			
1. Reine Punitivität	250	.05	GeM = Hervohebung
2. Verärgerung (geschätzt)	248	.001	GeM = stärker
3. Klarheit (beschrieben)	245	.001	HoM = Hervorhebung
4. Nachteile für den Störer	250	.10	
E. Unterstellte Gründe für das Einschreiten des Lehrers			
1. Gründe für die Zurechtweisung	190	.10	HoM = Wiederherstellung des Lernklimas
			GeM = Abreaktion
2. Gründe für die Wahl der Zurechtweisungsmethode	246	.01	GeM = Abreaktion
			HoM = Limitierung von Folgen
(3. Gründe für die Billigung der Zurechtweisung	95	.01	HoM = Effektivität
			GeM = Gerechtigkeit)

* N ist nicht immer 250, da die Angaben nicht durchweg klassifizierbar bzw. in manchen Fällen „nichtssagend" oder „nicht zur Sache gehörig" waren.

Differenzen zwischen den Reaktionen fachlich hoch motivierter (HoM; N = 125) und gering motivierter (GeM) Schüler; separate Bestimmung letzterer nach GeM plus starker Zuneigung (GeM/StZ; N = 68) und GeM plus schwacher Zuneigung (GeM/SchwZ; N = 57) zum Lehrer

Art der Reaktion	p-level der Differenz zwischen HoM und GeM/StZ	Differenz zugunsten von	p-level der Differenz zwischen HoM und GeM/SchwZ	Differenz zugunsten von
Aufmerksamkeit	.01	HoM	.01	HoM
Veränderung der Aufmerksamkeit	.10	HoM	.10	HoM
Verhaltenskonformität	.01	HoM	.01	HoM
positive Beurteilung der Fairneß	NS		.001	StZ
Parteinahme für den Lehrer	NS		.001	StZ
Feststellung übertriebener Lehrerreaktion	NS		.001	SchwZ
Angabe von Verärgerung	NS		.05	SchwZ
Wahrnehmung starker Verärgerung	NS		.001	SchwZ
Wahrnehmung von Festigkeit	NS		.02	SchwZ
Angabe von Nachteilen für den Störer	NS		.01	SchwZ
Feststellung von Störungen durch Fehlverhalten	.05	HoM	.05	HoM
Betonung der Ernsthaftigkeit von Fehlverhalten	NS			

Prozentuale Verteilung der Nennung von Lehrereigenschaften durch Schüler mit hoher und geringer fachlicher Motivation und mit starker (StZ) und schwacher Zuneigung (SchwZ) zum Fachlehrer

(Zahl der Nennungen insgesamt: 933)

Eigenschaften	Hohe Motivation*		Geringe Motivation*	
	StZ N=105 Prozent	SchwZ N=18 Prozent	StZ N=67 Prozent	SchwZ N=56 Prozent
Persönliche Eigenschaften				
1. Freundlichkeit, Verständnis	6.77	3.51	9.63	.61
2. Grobheit, Übellaunigkeit	.52	10.52	1.67	12.20
3. Humor	1.30	0.00	1.67	2.44
4. Skurrilität	1.04	1.75	1.26	6.71
5. Neutralität	.78	0.00	1.67	3.04
6. Beliebtheit (mag ihn)	12.49	3.51	16.32	1.21
7. Unbeliebtheit (mag ihn nicht)	.26	7.02	1.26	10.98
Prozentsatz ihrer Nennungen insgesamt: Interview I	23.17	26.33	33.47	37.20
Interview II	23.04	25.23	24.26	22.00
Führungseigenschaften				
8. große Toleranz	9.11	8.77	5.86	3.66
9. wenig Toleranz	3.91	14.03	5.02	18.29
10. Gerechtigkeit	5.73	5.26	2.93	.61
Prozentsatz ihrer Nennungen insgesamt: Interview I	18.75	28.06	13.81	22.56
Interview II	14.61	19.99	15.95	18.50
Fachliche Eigenschaften				
11. gutes Darstellungsvermögen	11.19	8.77	7.95	2.44
12. schlechtes Darstellungsvermögen	.26	0.00	.84	6.10
13. gute Fachkenntnisse	2.34	3.51	2.51	1.21
14. schlechte Fachkenntnisse	.26	0.00	0.00	.61
15. guter didaktischer Ansatz	15.88	15.79	12.97	2.44
16. schlechter didaktischer Ansatz	1.04	3.51	1.67	9.15
17. große Arbeitsanforderungen	6.77	1.75	7.53	7.32
18. geringe Arbeitsanforderungen	4.69	5.26	6.28	2.44
19. richtige Arbeitsanforderungen	4.95	0.00	4.60	1.21
20. falsche Arbeitsanforderungen	.73	.41	3.35	4.27
21. interessante Darbietungsweise	9.64	8.77	5.02	1.83
22. uninteressante Darbietungsweise	.26	0.00	0.00	1.21
Prozentsatz ihrer Nennungen insgesamt: Interview I	58.08	45.61	52.72	40.24
Interview II	62.35	54.70	58.79	59.50

* N entspricht nicht N insgesamt, weil einige Beschreibungen für eine Klassifikation zu mager ausfielen; etwa „Der ist in Ordnung, denke ich."

Vergleich der Einstellungen von Kindern mit punitiven und Kindern mit nicht-
punitiven Erstklaßlehrern gegenüber schulischen Vergehen*

Vergehensarten und zugehörige Erläuterungen	Prozentsatz der Kinder mit punitiven Lehrern N=84	Prozentsatz der Kinder mit nicht-punitiven Lehrern N=90
I. **Inhalt und Qualität der Vergehen**		
A. Physische Angriffe gegen andere	38	17
B. Milieubezogene Schwere der Vergehen	89	63
C. Bei der Klassifikation allgemein als schwer beurteilte Vergehen	48	27
D. Nicht-physische Vergehen	27	52
II. **Inhalt und Qualität der Erläuterungen**		
A Kameraden als Folgenträger	94	61
B. Physischer Schaden für die Folgenträger	60	23
C. Ernsthafte Nachteile für andere	45	18
D. Vergeltungen mit realistischen Konsequenzen	21	48
E. „Reflexive Rechtfertigungen" als Begründungen	11	26
III. **Rolle des eigenen Ichs bei Vergehen**		
A. Ich-fremde Vergehen	26	11
B. Vorsätzliche Vergehen	29	15
IV. **Aggression**		
A. Aggression gegen alles und jedes („Blutrünstigkeit")	49	24
V. **Bekümmerung um schulspezifische Angriffsziele**		
A. Lern- und Leistungsausfälle	20	43
B. Regelverletzungen	49	62

* Alle Differenzen zwischen den in dieser Tabelle aufgeführten Prozentsätzen sind signifikant auf einem Niveau von 0,05 oder darunter.

Korrelationen zwischen Lehrerstil und Schülerverhalten in Übungen und in der
Stillarbeit*

N = 49 Klassen (ein r von 0,276 entspricht einem Signifikanzniveau von 0,05)

	Übungen		Stillarbeit	
	Mit-arbeit	Ausblei-ben von Fehlver-halten	Mit-arbeit	Ausblei-ben von Fehlver-halten
Schwung (Fehlen von Verzögerungen)**	.656	.641	.198	.490
Allgegenwärtigkeit	.615	.531	.307	.509
Reibungslosigkeit (Fehlen von Unvermitteltheiten, Inkonsequenzen, Reizabhängigkeit)	.601	.489	.382	.421
Gruppenmobilisierung	.603	.442	.234	.290
Rechenschaftsprinzip	.494	.385	.002	—.035
Überlappungsverhalten	.460	.362	.259	.379
Valenz und Herausforderung	.372	.325	.308	.371
Abwechslungsreiche Stillarbeit mit intellektueller Herausforderung	.061	.033	.516	.276
Abwechslungsreiche Übungen mit intellektueller Herausforderung	.238	.162	.449	.194
Allgemeine Abwechslung und Herausforderung	.217	.099	.231	.005
Durchschnittliche Dauer von Stillarbeiten („Aufmerksamkeitsspanne") Klassengröße (21 bis 39 Kinder)	—.279	—.258	—.152	—.249
Proportionale Verteilung von Jungen und Mädchen	—.132	—.097	—.197	—.171
Maximum verschiedener Lese-, Schreib- und Rechenübungen	.812	.720	.686	.741

* Adäquanz-Tests für die verschiedenen Maßeinheiten für Lehrerstil und Schülerverhalten zeigten, daß die Verteilung der Werte nur unbedeutend von der Normalverteilung abwich.

** Die Übereinstimmung der Kodierer hinsichtlich der Maßwerte für Schülerverhalten und Lehrerstile lag zwischen 79 und 99 Prozent; die durchschnittliche Übereinstimmung lag bei 92 Prozent.

Anhang 4.2

Korrelationen zwischen den Lehrerstil-Dimensionen

	Schwung	Allgegenwärtigkeit	Reibungslosigkeit	Gruppenmobilisierung	Rechenschaftsprinzip	Überlappung	Valenz und Herausforderung	Abwechslungsreiche Stillarbeit mit Herausforderung	Klassengröße
Schwung									
Allgegenwärtigkeit		.499	.745	.294	.385	.404	.268	—.091	—.160
Reibungslosigkeit			.479	.474	.370	.598	.271	.224	—.097
Gruppenmobilisierung				.420	.289	.482	.259	—.037	—.069
Rechenschaftsprinzip					.494	.416	.347	.080	—.145
Überlappung						.275	.161	.084	—.076
Valenz und Herausforderung							.067	.039	—.136
Abwechslungsreiche Stillarbeit mit Herausforderung								.325	—.084
Klassengröße									—.206

Korrelationen und partielle Korrelationen erster Ordnung zwischen Lehrerstil-Dimensionen und Mitarbeit in Übungen

	Schwung	Allgegenwärtigkeit	Reibungslosigkeit	Gruppenmobilisierung	Rechenschaftsprinzip	Überlappung	Valenz und Herausforderung	Abwechslungsreiche Stillarbeit mit Herausforderung	Klassengröße
Pearson-r	.656	.615	.603	.601	.494	.460	.372	.061	—.279
Konstant gehaltene Variablen:									
Schwung		.439	.569	.222	.347	.283	.270	.161	—.234
Allgegenwärtigkeit	.511		.449	.442	.364	.146	.270	—.099	—.280
Reibungslosigkeit	.628	.468		.480	.283	.288	.217	.016	—.243
Gruppenmobilisierung	.391	.466	.484		.418	.243	.281	.105	—.299
Rechenschaftsprinzip	.581	.535	.475	.550		.388	.341	.023	—.279
Überlappung	.599	.477	.510	.487	.430		.385	.049	—.246
Valenz und Herausforderung	.622	.575	.545	.563	.474	.470		—.068	—.268
Abwechslungsreiche Stillarbeit mit Herausforderung	.666	.618	.602	.604	.492	.459	.373		—.273
Klassengröße	.645	.615	.592	.607	.494	.444	.364	.004	

Anhang 4.4

Korrelationen und partielle Korrelationen erster Ordnung zwischen Lehrerstil-Dimensionen und dem Ausbleiben von Fehlverhalten in Übungen

	Schwung	Allgegenwärtigkeit	Reibungslosigkeit	Gruppenmobilisierung	Rechenschaftsprinzip	Überlappung	Valenz und Herausforderung	Abwechslungsreiche Stillarbeit mit Herausforderung	Klassengröße
Pearson-r	.641	.531	.489	.442	.385	.361	.325	.033	—.258
Konstant gehaltene Variablen:									
Schwung		.318	.022	.345	.195	.146	.208	.120	—.205
Allgegenwärtigkeit	.512		.315	.254	.239	.065	.222	—.104	—.245
Reibungslosigkeit	.476	.388		.298	.291	.165	.236	.059	—.258
Gruppenmobilisierung	.596	.408	.373		.213	.218	.204	—.003	—.219
Rechenschaftsprinzip	.579	.454	.427	.313		.288	.289	.001	—.249
Überlappung	.580	.422	.385	.343	.318		.324	.020	—.226
Valenz und Herausforderung	.608	.487	.443	.371	.356	.360		—.081	—.245
Abwechslungsreiche Stillarbeit mit Herausforderung	.647	.538	.491	.441	.383	.361	.333		—.257
Klassengröße	.629	.528	.489	.423	.379	.341	.315	—.021	

Anhang 4.5

Korrelationen und partielle Korrelationen erster Ordnung zwischen Lehrerstil-Dimensionen und Mitarbeit in der Stillarbeit

	Abwechs- lungsreiche Stillarbeit mit Heraus- forderung	Rei- bungs- losig- keit	Valenz und Her- ausfor- derung	Allgegen- wärtig- keit	Über- lap- pung	Grup- pen- mobili- sierung	Schwung	Rechen- schafts- prinzip	Klassen- größe
Pearson-r	.516	.382	.308	.307	.259	.234	.198	.002	—.152
Konstant gehaltene Variablen:									
Abwechslungsreiche Stillarbeit mit									
Herausforderung		.468	.173	.230	.279	.225	.288	—.046	—.054
Reibungslosigkeit	.574		.234	.153	.093	.088	—.139	—.122	—.136
Valenz und Herausforderung	.462	.329		.244	.252	.142	.127	—.050	—.133
Allgegenwärtigkeit	.482	.281	.245		.099	.105	.055	—.126	—.129
Überlappung	.524	.303	.302	.196		.143	.106	—.074	—.122
Gruppenmobilisierung	.513	.321	.249	.229	.183		.139	—.134	—.122
Schwung	.547	.358	.270	.245	.120	.187		—.082	—.124
Rechenschaftsprinzip	.517	.398	.312	.329	.269	.268	.214		—.152
Klassengröße	.501	.377	.300	.297	.244	.217	.178	—.009	

Anhang 4.6

Korrelationen und partielle Korrelationen erster Ordnung zwischen Lehrerstil-Dimensionen und dem Ausbleiben von Fehlverhalten in der Stillarbeit

	Allgegenwärtigkeit	Schwung	Reibungslosigkeit	Überlappung	Valenz und Herausforderung	Gruppenmobilisierung	Abwechslungsreiche Stillarbeit mit Herausforderung	Rechenschaftsprinzip	Klassengröße
Pearson-r	.509	.490	.421	.379	.371	.289	.276	−.035	−.249
Konstant gehaltene Variablen:									
Allgegenwärtigkeit		.316	.234	.107	.281	.064	.193	−.278	−.234
Schwung	.350		.096	.228	.286	.174	.370	−.277	−.199
Reibungslosigkeit	.386	.291		.222	.299	.137	.322	−.180	−.244
Überlappung	.380	.398	.293		.375	.157	.282	−.156	−.216
Valenz und Herausforderung	.457	.437	.362	.383		.185	.177	−.103	−.236
Gruppenmobilisierung	.441	.442	.344	.297	.301		.265	−.214	−.219
Abwechslungsreiche Stillarbeit mit Herausforderung	.477	.538	.449	.383	.310	.279	.280	−.060	−.205
Rechenschaftsprinzip	.562	.545	.450	.405	.382	.353	.280		−.253
Klassengröße	.503	.471	.418	.360	.363	.264	.237	−.056	

Register

Abhandlungen zur Pädagogischen Psychologie (Neue Folge)

Herausgegeben von F. E. Weinert und F. Süllwold
(Gemeinschaftsverlag Hans Huber, Bern, und Ernst Klett, Stuttgart)

Band 3

K. H. Stapf, Th. Herrmann, A. Stapf und K. H. Stäcker

Psychologie des elterlichen Erziehungsstils
Komponenten der Bekräftigung in der Erziehung

2. Aufl. 1976, 176 S., kartoniert (92727)

Die theoretischen Erörterungen und empirischen Untersuchungsergebnisse über die „richtige" Erziehung unserer Kinder sind eine Art Kondensat gemeinsamer Forschungsarbeit der vier Autoren. Sie sollen zur Reflexion über die gängigen Erziehungspraktiken und die durch sie hervorgerufenen Wirkmechanismen anregen.
Die Autoren, die sich gegen die Erziehung „der fertigen Lösungen" wenden, zeigen, daß auch die — bessere — Erziehung des „Erfahrungen Machenlassens" nicht uneingeschränkt zu übernehmen ist: Nicht jeder für die Eltern wünschbare — intellektuelle oder soziale — Vollzug dient dem Kinde zur Ausbildung einer produktiven Kritikfähigkeit.

Band 4

H. Nickel und E. Langhorst (Hrsg.)

Brennpunkte der pädagogischen Psychologie
Ein wissenschaftliches Lesebuch zu aktuellen Problemen für Studierende der Erziehungs- und Sozialwissenschaften

1972, 443 S., kartoniert (92621)

Zu aktuellen Problemen der pädagogischen Psychologie, u. a. der vorschulischen und kompensatorischen Erziehung, legt das vorliegende wissenschaftliche Lesebuch eine Sammlung von Beiträgen, meist Originalarbeiten, vor, die insbesondere mit dem Ziel verfaßt wurden, dem Studierenden wie dem praktisch tätigen Lehrer und Erzieher eine erste Orientierungshilfe zu bieten.

Band 5

B. Weiner

Wirkung von Erfolg und Mißerfolg auf die Leistung
Unter Mitarbeit von Wulf-Uwe Meyer

1975, 128 S., kartoniert (92855)

Unternimmt man leistungsbezogene Handlungen häufiger nach Erfolg oder nach Mißerfolg? Arbeitet man nach Erfolg oder nach Mißerfolg intensiver? Diese und eine Reihe ähnlicher Fragen versucht der Autor aufgrund exakter Daten zu beantworten. Er schildert die Untersuchungsmethoden, die empirischen Befunde, die Fortschritte in der Theorienentwicklung sowie die praktischen Anwendungen im Zusammenhang der Wirkungen von Erfolg und Mißerfolg auf die Leistung.